대중문화의 겉과 속 Ⅱ

대중문화의 겉과 속 II

ⓒ 2003, 강준만

초판인쇄	2003. 10. 8.
초판발행	2003. 10. 10.
초판16쇄	2012. 4. 5.

지은이	강준만
편 집	홍석봉 · 김학수
마 케 팅	이태준
펴 낸 이	강준우
관 리	정지희 · 김수연
디 자 인	김정현
펴 낸 곳	인물과사상사

등 록	1998. 3. 11(가제17-204호)
주 소	서울시 마포구 서교동 392-4 삼양E&R빌딩 2층
전 화	02)471-4439
팩 스	02)474-1413

E-mail	insa@inmul.co.kr
홈페이지	http://www.inmul.co.kr

값 9,000원

ISBN 89-88410-81-5 04300
　　　89-88410-80-7 (세트)

파손된 책은 교환하여 드립니다.

대중문화의 겉과 속 II

강준만 지음

인물과 사상사

'미디어 리터러시' 를 위하여_머리말

01 대중문화와 이론

- 피에르 부르디외: 미학은 정치학인가 ········· 19
- 어빙 고프만: '가면' 없는 삶이 가능한가 ········· 28
- 쟝 보들리야르: '시뮬라시옹' 이란 무엇인가 ········· 40
- 미셸 푸코: '판옵티콘' 이란 무엇인가 ········· 50
- 스톨먼-토발즈-게이츠: 온라인은
    '정글의 법칙' 이 지배하는가 ········· 61

02 소비문화와 정체성

- 소비가 정체성을 형성하는가 ········· 79
- '어플루엔자' 란 무엇인가 ········· 86
- 사람들은 왜 '명품' 에 집착하는가 ········· 94
- '디드로 효과' 란 무엇인가 ········· 110
- '보보스' 는 어떻게 사는가 ········· 116

03 문화공학과 마케팅

- 소비자는 어떻게 유혹되는가 ········· 129
- 잠재의식 광고란 무엇인가 ········· 142
- '알파 소비자' 마케팅이란 무엇인가 ········· 155
- 몸에 대한 숭배인가, 학대인가 ········· 164
- '맥도널드' 는 '신의 축복' 인가 ········· 176

04 정보기술의 정치학

- '인터페이스'란 무엇인가 ……………………………… 187
- '엔터테인먼트 경제'란 무엇인가 ……………………… 196
- '데이터 스모그'는 세상을 어떻게 바꾸나 …………… 206
- '외로운 분자들의 나라'로 가는가 ……………………… 216
- '업그레이드' 속도는 왜 빨라지나 ……………………… 225

05 인터넷의 사회학

- '인터넷 중독'은 과장된 표현인가 ……………………… 237
- '다중인격'을 어떻게 볼 것인가 ………………………… 248
- '인터넷 패러독스'는 타당한가 ………………………… 258
- 사이버 공간은 보수적인가 ……………………………… 265
- 인터넷은 권력구조를 어떻게 바꾸나 ………………… 274

06 인터넷과 휴대폰의 경제학

- '디지털 격차'는 기우인가 ……………………………… 285
- '인터넷 경제'는 어떻게 움직이나 ……………………… 292
- '인터넷 시간'이란 무엇인가 …………………………… 303
- 한국은 왜 인터넷·휴대폰 강국이 되었나 …………… 311
- 현대인은 왜 휴대폰에 열광하나 ……………………… 320

'미디어 리터러시'를 위하여_머리말

왜 '분열의 시대'인가

일상에 매몰돼 살다보면 사회의 구조적인 변화를 감지하기 어렵다. 그래서 구조적인 변화로 인해 생겨나는 문제들에 대해 미시적인 대응을 하는 수가 많다. 예컨대, 이혼율 상승이나 출산율 저하의 가장 큰 원인은 경제 구조의 변화와 그에 따른 경제 생활의 변화임에도 불구하고 '요즘 젊은 사람들은 어떻다'는 식으로 사람 탓을 하는 게 그런 경우일 것이다.

정치와 정치 참여의 구조적인 변화가 우리 정치와 삶에 미치는 영향도 제대로 인식되고 있는 것 같지는 않다. 무엇보다도 인터넷이 불러일으킨 변화에 주목할 필요가 있을 것이다. 단지 인터넷의 힘이 막강하다는 차원을 넘어서 인터넷이 어떤 질적 변화를 가져오고 있는지 그걸 따져 보아야 할 것 같다.

두말할 필요 없이, 인터넷은 탈(脫) 중심적인 매체다. 그로 인한 장점이 아주 많다. 엘리트가 독점해온 언로(言路) 구조에 일대 혁명을 일으켰다. 이름 없는 보통사람들에게 마음껏 말할 수 있는 기회를 주었다는 점만으로도 인터넷은 대단히 민주주의적이고 민중적인 매체임에 틀림없다.

그러나 세상에 명암(明暗)이 없는 일은 없는 법이다. 이른바 '동전의 양면 이론'이 인터넷에도 적용된다. '분권'이라는 동전의 뒷면은 '분열'이다. 인터넷은 분열을 촉진시킨다. 인터넷은 무정부주의 그 자체다.

양심적이지만 힘이 없는 선량한 사람들만 인터넷을 통해 발언하고 서로 힘을 합치는 게 아니다. 예전 같으면 각자 고립되어 지낼 수밖에 없었던 극우 성향의 사람들까지 인터넷을 통해 뭉치고 그 뭉친 힘으로 적극적인 사회 참여를 시도한다.

이익집단도 마찬가지다. 전엔 기껏해야 형식적인 회보가 커뮤니케이션 수단의 전부였다. 그러나 이제 이익집단의 구성원들은 수시로 인터넷에 들어가 다른 회원들을 만나면서 자신들의 이익 도모를 위한 발언을 적극적으로 개진하며 실천을 위한 행동을 기획한다.

인터넷은 자유롭다. 상하(上下), 안팎, 공사(公私)의 구분이 없다. 전엔 사적인 술자리에서나 할 수 있었을 법한 전투적인 발언들이 거침없이 발산된다. 그런 발언에 공감하는 사람들은 '은밀함의 유대'를 만끽하면서 세(勢)를 불려나간다. 세가 커지면 사(私)는 공(公)이 된다.

그렇다면 인터넷은 분열의 매체가 아니라 통합의 매체가 아닌가. 아니다. 분열과 통합과 분열을 끊임없이 반복한다. 고립된 개인들을 통합시킨 가상 공동체의 규모가 커지면 반드시 분열이 일어나고 딴살림을 차리는 사람들이 나타난다. 가상 공간에서의 딴살림 차리기는 아주 쉽기 때문에 타협과 통합을 위한 노력은 사실상 배제된다.

가상 공간에서의 전투성과 분열은 현실 세계에 곧장 반영된다. 이제 많은 사람들의 공감이나 수긍을 얻어낼 수 있는 전문가는 없다. 발언할 수 있는 모든 사람들이 다 전문가를 자처하기 때문이다. 전문적 지식마저도 이데올로기와 당파성의 하위 요소로 전락해버리기 때문에 혼란은 증폭된다.

지금 우리는 그런 분열의 시대에 살고 있다. 그러나 비관할 필요는 없다. 정열의 속성은 오래 지속되기 어렵다는 데에 있다. 분열의 정열은 곧 다른 것에 자리를 내줄 것이다. 인터넷은 무정부주의 그 자체이기 때문에 그 누구도 그 앞날을 예측할 수는 없다. 지금 필요한 건 분열에 대한 의연함이다.

미디어와 사회에 대한 이해력 증진

그런 의연함을 갖기 위해선 인터넷의 속성과 더불어 인터넷이 사회에 미치는 영향에 대한 이해가 선행되어야 할 것이다. 비단 인터넷뿐만 아니라 모든 미디어에 대한 그런 이해를 가리켜 '미디어 리터러시'(Media Literacy)[1]라 부른다. 이는 단지 미디어를 오래 이용한다고 해서 깨우칠 수 있는 게 아니기 때문에, 그런 이해를 돕게끔 가르치는 교육이 필요한데 이를 '미디어 리터러시' 교육이라고 한다.

'미디어 리터러시' 교육은 미디어 자체에 대한 미시적 이해에 도움을 주는 건 물론 미디어와 연관지어 사회 전체의 작동 방식에 대한 거시적 이해를 돕는 데에도 기여할 수 있을 것이다. 앞서 소개한 '분열의 시대'에 관한 글은 최근 한국 사회를 매우 혼란스럽게 만들고 있는 '분열'에 대한 거시적 이해의 방식을 한 사례로 보여준 것이다.

'미디어 리터러시'는 전 세계적 차원에서 중요한 교육적 주제로 떠오르고 있다. 1992년 미국의 싱크탱크인 애스펜연구소는 '미디어 리터러시 전미 지도자회의'를 주최하였는데, 이 회의에서 '미디어 리터러시'는 "다양한 형태의 커뮤니케이션에 액세스(접근)하고, 분석하고, 평가하고, 발신하는 능력"으로 정의되었다.[2] '미디어 리터러시' 교육은 학생들이 그런 능력을 가질 수 있게끔 학교에서 미디어에 대해 가르치자는 것이다.

미국만 해도 '미디어 리터러시' 교육의 후진국이다. 영국은 이미 1930년대부터, 캐나다는 1970년대 후반부터 '미디어 리터러시'를 학교에서 가르쳤다. 이젠 유럽 대부분의 국가들과 중남미 및 아시아의 일부 국가들에서

---

1) '미디어 리터러시'는 우리말로 하면 '매체 해독(解讀)'이 될 것이나 이미 '미디어 리터러시'로 많이 사용되고 있어 기존 관행에 따르기로 하였다.
2) 스가야 아키코, 안해룡·안미라 옮김, 『미디어 리터러시: 미국, 영국, 캐나다의 새로운 미디어 교육 현장 보고』(커뮤니케이션북스, 2001), 26쪽.

도 '미디어 리터러시' 교육을 실시하고 있다. 유네스코 등 국제기구도 지원활동을 전개하고 있다.[3]

'미디어 리터러시' 교육은 미디어에 대한 이해 이외에도 민주주의의 발전과 자국 문화의 보호와 육성을 위해서 이뤄지고 있다. 영국에서 미디어에 관한 수업이 초등학교에서부터 국어(영어) 수업의 일환으로 이뤄지고 있으며, 중고등학교에선 독립적인 과목으로 존재하는 것도 바로 그런 이유 때문이다.

미디어의 발전 추세에 따라 '웹 리터러시' 교육도 세계 각국에서 활발하게 이뤄지고 있다. 컴퓨터를 조작하는 걸 배우는 게 아니다. 그건 기본이고 거기서 한걸음 더 나아가 컴퓨터를 통해 얻는 정보의 특성이나 인터넷의 경제구조와 내용 등에 대해 공부하고 온라인 정보의 평가법도 배우는 게 '웹 리터러시' 교육의 핵심이다.[4]

'웹 리터러시' 교육은 교육자들에게 어려운 문제를 제기하고 있다. 예컨대, 『가상사회(Virtual Communities)』의 저자인 하워드 레인골드는 어린이들에게 예의 바른 사람이 되어야 한다고 가르쳐야 하긴 하지만, 한편으로는 통신망을 통해 보고 듣는 것은 무엇이든 반드시 의심하라고 가르쳐야 한다고 말한다. 또한 혐오감을 주거나 섬뜩한 느낌이 드는 영상이나

---

3) 스가야 아키코, 안해룡·안미라 옮김, 『미디어 리터러시: 미국, 영국, 캐나다의 새로운 미디어 교육 현장 보고』(커뮤니케이션북스, 2001), 29쪽.
4) 스가야 아키코, 안해룡·안미라 옮김, 위의 책, 192~196쪽.

통신은 거부해야 하고 사람을 구분하는 분명한 인식을 가져야 하며 사람들이 항상 겉과 속이 같은 것은 아니라는 것, 그런 나쁜 사람들이 통신망에도 존재한다는 것을 가르쳐야 한다는 것이 쉽지 않다며 교육의 어려움을 토로한다.[5]

예의와 신뢰를 강조해야 할 교육 현장에서 정반대되는 이야기를 해야 하니 딜레마가 아닐 수 없다. 그러나 어찌 생각하면 바로 여기에 '미디어 리터러시' 교육의 묘미가 있다고 볼 수도 있을 것이다. 겉으론 상충되는 것처럼 보이는 것들이 결코 상충되는 건 아니라는 걸 가르치는 과정을 통해 학생들의 미디어와 사회에 대한 이해력을 증진시키는 효과를 거둘 수 있지 않겠느냐는 것이다.

'학식 있는 무식꾼'을 경계하자

이 책은 중고등학생과 대학생, 그리고 일반인들의 '미디어 리터러시' 교육의 차원에서 기획된 것이다. 지난 99년에 출간한 바 있는 『대중문화의 겉과 속』의 속편이라고 해도 좋을 것이다. 4년 만에 새로운 개정판을 내지 않고 『대중문화의 겉과 속 Ⅱ』라는 제목을 달아 별개의 책으로 낸 건 두 가지 이유에서이다.

---

5) 클리포드 스톨, 한경훈 옮김, 『허풍떠는 인터넷: 과대포장된 인터넷, 그 실체를 해부한다』(세종서적, 1996), 195쪽에서 재인용.

첫째, 대중문화의 확산 현상 때문이다. 전 사회의 '대중문화화'라고 해도 좋을 정도로 대중문화는 전반적인 소비문화 및 사이버 문화와 결합하면서 그 영역을 크게 넓혀 왔다. 따라서 그만큼 다뤄야 할 주제들이 많아진 탓에 한 권으로 소화하긴 어려웠다.

대중문화에 대한 이해는 사회와의 연계없이 '대중문화'라고 부를 수 있는 것만 공부한다고 해서 얻어질 수 있는 건 아닐 것이다. 그런 점에서 브라질의 교육학자 파울로 프레이리가 주장하는 '학식 있는 무식꾼'이라는 말에 동의하지 않을 수 없다. 이런 사람은 "아주 협소한 자기 세계에만 관심을 갖고 다른 지식에는 무관심하기 때문에, 많은 정보들을 연관지어 세계를 비판적으로 읽지 못한다"는 것이다.[6]

생각해보자. 대중문화는 경제와 마케팅의 핵심으로 등장했다. 모든 경제가 엔터테인먼트 중심으로 움직이고 있다는 의미에서의 '엔터테인먼트 경제'라는 개념마저 나오고 있는 실정이다. 그 말이 다소 과장된 것일망정, 오늘날의 대중문화 연구가 학제적이고 총체적으로 가야 할 이유가 더욱 증대되고 있다는 건 분명한 사실이다. 이 책은 그런 문제의식을 반영하는 데에 주력하였다.

둘째, 대중문화의 역사적 이해가 중요하기 때문이다. 오늘의 대중문화를 제대로 이해하기 위해선 바로 몇 해 전엔 어떠했는가를 아는 건 꼭 필요

---

6) 도날드 마세도 외, 〈프레이리를 읽기 위하여〉, 파울로 프레이리, 교육문화연구회 옮김, 『프레이리의 교사론』(아침이슬, 2000), 29쪽.

하다. 그런 의미에서 99년에 출간한 책은 이론적인 건 물론이고 사례 제시에 있어서도 여전히 가치와 의미가 있다고 생각한다. 이 책은 가급적 99년에 낸 책과의 주제 중복을 피했으며 주제가 같거나 비슷할 경우엔 한 단계 더 진전된 내용을 담고자 했다.

이 책은 나의 강한 주장을 펴거나 상상의 나래를 펴기 위한 무대가 아니다. 이 책의 주된 목적은 어디까지나 '미디어 리터러시' 교육이다. 그런 이유로 나는 한걸음 뒤로 물러서서 가능한 한 많은 사람들의 견해를 소개하는 데에 주력하였다. 수많은 인용과 참고문헌을 귀찮게 여기지 말고 추가적인 공부를 위한 안내로 여겨준다면 좋겠다.

이 책은 외국, 그것도 주로 미국에서 생산된 이론과 사건들을 많이 거론하였다. 유감이지만 그럴 수밖에 없는 현실을 인정하는 게 좋을 것 같다. 군사적인 면도 그렇지만 대중문화에 관한 한 미국은 세계의 유일한 패권국가이다. 세계 대중문화의 지배는 말할 것도 없고, 인터넷만 하더라도 미국 인구는 전 세계 인구의 20분의 1밖에 안 되지만 인터넷 활용 인구면에서는 전 세계의 절반 이상을 차지하고 있다.[7] 미국의 대중문화와 인터넷 이야기를 하지 않고 다른 나라에서 독자적인 대중문화 및 인터넷 이야기를 한다는 건 거의 불가능하거나 무의미하다.

언어의 사용도 그렇다. 우리말로 옮기기 어려운 영어 단어들이 홍수처

---

7) 조지프 나이, 홍수원 옮김, 『제국의 패러독스: 외교전문가 조지프 나이의 미국 진단』(세종연구원, 2002), 11쪽.

럼 쏟아져 들어오고 있다. 이는 '인터넷'이라는 말에서부터 시작하여 모든 인터넷 관련 용어를 생각해보면 쉽게 이해할 수 있을 것이다. 외국어가 많이 등장하다 보니, 본문엔 외국어 표기법이 일치하지 않는 경우가 꽤 있다. 인용문에서 표기법이 다를 경우 원문 그대로 살릴 수밖에 없었다는 걸 이해하여 주시기 바란다.

6개 장(章)의 주요 내용

이 책은 모두 6개의 장(章)으로 구성돼 있다.

'제1장 대중문화 이론'은 이 책이 소비 및 사이버 문화에 중점을 두었기 때문에 이와 가장 관련이 있는 이론가들의 주장을 소개하였다. 피에르 부르디외, 어빙 고프만, 쟝 보들리야르, 미셸 푸코, 스톨먼-토발즈-게이츠 등이 바로 그들이다. 스톨먼-토발즈-게이츠 3인은 이론가는 아니지만 인터넷을 보는 그들의 시각 차이는 사이버 문화 전반은 물론 현실 세계를 이해하는 데에 많은 것을 시사해줄 것이다. 제1장은 가능한 한 어렵지 않게 쉽게 풀어 쓰려고 애를 쓰긴 했지만, 이해에 다소 어려움을 겪는 독자들은 제2장부터 읽어나가고 제1장은 맨 나중에 읽는 것도 좋을 것이다.

'제2장 소비문화와 정체성'은 오늘날의 소비 행위가 단순한 필요의 차원을 넘어 인격과 자아 실현의 수단으로서의 의미까지 갖게 되었기 때문에 대중문화 연구에서 더욱 중요한 의미를 갖게 되었다는 점에 주목하였다.

'제3장 문화공학과 마케팅'은 오늘날의 대중문화는 과거 그 어느 때보다 더 치열한 이윤 추구의 대상 및 수단이 돼가고 있으며, 그 결과가 우리의 육체와 정신까지 지배하게 되었다는 점을 밝히고자 하였다.

'제4장 정보기술의 정치학'은 정보기술이 경제와 사회는 물론 우리의 일상적 삶에까지 미치고 있는 영향을 탐구하였으며, 우리 각자의 선택으로 간주돼 온 우리의 사는 모습의 많은 부분이 실은 정보기술과 그것을 둘러싼 이해관계라고 하는 큰 흐름에 의해 결정되기도 한다는 걸 보여주고자 했다.

'제5장 인터넷의 사회학'은 세간에서 논란을 빚고 있거나 논의되고 있는 인터넷 관련 주제들을 다루면서, 우리가 인터넷에 끌려가고 빠져들기보다는 좀더 능동적이고 주체적인 자세로 인터넷을 이용하고 그 미래까지 결정해야 할 필요성을 시사하고자 하였다.

'제6장 인터넷과 휴대폰의 경제학'은 수많은 사람이 열광해 마지않는 인터넷과 휴대폰을 거시적인 경제적 맥락에서 살펴봄으로써 한국의 인터넷·휴대폰 문화를 다른 각도에서도 이해한 동시에 앞으로 그것이 지향해야 할 길을 이해하는 걸 돕고자 하였다.

이 책에 대해 아쉬운 점이 없지 않다. '사회적 저항·갈등·통합 기제로서의 대중문화' '국제적 교류·갈등·지배 기제로서의 대중문화' '대중문화로서의 저널리즘' 등을 다루지 못했기 때문이다. 제3권을 내게 된다면 그 주제들을 소화해보고 싶다.

　이 책을 쓰기 위해 꽤 오랜 기간 동안 이 책에서 다뤄진 주제들을 탐구하는 데에 완전히 미쳐 지냈다. 미처 이 책에 담지 못한 내용이 이 책 분량의 서너 배는 될 듯싶다. 체질인지는 몰라도 나는 무엇엔가 미쳐 지낼 때가 제일 행복하다. 그래서 '재미'와 '쾌락'에 비교적 열려있는 건지도 모르겠다. 독자들로부터 "어, 이 책 제법 정리가 잘 돼 있네!"라는 말을 듣고 싶어 그렇게 미쳐 지냈던 것이니, 아무래도 독자들께 감사드려야 할 것 같다.

2003년 8월
강준만 올림

01 대중문화 이론

피에르 부르디외: 미학은 정치학인가

어빙 고프만: '가면' 없는 삶이 가능한가

장 보들리야르: '시뮬라시옹'이란 무엇인가

미셸 푸코: '판옵티콘'이란 무엇인가

스톨먼-토발즈-게이츠: 온라인은 '정글의 법칙'이 지배하는가

대중문화 이론
피에르 부르디외: 미학은 정치학인가

차별에 대한 감수성

1930년에 태어나 2002년에 사망한 프랑스의 사회학자 피에르 부르디외(Pierre Bourdieu)는 남들이 당연하다고 생각하던 것을 예민한 감수성으로 포착한 인물이기 때문에 그의 이론은 대중문화의 심층적인 면을 이해하는 데에 큰 도움을 준다.

'차별'을 전혀 경험하지 못한 사람이라고 해서 사회적 차별의 문제를 다루지 말란 법은 없겠지만 차별을 이해하는 감수성에선 한계가 있기 때문에 그 주제에 대해 미시적으로 깊이 들어가는 데엔 명백한 한계가 있기 마련이다.

부르디외의 이론을 이해하는 데 있어서 그가 스페인 국경에 인접한 서남프랑스의 아주 작고 외딴 마을에서 태어났으며, 어린 시절을 그곳에서 보냈다는 사실은 매우 중요한 의미를 갖는다. 남부 사투리 때문에 겪어야 했던 파리 유학 시절의 경험은 부르디외로 하여금 개인과 사회의 관계를 파헤치게 만드는 직접적인 동기가 되었기 때문이다.

부르디외의 말에 따르면, 프랑스에선 남부 먼 시골 출신이면 식민지 상황과 다르지 않은 특성을 갖게 된다. 미묘한 차별을 느끼게 되고, 이는 남들이 보지 못하는 걸 보게 해주기도 한다는 것이다. 이제 앞으로 이야기하겠지만, 그래서 부르디외는 가족문화의 중요성을 그렇게 강조하는 것인지도 모른다.

부르디외는 시골 출신으로서 대학 생활에 적응하는 데에 어려움과 갈등을 겪었다. 그는 그 갈등이 왜 생기는 것이며 어떻게 풀어야 하는지에 대해 몰두하기 시작했다. 대학 교육이 요구하는 기준·틀·수준 등은 부르디외가 그 동안 가지고 있었던 그것과는 판이하게 다른 것이었다.

대학이라는 '상징적 가치'가 자신의 환경과 경험을 통해 터득하고 지니고 있던 그의 모든 것보다 우월한 것으로 받아들여졌고, 또 그렇기 때문에 그는 자신의 온갖 촌스러움을 내던짐으로써만 대학에서 적응할 수 있었다고 회고하였다. 그가 대학에서 인류학과 사회학에 깊은 관심을 가지게 된 데에는 이런 개인적 경험의 영향이 다분히 작용했다.[1]

우리가 흔히 '컴플렉스'로 해석하는 이런 상황을 부르디외는 대학이라는 사회 기구가 개인에 대해 '상징적 폭력'을 행사하는 것으로 설명하였다. 사실 우리는 우리의 인생에 있어서 가정, 고향, 학교 등이 얼마나 중요한지 잘 알고 있다. 그런데 그건 공개적으로 잘 거론되지 않고, 자본주의 사회라는 이유만으로 경제적인 자본의 중요성만을 강조하는 경향이 있다.

자본의 4가지 유형

부르디외는 그런 관행에 의문을 품었다. 왜 '자본'이라고 하면 '경제적

---

1) Pierre Bourdieu and Loic J. D. Wacquant, 『An Invitation to Reflexive Sociology』(Chicago:University of Chicago Press,1992), pp.204~205.

자본'만을 생각하는가? 그런 의문이었을 게다. 그래서 그는 자본을 네 가지 유형으로 구분했다. 경제적 자본(전통적 의미의 자본), 문화적 자본(가족과 학교에서 얻는 지적·미학적 능력과 자격), 사회적 자본(연고와 사교활동으로 맺는 사회적 관계), 상징적 자본(신용·명예·인정) 등이 바로 그것이다. 왜 이렇게 구분해야 하는 걸까?

우리 주변을 둘러보자. 아무리 우리 사회가 자본주의 사회라곤 하지만 오직 '돈'만이 힘을 쓰는 건 아니다. 기업가, 정치인, 대학교수, 예술가, 시민운동가, 지역 원로 등등 여러 유형의 사람들을 생각해보자. 기업가를 제외한 나머지 사람들에겐 돈이 없다 하더라도 얼마든지 사회적으로 큰 영향력을 행사할 수 있다.

그런데 기존의 계급이론은 경제적 자본만으로 계급을 분류해왔다. 부

(『한겨레』 2000년 2월 4일)

'자본'이라고 하면 왜 '경제적 자본'만을 생각할까? 부르디외는 문화적 자본, 사회적 자본, 상징적 자본을 추가했다.

르디외는 이러한 분류법에 도전한 것이다. 부르디외에게 있어서 '계급'은 실제 집단이 아니라 '잠재력'일 뿐이다. 그래서 그는 "다양한 계급, 계급 분파, 그리고 동일한 계급적 분파 내에서도 사회적 출신 성분이 상이한 개인들의 분열이 어떻게 사고범주, 언어체계, 구별의 표시, 신화의 형태, 감상, 취향방식 그리고 생활양식을 생성하는지를 분류"하고자 애를 쓴다. 이러한 "계급문화에 관한 상세한 서술이야말로 아마 사회학에 대한 그의 가장 독특한 기여"일 것이다.[2]

대중문화 연구의 관점에서 우리가 가장 주목할 만한 것은 문화자본이다. 부르디외는 노동계급의 젊은이가 성공에 이르는 길에 있어서 당면하는 장벽은 물질적 불평등뿐만 아니라 문화적 자본의 결여라고 말한다.

경제적 자본은 생산적 자본과 비생산적 자본을 구별하지 않고 직접 돈으로 환산될 수 있는 모든 재화를 가리킨다. 반면 문화적 자본은 개인으로 하여금 과학적 정보, 심미적 즐거움과 일상의 쾌락의 사회적 잠재력을 다루는 것을 가능케 하는 모든 능력과 기술을 가리킨다. 교육적 자본은 문화적 자본의 일부이다. 문화적 자본은 부르주아의 휴식과 여가 문화를 통해 전달되는 만큼 노동계급의 젊은이는 아무래도 불리한 입장에 놓일 수밖에 없다.

가족문화와 아비투스

그래서 부르디외의 이론에서 가족문화는 매우 중요한 의미를 갖는다. 이와 관련해 그가 제시하는 개념이 바로 '아비투스(habitus)'다. 이는 "행위자의 주관성 속에 내면화된 사회질서"를 의미한다. '습관'이라고 번역

---

[2] 조나단 터너, 정태환 외 역, 『현대 사회학 이론』(나남, 2001), 629~630쪽.

을 해버리면 속시원하겠지만, 그게 그렇게 단순하진 않다. 그 차이는 다음과 같다.

"아비튀스는 습관(habitude)처럼 자신도 의식하지 못한 채 독특한 행위 성향으로 드러나는 것이지만 습관 자체는 아니다. 습관이 반복적, 기계적, 자동적인 것으로서 새로운 것을 생산하는 것이라기보다 기존 질서를 반복해서 재생산하는 것이라면 아비튀스는 기존 질서를 변형시킨 채 재생산하는 것이기 때문이다."[3]

아비투스는 "구조와 실천 사이의 중재역을 맡는 생각, 지각, 또는 성향의 무의식적 계획들의 구조"다. 그건 곧 실천의 논리다. 이 논리는 어려서부터 가족에서 내재화된다. 그것은 도덕, 금기, 걱정, 행동 규칙, 취향에 있어서 교훈의 형태로 가족에 의해 매개된다. 가족은 개인의 아비투스의 형성 장소이지만, 무의식적 계획들을 의식적으로 전달하는 일은 교육 제도가 맡고 있다. 학교의 기능은 사회의 집단적 유산을 개인적이며 공통의 무의식으로 전환시키는 것이다.

하층계급의 아비투스는 경제적으로 제한되고 억압적 존재 상황의 어려움을 현실적 쾌락주의와 같은 라이프 스타일의 미덕으로 전환시킨다. 그들은 문화상품의 삶과 관련된 실제적 기능을 강조하고 양을 중시한다. 또 소비대상의 내용을 중시한다. 반면 부르주아 문화 세계는 실용적이고 기능 지향적인 취향을 거부한다. 그건 하층계급의 라이프 스타일이기 때문이다. 그들은 형식을 강조하고 질을 중시한다. 또 소비의 방법과 매너를 중시한다.[4]

---

3) 이상호, 〈사회질서의 재생산과 상징권력: 부르디외의 계급이론〉, 현택수 편, 『문화와 권력: 부르디외 사회학의 이해』(나남, 1998), 173쪽.

4) Axel Honneth, 〈The Fragmented World of Symbolic Forms: Reflections on Pierre Bourdieu's Sociology of Culture〉, 『Theory, Culture and Society』, 3:3(1986), p.61.

'취향'은 계급이다

어느 상류층 인사가 삼겹살을 좋아한다거나 소주를 좋아한다고 그러면 많은 사람들이 그 사람은 '서민적'이라는 인상을 받는다. 재벌 총수는 자신의 홍보를 위해 '서민적'으로 보이는 것도 좋겠지만, 상류층이 되고 싶어하는 중류층은 '서민적'으로 보이는 걸 싫어한다. 아니 하류층 사람이라도 사람이 많이 모인 자리에선 가급적 하류층 '티'를 내지 않으려고 애를 쓸 것이다.

사람들의 그런 노력을 가리켜 부르디외는 '티내기(distinction)'라고 불렀다. 좀 어렵게 말하자면, '티내기'는 행위자들이 사회적인 구별을 확실히 하고 서로 구분되는 인지(認知) 양식을 확보하기 위해 사용하는 전략을 가리킨다.

'티내기'는 distinction에 대한 정확한 번역은 아니다. 그간 국내에선 '차별' '구별' '탁월화' '구별짓기' 등의 번역이 사용되어 왔으나, 이것들도 그리 만족스럽지는 못하다. 우리의 일상적인 언어 생활에서 '티를 낸다'는 말이 자주 쓰이고 있는 만큼 실감을 내기 위해 '티내기'라는 번역을 택했음을 밝혀둔다.

'티'란 '어떤 태도나 기색'을 의미한다. 그래서 우리는 '촌티'가 나느니 어쩌느니 하는 말을 한다. 물론 여기서 '티내기'는 중상류층 사람들이 서민들과 구별되고 싶어하는 상향적인 것을 의미하지만 말이다.

어떤 자동차를 타고 어떤 옷을 입을 것인가? 그리하여 어떻게 나를 좀 더 돋보이게 만들 것인가? 사실 이건 비단 프랑스뿐만 아니라 오히려 체면을 중요하게 여기는 한국에서 더욱 실감나는 개념이 아닐 수 없다.

자동차에 안테나를 달고 자동차 범퍼를 일부러 외제 차의 범퍼로 갈아 끼우는 건 결코 장난이 아니다. 그건 그런 시도를 하는 사람의 상징적 힘을 크게 높여줄 수 있는 것이다. 그 상징적 힘에 대한 무언의 사회적 약속이 깨지면 그 사람은 분노한다.

1995년 10월 충남 아산시 군포면 국도에선 볼보 승용차와 프레스토 승용차가 추월 경쟁을 벌이다, 볼보 승용차에 탄 사람이 공기총을 쏴 프레스토 승용차를 탄 사람에게 중경상을 입힌 사건이 발생했다. 그 총을 쏜 '미치광이'는 감히 프레스토가 볼보에 도전한다는 걸 참아내기 어려웠을 것이다. 물론 이건 극단적인 사례에 지나지 않는다. 그러나 정도의 차이일 뿐 소비자본주의 시대의 대중에겐 조금은 그런 기질이 숨어 있다.

요즘 사람들은 티를 내고 싶어 안달한다. 유행에 민감한 소비자들의 행태를 자세히 살펴보라. 티를 내고 싶어 물불을 가리지 않는 사람들이 많다. 기업들은 그걸 간파하고 소비자들에게 티를 낼 것을 강력히 권유한다. 예컨대, 신용카드의 다음과 같은 광고 문구를 보자.

"누구나 카드를 갖는 시대에 아무나 가질 수 없는 카드" "당신이 누구인지 말하지 마십시오. 다이너스 카드가 모든 걸 말해 드립니다." [5]

'취향'은 계급이다. 차별에 대한 경험은 부르디외로 하여금 개인과 사회의 관계를 파헤치게 만드는 직접적인 동기가 되었다.

제1장 대중문화 이론

미적(美的) 편협은 폭력적이다

부르디외는 음악에 관한 이야기를 하는 데에 반감 같은 것을 가지고 있다. 그 이유가 재미있다. 음악에 관한 이야기는 가장 인기있는 지적(知的) 과시의 기회 가운데 하나가 되기 때문이라는 것이다. 음악에 관해 말하는 것은 자신의 교양의 폭과 해박성을 표현하는 훌륭한 기회인데, 그는 그것이 못마땅하다는 것이다. 음악에 대한 기호만큼 그 사람의 '계급'을 확인시켜 주는 것도 없으며, 또한 그것만큼 확실한 분류 기준도 없다는 게 그의 주장이다.[6]

한 개인의 기호 또는 취향이 그토록 많은 것을 폭로할 수 있는 것인지 의아하게 생각할 사람이 있을 것이다. 그러나 부르디외는 미적으로 편협하다는 것은 가공할 폭력성을 지니고 있다는 점을 상기시키면서, 기호는 혐오와 분리할 수 없다고 단언한다. 다른 삶의 양식에 대한 혐오는 계급 사이의 가장 두터운 장벽 중의 하나라는 것이다.[7]

부르디외가 보기에, 우리가 예술작품에 대해 취하는 태도는 미학적 느낌의 자발적 결과가 아니라, 교육과정의 사회적 산물이다. 거기서 미적 판단은 계급과 밀접한 관련이 있다. 이건 매우 중요한 의미를 갖는다. 만약 예술작품에 대한 우리의 감상이 요리나 스포츠에 대한 우리의 태도를 지배하는 논리와 똑같은 논리에 의해 지배된다면 미적 판단의 유효성은 상실될 것이기 때문이다.

---

5) 신용카드와 '티내기' 전략에 대한 본격적인 논의는 강준만, 『고독한 대중』(개마고원, 1996)을 참고하십시오.
6) 삐에르 부르디외, 최종철 옮김, 『구별짓기: 문화와 취향의 사회학 상(上)』(새물결, 1995), 44쪽; 피에르 부르디외, 문경자 옮김, 『피에르 부르디외: 혼돈을 일으키는 과학』(솔, 1994), 174~175쪽.
7) Pierre Bourdieu, 〈The Aristocracy of Culture〉, 『Media, Culture and Society』, 2(1980), p.253; 삐에르 부르디외, 최종철 옮김, 위의 책, 104쪽.

우리는 대중문화에 대한 태도에 있어서도 자신의 '문화 자본'을 과시하기 위한 '티내기' 현상을 얼마든지 목격할 수 있다. 이와 관련, 폴 맥도널드는 "가령 영화의 경우, 어떤 사회적 집단은 영화를 장르와 배우에 따라서 분류하겠지만, 중산계급의 관객은 감독을 기준으로 해서 영화를 고르는 경향이 있다"며 다음과 같이 말한다.

"그러한 차이는 중요한 의미를 나타낸다. 그 차이는 종종 사회를 구별하기 위해 사용되는데 연기자의 경우도 그러하다. 예를 들어, 어떤 사람들이 유럽의 예술영화에 나오는 잘 알려지지 않은 배우, 예컨대 장피에르 레오를 좋아한다고 말한다면, 그들은 암암리에 자신들을 대중적인 배우를 좋아하는 사람들과 구분하고 있는 것이다. 그들은 '내 취향은 당신의 취향에 비해 고급스러운 것이다'라고 넌지시 말하는 것이다. 사실상 스타와 배우를 종종 구별하는 것도 바로 이 부분이다. 배우를 알아보는 것은 스타를 알아보는 것에 비해 '드문 취향'을 요구한다고 암묵적으로 말해진다. 이는 스타와 배우가 잘 구분되지 않는 할리우드 영화의 경우에도 적용할 수 있다. 예를 들어, 실베스터 스탤론이나 아놀드 슈워제네거를 좋아하는 것보다 로버트 드 니로를 좋아하는 것이 훨씬 더 제대로 된 입장이고 문화적으로 더 높은 지위를 가진 것처럼 보여질 것이다."[8]

영화에서 나타나는 이런 '티내기' 또는 '차별화'는 우리의 소비 생활에서도 그대로 드러나고 있다. 사람들이 이른바 '명품'에 집착하는 것도 바로 그런 이유 때문일 것이다. 청소년들이 휴대폰, 그것도 가급적이면 최첨단 기능과 성능을 가진 휴대폰에 집착하는 것도 알게 모르게 바로 그런 이유가 작용하는 건 아닐까?

---

8) 폴 맥도널드, 〈스타연구〉, 조안 홀로우즈·마크 얀코비치 엮음, 문재철 옮김, 『왜 대중영화인가』(한울, 1999), 146~147쪽.

어빙 고프만: '가면' 없는 삶이 가능한가

대중문화 이론

인생은 연극이다

어빙 고프만(Erving Goffman)은 1922년 캐나다에서 태어나 미국에서 활동하다가 1982년에 사망한 사회학자이다. 그는 "20세기가 끝나기 전 마지막 60년 동안 미시적 차원의 최고 이론가"라는 평가를 받기도 했지만,[9] '미시적 분석'을 폄하하는 경향이 없지 않은 한국에선 별로 알려져 있지 않은 인물이다.

그런데 어빙 고프만이 최근 들어 국내외 학계에서 각광을 받고 있다. 사이버 세계는 물론 휴대폰 이용에 있어서 개인의 정체성 문제가 대두되고 있기 때문이다. 또 프라이버시 문제와 관련해서도 고프만의 이론이 거론되고 있다.

고프만이 역설했던 '인상 관리(impression management)' 개념은 오늘날 현대인의 삶을 이해하는 데에 매우 날카로운 안목을 제공해준다. 그 어

---

[9] 조나단 터너, 정태환 외 역, 〈제30장 어빙 고프만의 연극적 이론〉, 『현대 사회학 이론』(나남, 2001), 509쪽.

느 나라보다 더 대인관계(對人關係)가 중요한 한국 사회에서 고프만은 뒤늦게라도 각광을 받을 만한 가치가 있는 사회학자임에 틀림없다.

"이 세상은 무대이며 모든 남자와 여자는 배우이다. 그들은 각자의 배역에 쫓아서 등장했다가는 퇴장하지만 사람은 한 평생동안 여러 가지 역을 담당한다." [10]

셰익스피어의 말이다. 이 말을 사회학적 관점에서 이해하고 현실에 적용하려는 학자가 바로 고프만인 것이다.[11] 그래서 그의 이론을 가리켜 흔히 '연극학적 이론' 이라고도 한다. 그러나 우리의 실제 삶에서 우리, 특히 사회적 공인(公人)들이 펼치는 연극은 진짜 연극보다 훨씬 더 계산적이거니와 음흉하기까지 하다. 어디까지가 인정할 수 있는 수준의 연기(演技)이고 어디서부터는 인정할 수 없는 연기(위선과 기만)인지, 이에 대한 탐구를 위해서도 고프만은 다시 불러내야 할 사회학자가 아닐까?

커뮤니케이션은 '인상 관리' 다

이제 우리가 주로 이야기를 할 그의 대표작은 1959년에 나온 『일상생활에서의 자아 표현(The Presentation of Self in Everyday Life)』이다.[12] 고프만은 이 책의 첫 부분에서 사회학자 로버트 파크의 말을 다음과 같이 인용하고 있다.

"아마도 사람(person)이라는 단어가 그 첫 번째의 의미로서 가면(mask)이라는 뜻을 지녔음은 결코 단순한 역사적 우연만은 아닐 것이다. 오히려 모든 사람이 언제 어디서나, 그리고 다소 의식적으로 어떤 역할을 수행하

---

10) 전병재, 『사회심리학: 관점과 이론』(경문사, 1987), 388쪽에서 재인용.
11) 전병재, 위의 책, 388쪽.
12) 어빙 고프만, 김병서 옮김, 『자아표현과 인상관리: 연극적 사회분석론』(경문사, 1987).

제1장 대중문화 이론

고 있다는 사실에 대한 하나의 인식일 것이다. …… 이러한 역할들 속에서 우리는 서로를 아는 것이며, 우리가 우리 자신을 아는 것도 바로 이러한 역할들 속에서이다." 13)

고프만은 바로 그러한 '가면' 연구에 몰두한 인물이었다. 그에게 "커뮤니케이션이란 곧 상황조작에 의한 인상관리(impression management) 행위"를 의미하는 것이었다.14) 프로이트의 『꿈의 해석』을 제외한다면, 고프만만큼 자아에 대해 그렇게 깊이 탐구한 사람이 또 있겠는가 라고 평하는 사람도 있다. 15)

인간의 그런 '가면 놀이' 때문에 인간의 뇌가 커졌다는 주장도 있다. 플로리안 뢰처는 "지능을 지닌 존재로서 인간은 종종 진실되지 못하고, 스스로를 꾸며대거나, 전략적으로 사고하여 상대를 여러 가지 방식으로 속이려고 한다"며 다음과 같이 말한다.

"인류학자들은 바로 이러한 점에 착안하여 사람의 뇌가 커진 이유를 추정해 보았다. 다른 사람의 눈에 비친 모습대로 스스로를 표현하고자 하는 욕구가 사회집단 안에 생기면서 인간관계가 힘들고 복잡해졌다. 바로 이러한 변화에 적응하면서 영장류나 사람의 뇌가 커졌다는 것이다." 16)

'가면'은 '내숭'이다

그런데 그 '가면'이란 게 뭔가? 우선 아주 쉽게 접근해보자. 연애를 하는 젊은 남녀 한 쌍을 살펴보자. 고프만은 다음과 같이 말한다.

---

13) 어빙 고프만, 김병서 옮김, 『자아표현과 인상관리: 연극적 사회분석론』(경문사, 1987), 3쪽.
14) 조종혁, 『커뮤니케이션학: 이론과 관점』(세영사, 1992), 336쪽.
15) Irving Louis Horowitz, 〈Books〉, 『Commonweal』, May 23, 1975, p.150.
16) 플로리안 뢰처, 박진희 옮김, 『거대기계지식: 사이버시대의 올바른 지식사회 구축을 위한 비전』(생각의나무, 2000), 28쪽.

종종 미국의 대학교 여학생들은 데이트할 만한 남학생 앞에 있을 때, 자신들의 지성과 재능, 결단력 등을 낮추어 보이고자 한다. 그리하여 그들은 모든 사람들한테서 경솔하다는 평을 받는 데도 불구하고, 정신수양이 깊은 듯이 자기들을 보여 주고자 한다. 그들은 자기들이 이미 알고 있는 것들을 남자 친구들이 지겹게 설명할 때 참고 들어주는 공연자들이라는 것이다. 또한 그들은 수학이 서투른 애인들 앞에서는 수학을 더 잘할 수 있음을 숨기기도 하고, 탁구경기에서는 끝나기 직전에 져주기도 한다. "때때로 긴 단어의 철자를 틀리게 쓰는 것은 가장 멋진 기교 중의 하나이다. 그러면 내 남자 친구는 굉장한 쾌감을 느끼고서 답장을 보내 주게 된다. '애, 넌 정말로 철자도 잘 모르는구나!'" 이런 모든 것을 통해 남자의 자연스러운 우월성이 과시되어지고 여성의 약한 역할이 확인된다.[17]

고프만이 여대생들에게 무슨 불만이 있었는지는 모르겠지만, 그는 여대생들의 예를 자주 든다. 아마도 자신의 이론에서 매우 중요한 위치를 차지하고 있는 이른바 '내숭'이 남자보다는 여자에게 더 발달돼 있다고 생각했던 것 같다.

고프만은 한 대학기숙사에서 여학생들의 행태를 관찰했다. 남학생으로부터 전화가 오면 사무실에서 복도의 스피커를 통해 학생의 이름이 불려진다. 이름이 자주 불려지는 게 여학생이 누리는 인기의 척도가 된다. 그래서 여학생들은 자신의 이름이 여러 차례 호명될 때까지 일부러 기다리더라는 것이다.[18]

---

17) 어빙 고프만, 김병서 옮김, 『자아표현과 인상관리: 연극적 사회분석론』(경문사, 1987), 19~20쪽.
18) 조종혁, 『커뮤니케이션과 상징조작: 현대사회의 신화』(성균관대학교출판부, 1994), 26쪽.

이번엔 야구 이야기를 해보자. 야구 심판을 유심히 관찰해보자. 야구 심판은 투수가 던진 공에 대한 판정을 아주 큰소리로 그것도 극적인 제스처를 섞어가면서 내려주기 때문에 야구 보는 재미를 더하게 해준다. 그런데 그게 단지 재미를 위해서만 그렇게 하는 걸까? 이 물음에 답하기 전에 투수가 던진 공에 대해 매번 순간적으로 정확한 판단을 내리는 게 쉬운 일이겠는가 하는 걸 생각해볼 필요가 있다. 결코 쉽지 않다. 어떤 결정을 내릴지 주저할 때가 많다. 그러나 그렇게 주저하는 빛을 보이면 큰일난다. 판정의 권위가 훼손되기 때문이다. 이런 경우일수록 더욱 큰소리로 더욱 극적인 제스처를 섞어가면서 판정을 내릴 필요가 있을 것이다. 즉, '인상 관리'를 해야 한다는 게 바로 고프만의 관찰 결과다.[19]

'인상 관리'와 정체성

이러한 '인상 관리'는 정체성의 문제와 직결된다. 교수가 학생들에게 보이고 싶어하는 인상과 자신의 아내에게 보이고 싶어하는 인상은 전혀 다를 것이다. 상황에 따라 각기 다른 인상을 보여야 할 필요성은 누구에게나 다 해당되는 것이다.

조종혁은 사회인들은 한 상황에서의 연기(演技)를 다른 상황의 청중들에게는 보이려 하지 않으며 사회인들의 연기는 청중관리의 필요성을 느낀다면서 다음과 같이 말한다.

"그것은 역할 수행의 일관성 유지에 관한 문제이다. 상이한 상황, 상이한 청중들에게 각각 이상적인 연기를 제공하는 것은 자칫 여러 명의 '나', 인상관리의 비일관성이라는 문제를 야기할 수 있다. 따라서 사회인들은

---

19) 조종혁, 『커뮤니케이션학: 이론과 관점』(세영사, 1992), 338쪽.

> **키높이 구두에 '뽕 브라'…가짜 명품이면 어떠랴**
>
> **나는 짝퉁한다 고로 존재한다**
>
> ■가짜로 포장하는 사람들
> 신발가게 점원 김나경씨는 소위 「짝퉁」 명품족이다. 루이뷔통 핸드백, 까르띠에 지갑 등 거의 모든 명품 액세서리류를 갖추고 있으나 모두 가짜. 대구시내 A급 짝퉁 명품 판매점을 상세하게 꿰고 있고 친구들에게도 소개해 준다고 했다. 「남들이 갖는 명품을 갖고 싶기는 하지만 진짜는 너무 비싸니 싼 가짜를 사는 것이지요. 진품과 쉽게 구별되지도 않아요」.
> 가짜 몸매를 즐기는 사람들도 많다. 키높이 구두나 기능성 브라 등을 통해 자신 없는 신체 부분을 보완하는 것.
> ■회사에서 올해 새로 내놓은 볼륨브라는 3, 4월 두 달 동안 15만장이나 팔려나갈 정도로 인기높다. CJ쇼핑 전성곤 대리는 「짝퉁되는 남성층 중 60〜70%가 키높이 구두」라며 「한달 평균 2천〜3천개씩 꾸준히 팔린다」고 전했다.
>
> ■내가 아닌 나의 삶
> 아예 새로운 「나」를 창출해 가짜 생활을 즐기는 사람도 있다. 인터넷 공간 등을 통해 흔히 이름·나이·학력은 물론이고 성별·성격까지 바꿔 가상의 삶을 창조해 행동하는 것.
> 현태연(21·경산 진량읍)씨는 「인터넷 채팅 때 나이를 두세살 속이는 것은 기본이고 고교생으로 돌아가서 보기도 하고 가끔은 여중생이 돼 보기까지 한다」며 「나를 고로 알고 있는 채팅 친구도 있다」고 했다.
> 자신의 본래 모습을 속이고 새로 창조된 인물로 행동하는 「사기팅」도 성행이다. 자신 '이상'으로 생각하는 모습으로 위장하거나 상대방이 원하는 기준에 맞춰 그때 그때 모습을 바꿔 나서는 것.
> ■과도하면 위험할 수도
> 가짜 범람에 대해 영남대 심리학과 장현갑 교수는 「결점을 감추고 장점을 더 부각시키려는 방어기제는 누구나 갖고 있다」며 「남들을 대상으로 하는 과시는 열등
> 감에서 출발한 보상 심리에 기인하는 것」이라고 분석했다.
> 대구대 심리학과 이종한 교수는 「자기 긍정적인 시각을 가진 상태에서 재미삼아 한두번 가짜 인생을 시도하는 것은 모르지만 심해지면 심리적 장애 속으로 빠져들고 사회 부적응으로 악화될 수 있다」고 경고했다.
> 허식을 위해 가짜 명품을 찾거나 자신을 있는 그대로 드러내지 못하고 자꾸 타인을 가장하려는 심리는 본인의 정체성에 대해 자신감 없는 사람에게서 나타난다는 것. 또 거짓 모습으로 사는 사람의 증가는 사회적으로도 병리 증상일 수 있다고 우려했다.
> 이 교수는 「정신적인 가치 혼란이 심하고 자아 정체감이 견고하지 못한 요즘 세대를 위해 자기 내실을 강화하는 방향으로 가치관 교육을 강화할 필요가 있다」고 강조했다.
>
> 사회1부
>
> **性·나이 속이고 사기 채팅도…자기부정 심화 사회적 부작용**
>
> (『매일신문』 2003년 6월 3일)

인생은 연극이다. 고프만의 이론은 체면, 의례, 형식주의가 행동을 제약하는 한국 문화권 속에서 정체성의 실상을 보여주고 있다.

한 상황에서의 연기를 다른 상황에서의 청중들에게는 보이려 하지 않는다. 행위자가 만약 이러한 인상관리의 원칙에 실패한다면 그의 사회적 정체성은 혼란을 면치 못할 것이다. 직장과 가정은 동일한 무대 연기의 장이 될 수 없다. 술친구와의 연기가 직장의 상관에 대한 연기와는 같지 않다."[20]

그렇게 하기 위해선 자신의 표현을 통제하는 것이 필요하다. 이런 경우를 생각해보면 쉽게 이해할 수 있을 것이다.

"코미디언이 자신의 프로그램이 아닌 상황에서 기자의 인터뷰에 응했을 때 별안간 진지하고 근엄한 표정으로 돌아가는 것은 그 역시 새로운 상

---

20) 조종혁, 『커뮤니케이션학: 이론과 관점』(세영사, 1992), 339〜340쪽.

황에 직면하여 표현 통제의 원칙을 이탈할 수 없기 때문이다. 부모의 상을 당한 절친한 친구의 집을 방문한 사람이 평소와 마찬가지의 농담이나 음담패설을 시도하는 경우는 드물다."[21]

권위의 유지엔 '인상 관리'가 절대적으로 중요하다. 행여 우습게 보일 일을 해서는 절대로 안 된다. 자신의 권위를 행사해야 할 대상과 먼 거리를 두고 가급적 신비하게 보이는 것이 필요하다. 이는 특히 전문직 종사자에게 필수적이다.

"판사의 권위는 그의 역할수행(무대연기) 못지 않게 신비화에 기초한다. …… 법률용어의 어려움은 일반인들의 의미 공유를 차단함으로써 법정의 신비화(권위)를 강화한다. 환자들이 도저히 알아볼 수 없는 의사들의 글씨는 그들만의 상징세계, 그들의 권위를 보호한다."[22]

가면을 벗겨 상처를 주면 안 된다

고프만의 이론은 '문화간 커뮤니케이션(intercultural communication)'을 연구하는 데에도 유용한 관점을 제공해준다. 고프만은 "서구인이 여행할 때 그들이 갖고 있는 연극학적 감각이 손상되고 또는 놀라게 되는 경험담을 흔히 듣는다"[23]고 말하는데, 이는 각 나라 사이의 연극적 전제가 다르기 때문에 발생하는 일일 것이다.

고프만의 이론은 더 나아가 사회 내의 집단적 갈등과 국제적 외교관계에도 적용될 수 있다. 이와 관련, 고프만은 "우리는 우리들 자신의 사회 전체를 연극학적 방법에 따라 특징지으려는 노력을 아주 조심스럽게 한다.

---

21) 조종혁, 『커뮤니케이션학: 이론과 관점』(세영사, 1992), 340쪽.
22) 조종혁, 위의 책, 342쪽.
23) 어빙 고프만, 김병서 옮김, 『자아표현과 인상관리: 연극적 사회분석론』(경문사, 1987), 216쪽.

예컨대, 최근의 노사관계에 있어, 한 팀이 적대관계의 사람들과 함께 상호 연석회의에 참석할 때 그 회담에서 화를 내며 퇴장하려는 외양을 꾸밀 필요가 있다는 사전지식을 갖고 참석한다. 외교팀도 때로는 그와 비슷한 쇼를 연출할 필요가 있다"고 말한다. [24]

고프만의 이론은 프라이버시 보호의 필요성을 강하게 주장하는 사람들의 논거로 이용되기도 한다. 사생활의 공개를 주장하는 사람들은 사람들이 사회적 활동을 위해 쓰고 있는 가면이 우리의 진정한 자아를 가리고 있다고 주장한다. 이런 주장에 대해 미국 조지 워싱턴대 법학과 교수 제프리 로즌은 『뉴욕타임스』지에 기고한 글에서 고프만을 인용하며 다음과 같이 말한다.

"교수인 나는 학생들을 대할 때, 동네 세탁소 주인을 대할 때 각각 다른 사회적 가면을 이용한다. 만약 이 가면들을 모두 강제로 벗겨버린다면 남는 것은 진정한 자아가 아니라 방어능력을 잃어버린 상처 입은 인간일 것이다. 고프먼은 또한 사람들이 무대에 서는 배우들처럼 무대 뒤의 공간을 필요로 한다고 주장했다. 이 공간에서 사람들은 남들 앞에서 쓰고 있던 가면을 벗어버리고 추잡한 농담을 지껄이기도 하면서 사회 생활의 불가피한 일부인 긴장을 털어낸다. 그러나 끊임없이 정보가 교환되는 인터넷 경제 속에서 사무직 노동자들은 계속되는 감시 속에서 일을 해야 하는 환경 속으로 점점 더 깊숙이 끌려 들어가고 있다." [25]

일관된 정체성이란 건 없다

요컨대, 고프만은 모든 상황에서 일관되게 나타나는 '인성' 혹은 '정체

---

24) 어빙 고프만, 김병서 옮김, 『자아표현과 인상관리: 연극적 사회분석론』(경문사, 1987), 217쪽.
25) 제프리 로즌, 〈동아일보 제휴 뉴욕타임스: 당신의 사생활이 무너지고 있다〉, 『동아일보』, 2000년 5월 3일, A23면.

성'은 존재하지 않는다고 주장하는 것이다.[26] 인간에게 '자아'라는 게 있다면, 그것은 사람들이 다양한 사회 상황에서 역할 연기를 하는 다양한 모습의 조합된 성격(ensemble character)에 지나지 않는다는 것이다.[27]

이처럼 자아를 각 상황에서의 단지 투사된 이미지로서 그리고 신기루와 같은 것으로서 파악하는 고프만의 견해는 극단적이고 상황적인 것으로서 지나치게 과장된 것이라는 비판도 제기되고 있다.[28]

특히 미국의 사회학자 앨빈 굴드너는 그의 저서 『현대사회학의 위기』에서 상당한 지면을 할애해 고프만의 이론에 대해 비판을 퍼부었다. 굴드너가 가한 비판의 핵심은 고프만의 사회학이 "'대면'(co-presence)의 사회학, 사람들이 다른 사람을 대할 때 발생하는 현상을 다루는 사회학"이며 "고프만의 세계에서는 사회를 단단하게 해주는 것은 도덕법전(또는 존경)이 아니라 '전술'(또는 계산된 사교성)"이라는 것이었다.[29]

굴드너는 "고프만에게는 생활은 모든 사람들이 그 안에서 영구적인 연극에 참여하고 있고 모두가 배우가 되는 하나의 극장"에 지나지 않는다고 지적하면서, 이런 사회이론은 그 자체가 독자적인 힘을 지니고 있고 따라서 개인의 힘에 의해서는 거의 변화의 여지가 없는 대규모 관료조직에 종사하고 있거나 이를 상대해야 하는 사람들에게 매력을 주는 사회이론이라고 말했다. 즉, 고프만은 인간이 어떻게 이러한 조직체나 다른 사회체계의 구조를 변화시키려 하는가 하는 문제는 다루지 않는 대신 인간이 어떻게 그것에 적응하고 그것 안에서 적응할 수 있는가 하는 문제만을 다룬다는 것이다.[30]

---

26) 조나단 터너, 정태환 외 공역, 『현대 사회학 이론』(나남, 2001), 498쪽.
27) 한규석·황상민, 〈사이버공간 속의 인간관계와 심리적 특성〉, 황상민·한규석 편저, 『사이버공간의 심리: 인간적 정보화사회를 위해서』(박영사, 1999), 24쪽.
28) 조나단 터너, 정태환 외 공역, 위의 책, 508쪽.
29) 앨빈 W. 굴드너, 김쾌상 역, 『현대사회학의 위기: 서구사회학의 다가오는 위기와 전망』(한길사,

굴드너는 "'인상관리'의 새로운 부르조아 세계는 항시 다른 사람들에 의해서 노출되는 것을 두려워하고 자칫 자기 자신을 노출시킬까 불안해하는 타인지향적인 인간들로 이루어진 세계"라고 규정하면서 이렇게 말한다.

"인상관리가 문제되는 상황은 인간이 다른 사람들이 자신에게 기대하는 모습으로 보이려고 애를 써야 하는 상황이다. …… 이리하여 사회적 관계는 스파이들 간의 상호작용이 되어버린다. 스파이들은 각기 상대방에게 자신이 주장하는 것이 자신의 실제의 모습이라는 것을 설득시키려고 하는 한편, 상대방의 '가면' 속을 들여다보려고 애쓴다. …… (고프만의) 연극론은 자기의 본성을 순수한 상품으로 보는 데까지 이르고 그렇게 표현한다. 어떤 필연적 사용가치도 전혀 결여되어 있다. 그것은 영혼을 판매하는 사회학(the sociology of soul-selling)이다." [31]

'정신의 관료제화'

굴드너의 비판을 입증이라도 하겠다는 듯, 고프만의 이론을 가장 적극적으로 받아들인 사람들은 바로 마케팅 전문가들이었다. 그들은 고프만의 이론을 서비스 업무는 물론 인간 체험의 상품화 분야에까지 적용시키고 있다. 일부 마케팅 교수들은 서비스와 체험의 마케팅은 근본적으로 연극이라면서 이런 주장을 내놓았다.

"무대 위의 배우가 신빙성 있는 공연을 하기 위해 수없이 많은 요인을

1981), 464~465쪽.
30) 앨빈 W. 굴드너, 김쾌상 역, 『현대사회학의 위기: 서구사회학의 다가오는 위기와 전망』(한길사, 1981), 465, 467쪽.
31) 앨빈 W. 굴드너, 김쾌상 역, 위의 책, 468~469쪽.

고려해야 하는 것처럼 서비스 분야의 '배우'도 관객에게 감동을 불어넣기 위해서는 세심한 연출을 하지 않으면 안 된다."[32]

노스웨스턴대, 컬럼비아대 등과 같은 명문 대학들의 경영대학원 최고경영자 과정에선 연기 원리를 가르치고 있다. 전문 배우와 감독으로 짜여진 강사진은 최고경영자들에게 집중적인 역할극 훈련을 시킨다. 그런가 하면 일부 영국 의학자들은 의사들도 환자들을 대할 때마다 의식적으로건 무의식적으로건 연기하는 자세로 임해야 하며, 의과대학 수업에 연기 과목을 포함시켜야 한다고 주장했다.[33]

고프만의 이론이 위와 같은 방식으로 여러 분야에 적용되는 것엔 문제가 있다 하더라도 그런 이유만으로 고프만을 비난하는 건 부당할 것이다. 굴드너의 비판도 거시 사회학 특유의 전제에 근거한 것으로서 지나친 점이 없지 않다. 왜 모든 사회학자가 늘 사회 전체의 문제만 거시적으로 다뤄야 한단 말인가?

『일상생활에서의 자아 표현』을 우리말로 옮긴 이화여대 사회학과 교수 김병서는, 이 책엔 "도덕적 행동과 비도덕적 행동의 구별이 없다. 모두 기교, 기만, 비밀, 감춤, 공모, 신비화 등으로 조작하고 관리하여 내보이는 '자아' 아닌 '조작된 자아'의 측면을 보여준다"고 말하면서도 이 책의 의의에 대해 다음과 같은 공정한 평가를 내리고 있다.

"고프만의 주장 속에 담겨져 있는 부정 못할 사실은, 인간은 그 어떤 상호작용의 행동이나(도덕행위까지 포함하여) 자제, 관리의 과정을 거쳐 이루어지고 있다는 사실이다. …… 아집, 편견, 정실주의, 권위주의의 제반 요소가 강한 한국 사회와 그 안에서 행동하는 집단들의 자아 표현 현상을 이

---

32) 제러미 리프킨, 이희재 옮김, 『소유의 종말(The Age of Access)』(민음사, 2001), 244쪽에서 재인용.
33) 제러미 리프킨, 이희재 옮김, 위의 책, 245쪽.

해하는 데 이 『일상생활에서의 자아 표현』은 아주 중요한 분석틀을 제공해준다고 하겠다. 이는 고프만이 체면, 의례, 형식주의가 행동을 제약하는 한국 문화권 속에서 정체의 실상을 보여주고 실재를 인식하게 하는 분석법을 제시하기 때문이다."[34]

사회생활에서 몸의 운용이 중요시되고 그런 '무대 위'의 시간이 늘어나면서 고프만이 말하는 '정신의 관료제화'(bureaucratization of the spirit)가 초래되는 가운데 현대인은 긴장의 연속 속에서 살고 있다.[35] 고프만의 이론이 각광을 받는 건 새로운 정체성 문제를 야기시킨 사이버 공간의 확장과 더불어 그만큼 현대인의 삶이 피곤해지고 있다는 걸 시사해주는 건 아닐까?

---

34) 어빙 고프만, 김병서 옮김, 『자아표현과 인상관리: 연극적 사회분석론』(경문사, 1987), vii~viii쪽.
35) 크리스 쉴링, 임인숙 옮김, 『몸의 사회학』(나남, 1999), 128쪽.

쟝 보들리야르: '시뮬라시옹'이란 무엇인가

대중문화 이론

시뮬라시옹과 과잉현실

2002년 9월 방한(訪韓)하여 큰 화제를 불러모은 바 있는 프랑스의 사회학자 쟝 보들리야르(Jean Baudrillard)는 1929년생으로 우리 시대의 정보 폭발과 소비 문화와 관련하여 주목할 만한 사상가이다.

보들리야르 자신은 사회학자가 아니라 형이상학자라고 말하지만, 사실 그를 어떤 범주에 넣는다는 건 어렵거니와 무의미한 것으로 보인다. 미국 텍사스대 철학과 교수 더글라스 켈너는 그를 가리켜 '하이테크 사회이론가' '현대 형이상학의 월트 디즈니'라고 불렀는데, 여기엔 다소의 비아냥이 담겨진 것으로 보인다.

프랑스풍의 사회 이론에 대해 호의적이지 않은 사람들은 보들리야르의 저서들이 극단적인 반(反)계몽주의(obscurantism), 과장법, 알맹이 없는 현학적 전문용어의 뒤범벅과 횡설수설로 가득 차 있다고 비판하면서 심지어 그를 '지적 사기꾼'으로 매도하기까지 한다. 그러나 이런 매도는 그만큼 세계 지식계에서 보들리야르가 누리는 인기가 높은 걸 반증해주는 것으로 볼 수도 있을 것이다.

대중문화 연구와 관련하여 보들리야르의 주장 가운데 가장 주목할 것은 그의 '시뮬라시옹'(simulation; 모사) 개념이다. 발터 벤야민은 기계복제가 미술작품의 아우라(aura)를 파괴했다고 말했지만,[36] 보들리야르의 주장은 바로 이 원본과 복제의 구분 자체가 소멸했다는 것이다. 보들리야르는 그 과정을 시뮬라시옹이라 부른다. 이는 "원천이나 실재 없이 실재적인 것의 모형들에 의해 만들어진 것, 즉 과잉 현실 hyperreal"을 가리키는 것이다.[37]

텔레비전과 삶의 용해

보들리야르는 텔레비전에 각별한 관심을 기울인다. 보들리야르에 따르면, 실재는 외부 세계와의 직접적인 접촉에 의해 파악되는 것이 아니라 텔레비전의 화면을 통해 주어진다. 이야기와 진짜 사건 사이의 경계는 불명확해진다. 이러한 불명료성이 극단에 이를 때에 역사는 그 지시하는 대상을 상실한다. 정보의 과잉생산과 의미의 범람으로 인해 대중은 극단적인 무관심과 침묵의 관성 속에 존재한다.[38]

---

36) 아우라는 '고유한 분위기'를 말한다. 예술작품이 향유하는 역사적 유일성과 진품성에서 느껴지는 분위기나 후광 같은 것이다. 발터 벤야민은 1935년에 쓴 〈기술복제시대의 예술작품〉에서 이렇게 말했다. "아무리 완벽한 복제라고 하더라도 거기에는 한 가지 요소가 빠져 있다. 그 요소는 시간과 공간에서 예술작품이 갖는 유일무이한 현존성, 다시 말해 예술작품이 위치하고 있는 장소에서 그 예술작품이 지니는 일회적 현존성이다. …… 복제에서 빠져 있는 예술작품의 유일무이한 현존성을 우리는 분위기 Aura라는 개념을 가지고 다음과 같이 요약해서 말할 수 있을 것이다. 즉 예술작품의 기술적 복제 가능성의 시대에서 위축되고 있는 것은 예술작품의 Aura이다." 벤야민은 아우라의 붕괴로 인해 예술의 신비적·종교적 요소가 제거된 반면, 정치적·해방적 기능을 갖게 되었다는 점에 주목했다. 발터 벤야민, 반성완 편역, 『발터 벤야민의 문예이론』(민음사, 1983), 200, 202쪽.
37) John Storey, 박만준 옮김, 『대중문화와 문화연구』(경문사, 2002), 217쪽.
38) Kuan-Hsing Chen, 〈The Masses and the Media: Baudrillard's Implosive Postmodernism〉, 『Theory, Culture & Society』, 4:1(February 1987), pp.71~72.

"주술적 이미지만이 실종된 현실 찾아줘"

■ 내한강연 佛석학 장 보드리야르

프랑스의 석학 장 보드리야르(사진)가 지난달 28일 이화여대 법정대학 강당에서 열린 미디어-시티 서울 2002 국제학술심포지엄에 참석해 '이미지의 폭력'을 주제로 대중강연을 했다.

"현실은 과다 이미지 아래 실종되었다. 그런데 이미지 자체도 현실의 영향 아래 사라졌다는 것은 잊혀져 있다. 이미지는 자신의 독창성, 고유한 존재가치를 빼앗긴 채 수치스럽게도 현실과 결탁하게 된다"

"변형을 통해 이미지는 모든 유형의 답론을 피하면서 우화의 왕국에 이른다. 과장하자면 우화 같은 이미지를 통해 '현실'의 세계가 매순간 그 의미와 현실성을 잃을 위험에 처해있음을 엿보게 하는 방법이다"

자신의 이론세계 전반에 걸쳐있는, 비교적 쉬운 언어로 현대사회의 매스미디어와 정보기술 확장이 갖는 문제점을 설명했음에도 불구하고 그의 강연은 여전히 난해했다. 보드리야르는 발표가 끝난 뒤 지정토론자인 김정탁 성균관대 언론정보대학원장 및 청중들과의 질의응답을 통해 좀더 친절한 설명을 들려주었다.

-이미지와 현실이 서로를 소멸시켰다고 지적했다. 이같은 시뮬라시옹, 하이퍼리얼리티의 구체적인 실례를 들어달라.

"프랑스 TV 프로그램 가운데 '로프트'(LOFT)라는 것이 있다. 6명의 남녀가 아파트에서 살아가는 모습을 그대로 보여주는 것이다. 이것은 허구도, 현실도 아니다. 놀이공간이자 강제수용소이면서 폐쇄된 방, 내적인 틈입을 상징하기도 한다. 로프트는 디즈니랜드와 닮았다. 사람들에게 현실적 외부세계라는 착각을 주는 인위적인 소우주다. 우리 모두는 이미 로프트 안에 있다. 가상적 이중성 안으로 들어갈 필요가 없다. 나는 어제(27일) 용인 민속촌을 방문했다. 거기서 열리는 전통혼례를 보고 실제인 줄 알았다. 상황분석가인 나조차 속아넘어갈 만큼 완벽한 시뮬라시옹이다"

-가시성 투명성 민주화 인권 등의 이름으로 모든 것을 드러내면서도 현실을 왜곡하고 은폐하는 이미지의 폭력이 모든 형태의 폭력 가운데 가장 위험하다고 지적했다. 그렇다면 우리 시대의 이미지는 부정적 측면만 갖는가.

"나는 이미지가 순전히 부정적이라고만 말하는 게 아니다. 범람하는 시뮬라시옹으로부터 보호하고, 형태조차 사라지게 만드는 폭력성에 물들기 이전에 이미지를 있는 그대로 살리고 포착할 것을 권유하는 것이다. 순수한 이미지, 독창함을 간직한 이미지가 아니라면 미디어와 시뮬라시옹에 포섭되고 만다. 현실과 구별 불가능한 이미지가 아니라 이미지임을 의식할 수 있는 이미지가 필요하다. 이미지로 둘러싸인 체계를 끝까지 밀어붙여 자연적 세계의 환상을 뛰어넘을 때 현실의 저쪽을 사유할 수 있다"

-오늘날 커뮤니케이션의 눈부신 발달은 인간의 감각기능과 소통성을 무한히 확장시켰다. 그러나 문화의 기의는 발전하지 않으면서 기표만이 확장되는 공허한 결과를 낳고 있다. 매스미디어의 문제에 대한 해결책은 없는가. 특히 동양사상과 접목시킨 대안은 없는가.

"불행하게도 뚜렷한 대안이나 해결책은 없다. 현실과 결탁한 이미지의 횡포는 세계화와도 관련이 있다. 나는 세계화에 반대하는 사람 중의 하나다. 사실 세계화라는 것 자체가 실재는 없는 하나의 거대한 이미지이며 가상적 개념 아닌가. 매스미디어와 정보기술의 통제에서 벗어나는 것은 각자의 고유한 문화를 지키고 비판적 상징적 언어를 지키는 것과 관련이 있다. 나는 동양의 정보소통방식이 서양보다 우월한 점이 있다고 본다. 서양에서 정보란 부과적 방식으로 전달된다. 이것이 아니면 저것을 주고, 저것이 아니면 또다른 것을 준다. 그러나 동양의 주술을 보면 상대방이 주는 것을 다시 돌려주는 반사나 전복의 방식이 느껴진다. 오늘날 이미지의 전략은 주술적 방식이 돼야 한다"

-첨단 미디어아트가 나아갈 방향은 무엇이라고 생각하는가. 또 미디어-시티 서울 2002의 출품작을 어떻게 보는가.

"내가 작품평을 할 수는 없다. 다만 내가 이야기할 수 있는 것은 각자 자기의견을 갖는 것이 최선이라는 것이다. 우리가 이미지를 통해 얻는 것은 즐거움이다. 특히 테크놀로지가 발달한 현대미술에 있어서 이미지가 도달하고자 하는 특정한 지점이 있다면 나는 관심이 없다. 어떤 체계가 이미지보다 우월하게 되면 그때부터 얼마든지 이미지의 증식, 시뮬라시옹이 가능해진다. 예술은 무엇을 나타내기도, 존재하게도, 사라지게도 할 수 있다. 이미지가 사라지지 않고 계속 쌓인다면 독특한 예술체험이라고 할 수 없다. 미디어에 대한 미디어의 반복에 그치지 말고 자신만의 전략을 수립할 수 있는지에 대해 생각해보기 바란다"

글 한윤정·사진 김영민기자 yihan@kyunghyang.com

『경향신문』 2002년 10월 1일

현실과 복제의 구분은 소멸했다. 우리는 미디어와 실재가 하나로 함몰된 세상에 살고 있는 것이다. 보드리야르는 이러한 과잉 현실을 시뮬라시옹이라 정의한다.

우리는 텔레비전이 확인해줄 때까지 우리 자신의 지각을 불신한다. 텔레비전이 곧 이 세계인 셈이다. 따라서 인간이 텔레비전을 보는 게 아니라 텔레비전이 인간을 보며, 텔레비전이 삶으로 용해되고 삶이 텔레비전으로 용해되는 세상에 우리는 살고 있다는 게 보들리야르의 주장이다.

존 스토리는 "과잉 현실의 증거는 어디에든 있다. 사실 우리가 살고 있는 사회 자체가 과잉 현실이다"고 규정하면서 다음과 같이 설명한다.

"우리가 살고 있는 사회가 어떤 사회인가? 텔레비전 연속극의 등장인물에게 편지를 써서 결혼을 청하거나, 그들의 어려움을 동정하거나, 살 곳을 마련해 주겠다거나 아니면 그저 어떻게 지내고 있는지 안부를 물어보거나 하는 그런 사람들이 살고 있는 사회이다. 텔레비전에서 악역을 맡은 사람들은 길거리에서 개과천선하지 않으면 큰코다칠 것이라고 경고를 받기 일쑤이다. 텔레비전의 의사, 변호사, 탐정들은 충고와 조언의 요구를 다반사로 받는다. 나는 텔레비전에서 영국 중부 호수 지역의 아름다움에 대해 감탄하는 미국 관광객을 본 적이 있는데, 그는 적당한 칭송의 말을 고르다가 '마치 디즈니랜드 같아요' 라고 했다. …… 최근 어느 지방의 이태리 레스토랑에 갔을 때, 그 주인은 식당이 진짜 이태리답다는 걸 입증하기 위해 영화 『대부』의 주인공 말론 브란도의 사진을 걸어놓고 있었다."[39]

디즈니랜드와 머드

실제로 보들리야르는 디즈니랜드를 과잉 현실의 대표적인 예로 여긴다.

"디즈니랜드는 '실제의' 나라, '실제의' 미국 전체가 디즈니랜드라는

---

39) John Storey, 박만준 옮김, 『대중문화와 문화연구』(경문사, 2002), 217쪽.

사실을 숨기기 위하여 거기 있다(마치 감옥이 사회 전체가 그 평범한 어디서고 감방이라는 사실을 감추기 위하여 거기 있는 것과 약간은 유사하게). 디즈니랜드는 다른 세상을 사실이라고 믿게 하기 위하여 상상적 세계로 제시된다. 그런데 사실은 그곳을 감싸고 있는 로스앤젤레스 전체와 미국도 더 이상 실재가 아니며 파생 실재와 시뮬라시옹 질서에 속한다."[40]

자연 상태를 변형한 인공적인 체험을 실재와 혼동하는 걸 가리키는 이른바 '디즈니랜드 효과'야말로 보들리야르의 주장을 잘 대변해주는 것일 게다. 셰리 터클은 디즈니랜드의 악어 로봇은 모조품인데도 진짜보다 더 진짜 같이 보이는 효과를 낸다며 다음과 같이 말한다.

"『미래는 결코 계산할 수 없다: 인터넷의 경고』라는 책에서 스테펜 탈보트는 교육자들을 인용해 이 효과의 유용성을 설명했다. 수년 동안 아이들을 상대로 '자연 프로그램'을 운영해보니 야생의 세계를 이해하는 데 큰 도움이 됐다는 보고였다. 숲속에 사는 동물들은 카메라에 잡힌 것처럼 그들의 살아가는 모습을 극적으로 보여주지 않는다. 중간 매개 과정이 없는 직접 경험은 이런 측면에서 한계가 있다. 지금도 어린 시절 소녀단을 따라 브루클린 식물원을 갔을 때의 일이 생생하다. 나는 그때 안내원에게 꽃이 피는 모습을 보여줄 수 있느냐고 물었다. 사람들은 내가 무슨 말을 했는지 이해하지 못하겠다는 표정이었다. 한참이 지나서야 그 의미를 알아차렸다. 월트 디즈니에서처럼 저속 촬영한 연속 화면을 보고 싶었던 것이다."[41]

또 터클은 컴퓨터를 상대로 해서 비디오 게임을 즐기고 나면 머드(MUD)[42]가 훨씬 실감나는 사회로 보이는 것도 비슷한 효과라고 말한다.

---

40) 장 보드리야르, 하태환 옮김, 『시뮬라시옹』(민음사, 1992), 40쪽.
41) 셰리 터클, 최유식 옮김, 『스크린 위의 삶: 인터넷과 컴퓨터 시대의 인간』(민음사, 2003), 364~365쪽.
42) "MUD는 Multi User Dungeon의 약자이다. 말 그대로 여러 명의 사용자가 모여 함께 던전을 탐험하는 것을 주된 내용으로 하고 있다. 던전은 지하감옥이라는 의미인데, 게임 상에서는 보통 수많은 괴물

디즈니랜드는 과잉 현실의 대표적인 예다. 자연 상태를 변형한 인공적인 체험을 실재와 혼동하는 걸 가리키는 '디즈니랜드 효과'야말로 보드리야르의 주장을 잘 대변해주는 것일 것이다.

그는 머드가 "가상 공간이긴 해도 각자 역할을 맡은 사람들이 있고 공간도 상대적으로 개방적"이라면서 다음과 같이 말한다.

"한 게임 이용자는 비디오 게임과 머드 게임에서 자신이 맡은 역할을 이렇게 비교했다. '닌텐도는 한 사람이 네 가지 서로 다른 인물 행세를 해

들이 보물을 지키는 곳으로 묘사되곤 한다. 초창기 머드 게임은 단지 문자로만 구현되어 있었고, 게임 속에서 벌어지는 상황 등을 문장을 통해 파악하는 단조로운 형식이었다. 하지만 최근에는 화려한 그래픽을 갖춘 게임들이 많이 등장하고 있으며, 2차원에서 3차원 환경으로 나아가고 있는 추세이다." 김웅남, 〈컴퓨터 게임과 가상 현실〉, 고려대장경연구소 편, 『디지털 시대의 문화변동』(고려대장경연구소, 2001), 95쪽.

제1장 대중문화 이론

볼 수 있는 좋은 게임입니다. 하지만 똑똑하고 능력 있는 인물처럼 보여도 이 인물들은 결국 당신의 지시대로 움직이는 로봇입니다.' 한마디로 가공임이 드러난다는 것이다. 반면 머드에서는 이래라 마라고 지시하지 않는다. 이 때문에 머드에 들어가면 활기를 만끽한다고 한다. 참여자 각자가 자신의 모습을 스스로 꾸려간다는 점에서 실제 상황으로 보인다는 것이다."[43]

정보의 폭발과 의미의 내파

보들리야르는 "우리는 시뮬레이션에 들어가기 위해 역사를 탈출했다"고 단언한다.[44] 보들리야르는 "미디어는 메시지"라는 맥루한의 말은 메시지의 종언을 의미할 뿐만 아니라 미디어의 종언을 의미한다고 주장한다. 우리는 미디어와 실재가 하나로 함몰된 세상에 살고 있다는 것이다.[45] 보들리야르의 이런 입장은 '테크놀로지 허무주의'(technological nihilism)라 부를 만하다.[46]

보들리야르는 정보의 '폭발'(explosion)과 의미의 '내파'(implosion)가 새로운 커뮤니케이션 질서의 핵심으로 등장했다고 주장한다. 그는 대중매체가 사회화 작용을 하는 것이 아니라 사회적인 것을 '내파'한다고 본다.

정보는 의사소통을 위한 것인가? 아니다. 보들리야르에 따르면, 정보는 의사소통을 연출만 하면서 소진되는 것이다. 정보는 의미를 생산하는 것

---

43) 셰리 터클, 최유식 옮김, 『스크린 위의 삶: 인터넷과 컴퓨터 시대의 인간』(민음사, 2003), 363쪽.
44) Kuan-Hsing Chen, 〈The Masses and the Media: Baudrillard's Implosive Postmodernism〉, 『Theory, Culture & Society』, 4:1(February 1987), p.72.
45) Douglas Kellner, 〈Baudrillard, Semiurgy and Death〉, 『Theory, Culture & Society』, 4:1(February 1987), p.134.
46) Marjorie Ferguson, 〈Marshall McLuhan Revisited: 1960s Zeitgeist Victim or Pioneer Postmodernist?〉, 『Media, Culture and Society』, 13(1991), p.84.

이 아니라 의미를 연출만 하면서 소진되어 버리는 것이다. [47)]

'내파'는 더 나아가 모든 사회 제도들이 내부에서 폭발하고 무너지고 있다는 것도 의미한다. 이에 대해 미국의 사회학자 스티븐 사이드먼은 다음과 같이 말한다.

"보드리야르에 따르면, 근대성은 새로운 분열의 증가(예, 과학은 문학과 철학과 구분된다), 새로운 차이의 형태(예, 사회학이 인류학과 구분되고, 각 학문의 영역에는 전문성이 더욱 세분화된다), 그리고 새로운 문화의 구별(예, 대중문화와 지식인 문화간의 구별)에 의해 특징지워진다. 반대로 탈근대성은 '내파'의 과정으로 특징짓는다. 경계는 붕괴된다. 오락과 뉴스를 구분할 수 있는가? …… 제도적 경계는 흐려진다. 대중문화와 고급문화를 구분하는 것이 의미가 있는가? '문화적' 영역과 '사회적' 영역이 구분될 수 있는 것인가?" [48)]

대안은 과잉 순응

보드리야르의 세계에서 '확실성'은 전혀 존재하지 않으며 저항은 '신기루'요 사회변혁은 '환상'에 지나지 않는다. 전체주의적인 텔레비전의 오락과 정보는 소음과 역정보에 지나지 않는다고 이해한 보드리야르는 텔레비전 테크놀로지의 확산을 개탄하고 '대인커뮤니케이션'(interpersonal communication)의 회복을 열망하였지만 '어떻게'를 전혀 제시하지 않았다. 좌파 이론가들로부터 허무주의자·비관주의자·패배주의자·탈정치주의자로 비판받는 보드리야르에게 있어서 대안은 현실에 '과잉 순응'하

---

47) 장 보드리야르, 하태환 옮김, 『시뮬라시옹』(민음사, 1992), 145쪽.
48) 스티븐 사이드먼, 박창호 옮김, 『지식논쟁: 포스트모던 시대의 사회이론』(문예출판사, 1999), 342쪽.

는 것뿐이다. 그의 말을 직접 들어 보자.

"적합한 전략적 저항은 의미와 발언을 거부하고, 거부와 비수용의 형태 그 자체인 현 시스템의 메커니즘을 '과잉 순응적인' 방식으로 흉내내는 것이다. 이것이 대중의 저항 전략이다. 그것은 거울의 경우처럼 시스템의 논리를 흡수하지는 않으면서 복사하고 의미를 반영시킴으로써 그 논리를 뒤집어버리는 것을 의미한다. 이것이야말로 현재로선 가장 유력한 전략이다(만약 이걸 전략이라고 부를 수 있다면)." [49]

아더 크로커는 그런 견해가 유행, 언어, 라이프 스타일 등에서 '과잉 순응적' 시뮬레이션을 시도했던 펑크족의 입장을 지지하는 것이라고 해석한다. 시스템의 시뮬레이션 논리가 뒤집어져 그 시스템을 공격하는 굴절을 가능케 할 것이라는 것이다. [50]

보들리야르가 페미니즘을 비판하는 것도 같은 이치에서다. 그는 페미니스트들이 다이어트, 성형수술 등으로 여자를 성적 대상으로 만드는 걸 비판하는 것도 비판한다. 그는 포르노마저도 여성의 신장된 지위 향상을 나타내는 것이라고 주장한다. 그는 여성이 남성 권력에 도전해서 이길 수는 없다며 "여성의 힘은 유혹의 힘"이라고 단언한다. 여성은 전투적인 자세를 버리고 남성을 유혹해야 한다는 것이다. 그는 "다른 모든 힘에 대등하거나 그보다 탁월한 이 유일한 힘을 부인하는 것은 있을 수 없는 무분별한 행위"라고 질타한다. [51]

이렇게 말을 막 해대니 보들리야르에게 과격, 극단, 냉소, 허무 등과 같

---

49) Jean Baudrillard, 〈The Implosion of Meaning in the Media and the Implosion of the Social in the Masses〉, Kathleen Woodward, ed. 『The Myth of Information: Technology and Postindustrial Culture』(Madison, WI: Coda Press, 1980), p.148.
50) Arthur Kroker, 〈Baudrillard's Marx〉, 『Theory, Culture & Society』, 2:3(1985), pp.73~74.
51) 장 보드리야르, 배영달 편저, 〈페미니즘에 대한 보드리야르의 도전〉, 『보드리야르의 문화읽기』(백의, 1998), 211~242쪽.

은 딱지들이 따라다니는 것도 무리는 아니다. 옳고 그른 걸 떠나서 '과잉 순응'이 과연 실천 가능한 '전략'인지는 따져 보아야 하겠지만, 한 가지 분명한 건 사이버 시대의 정보 폭발 현상은 학자들로 하여금 보들리야르의 주장을 더욱 자주 인용케 하고 있다는 사실일 것이다.

대중문화
이론

미셸 푸코: '판옵티콘'이란 무엇인가

『감시와 처벌』

 1926년에 태어나 1984년에 사망한 프랑스의 철학자 미셸 푸코(Michel Foucault)는 첨단 정보기술의 발달로 '프라이버시의 쇠퇴'와 '감시의 융성'이라는 무서운 위협이 대두되고 있는 상황에서, '빅 브라더'라는 말을 유행시킨 소설 『1984』의 저자인 조지 오웰의 후계자쯤 되는 인물로 자주 거론되는 인물이다.

 푸코가 1975년에 낸 『감시와 처벌』[52]은 푸코가 갖고 있는 독특한 '권력' 개념을 잘 보여준 책이다. 이 책에서 푸코는 " '권력'을 일정한 양의 물리적 힘으로 이해하지 않고 오히려 살아있는 모든 유기체와 모든 인간사회를 관통하는 에너지의 흐름"으로 이해하였다. 즉, 푸코가 말하는 "권력은 여러 형태의 정치적·사회적·군사적 조직들뿐만 아니라 온갖 행위 유형들, 사유 습관들, 지식의 체계들 속에서 일상적으로 작용하는 무형의 유동적 흐름이다."[53]

---

52) 박홍규 역, 『감시와 처벌』(강원대출판부, 1989); 오생근 역, 『감시와 처벌』(나남, 1994).

『감시와 처벌』은 절대 왕정체제하에서 자행되었던 무자비한 형벌의 현장을 자세히 묘사하는 걸로 시작하고 있다. 심장이 약한 사람은 그 부분을 건너뛰고 읽는 게 좋을 것이나, 살아있는 사람의 육체를 죽어 있는 소고기나 돼지고기 다루듯이 다루었다고 보면 된다. 후자(後者)는 요리를 위한 것이지만 전자(前者)는 순전히 처벌을 위한 것이라는 차이가 있을 뿐이다.

그런데 왜 오늘날엔 그런 잔인한 형벌이 사라진 걸까? 죄수를 인간적으로 대하기 위해서? 그게 아니다. 사람들이 잔인한 형벌을 받는 죄수에게 동정심을 갖게 되고 그에 따라 권력에 대한 반감이 생겨나게 되었기 때문에 잔인한 형벌 대신 '감시' 또는 '규율'이라는 방법을 택하게 되었다는 것이 푸코의 주장이다. 푸코는 근대적 '감시' 또는 '규율'의 기원을 '판옵티콘'에서 찾는다.

판옵티콘이란 무엇인가

판옵티콘(Panopticon)은 '모두 본다'는 뜻으로, 영국 철학자 제레미 벤담이 설계한 원형 감옥을 가리킨다.[54] 원래는 노동자들을 훈육하는 수단으로 공장에 설치하려고 자본가들이 고안한 장치였다는 주장도 있다.[55] 어찌됐건 이 원형 감옥에서는 간수는 중앙에 있는 탑에서 모습을 드러내지 않은 채 죄수의 일거수일투족을 감시할 수 있다. 판옵티콘의 기본 개념은 감옥뿐만 아니라 공장, 학교, 군막사, 병원, 정신병 요양소 등에도 적용되고

---

53) 제임스 밀러, 김부용 옮김, 『미셸 푸코의 수난 1』(인간사랑, 1995), 26~27쪽.
54) 벤담은 자신이 판옵티콘의 운영자가 되려는 야심을 품고 1792년 수천 명의 죄수를 가둘 수 있는 판옵티콘을 영국 정부에 공식적으로 제안한 이후 20년 간 그 일의 성사를 위해 무진 애를 썼지만 영국 정부는 판옵티콘을 받아들이지 않았다. 홍성욱, 『파놉티콘-정보사회 정보감옥』(책세상, 2002), 34쪽.
55) 닉 다이어-위데포드, 신승철·이현 옮김, 『사이버-맑스: 첨단기술 자본주의에서의 투쟁주기와 투쟁순환』(이후, 2003), 221~222쪽.

(『THE NEW YORK TIMES』 2000년 12월 17일)

푸코에 따르면 사회는 잔인한 형벌 대신 '감시' 또는 '규율'이라는 방법을 택하게 되었다. 푸코는 그 기원을 영국 철학자 제러미 벤담이 설계한 원형감옥인 '판옵티콘'에서 찾는다.

있을 뿐만 아니라 더 나아가 모든 사회 영역에서 작동하고 있는 기본적인 사회적 디자인이 되었다. 그러니까 푸코는 바로 판옵티콘에서 '근대 권력의 전형'을 보고 있는 것이다. 박정자는 다음과 같이 말한다.

"감시의 시선은 보이는 듯할 필요는 있으되 확인될 필요는 없다. 시선은 확인되지 않을 때 더욱 공포를 자아낸다. 판옵티콘이야말로 단순히 시선 하나로 가동되는 이상적인 권력 장치이다. 이때 시선은 앎과 직결된다. 죄수를 바라보는 감시인은 죄수에 대해서 모든 것을 알게 되지만 감시인을 바라보지 못하는 죄수는 감시인에 대해 아무 것도 알 수가 없다. 시선의 불균형은 앎의 불균형을 낳고, 앎의 불균형은 권력의 불균형으로 이어진다. 그리고 앎은 담론이 되어 사람들을 억압하는 교묘한 수단이 된다." [56]

'감시의 공간화'가 서양에서만 이루어진 건 아니다. 사실 그건 푸코 이전에 수많은 사람들이 이미 감지(感知)하고 있었던 게 아닐까? 푸코의 경우 그러한 '시선'과 관련하여 고대와 근대를 비교하면서 그걸 자신의 '권력 이론'으로 연결시켰다는 데에 큰 의미가 있다고 보아야 할 것이다. 즉, 푸코는 판옵티콘이 사회 전반의 통제와 규율의 원리로 확산되었다고 보는 것이다.

수퍼판옵티콘이란 무엇인가

최근 거론되고 있는 건 전자 판옵티콘이다. 각종 전자 감시 기술은 프라이버시에 근본적인 위협으로 대두되고 있다. '감시'는 거대한 성장산업으로 비약적인 발전을 거듭하고 있다. 2003년 7월 '노동자감시 근절을 위한 연대모임'이 조사한 바에 따르면, 한국에서 전체 사업장의 90%가 한 가지 이상의 방법으로 노동자 감시를 하고 있는 것으로 밝혀졌다. "24시간 감시에 숨이 막힌다"는 말까지 나오고 있다. [57]

---

56) 박정자, 〈역자 후기〉, 리디아 앨릭스 필링햄 지음, 모슈 슈서 그림, 박정자 옮김, 『미셸 푸코: 만화로 읽는 삶과 철학』(국제, 1995), 174쪽. '담론(談論)'이란 무엇인가? 조흡은 이렇게 설명한다. "지식과 말은 밀접한 관계가 있는데, 이 말이라는 것도 철저하게 힘의 관계에 의해 지배되는 것이다. 힘깨나 쓰는 사람의 말이 힘없는 사람의 말보다 무게가 있을 것이라는 것도 상식적인 얘기다. 이렇게 힘(파워)이 실린 말을 영어로는 '디스코스'(discourse)라고 하고 한자어로는 '담론'(談論)이라고 주로 번역해 사용하는데, 담론이라는 단어에는 힘이란 개념이 내포되지 않아 부적합한 일본어식 번역이라고 생각된다. 디스코스는 '힘을 실은 말'이라고 번역했을 때에 원래의 의미가 살아난다. …… 푸코는 디스코스, 즉 세상에 떠도는 모든 힘있는 말들은 절대로 중립적이거나 객관적일 수 없다고 주장한다. 그리고 그 말의 생산(또는 억압)은 어느 특정한 사회 조건에서 항상 정치적일 수밖에 없고, 따라서 디스코스는 항상 누구의 말이 옳은지를 겨루는 싸움터라는 얘기다." 조흡, 〈힘, 몸, 그리고 성: 미셸 푸코를 어떻게 읽을 것인가?〉, 『인물과 사상 4』(개마고원, 1997), 324~326쪽.

당신이 발가벗겨지고 있다

줄줄 새는 개인정보, 덫에 걸린 신용사회
인터넷은 정보유출의 온상, 범죄위험에 노출

이영태 기자 ytlee@hk.co.kr

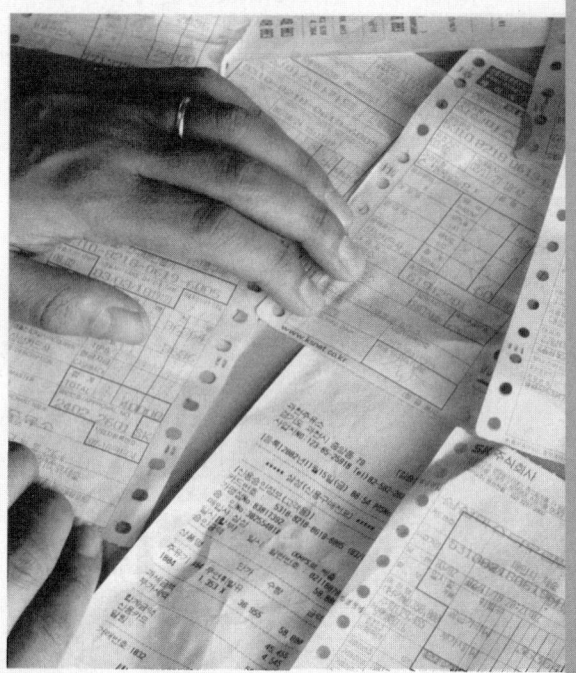

카드전표 한장으로도 인터넷 쇼핑몰을 이용, 물건을 구입할 수 있을 만큼 개인 신상 정보 관리가 엉망이다. 최규섭 차장

'이름 : 홍길동, 주민등록번호 : 7501 01-1019XXX, 주소 : 서울 강동구 암사동 율도아파트 101동 202호, 집 전화: (02)441-2XXX, 휴대폰: 014-222-3XXX, 차량번호 : 서울3거4XXX, 통장 계좌: 활빈은행 123-4-567890'

2003년 한국 사회를 살아가는 이들은 신상 명세가 고스란히 적힌 본인 정보를 얼마나 많은 곳에 노출한 채 살아 가고 있을까. 신용카드 한 장을 발급 받을 때, 자동차 보험이나 건강 보험에 가입할 때, 휴대 전화를 갱신할 때에도 어김 없이 이 회사측에 신상 정보를 제공해야 한다. 심지어 인터넷의 음란 사이트를 방문할 때 조차도. 물론 그들은 이렇게 약속한다. "당신의 정보는 업무 이외의 목적으로는 절대 사용하지 않습니다."

헌데 이를 곧이 곧대로 믿는 이는 별로 없다. 누군가 마음만 먹으면 신상 정보를 빼돌리는 것은 식은 죽 먹기다. 회사측이, 혹은 직원들이 믿을만 하다고 해서 안심할 일은 아니다. 관리 소홀로 신상 정보가 통째로 유출되는 경우가 허다하다. 그렇다고 신용 사회라는 요즘, 자신의 정보를 외부로부터 차단한 채 살아갈 수도 없는 노릇이다. 그래서 개인들은 언제, 어느 곳에서 자신의 정보가 새나갈지 모를 불안에 떨며 하루 하루를 살고 있다.

'회원 파일을 검색해 드립니다'

'정보의 바다' 인터넷에서 타인의 신상 정보에 접근하는 것은 작심하기에 달렸다. 해킹 등 범죄적인 수법을 굳이 동원하지 않는다 해도 직장, 연락처 등 기본적인 개인 신상 파일은 도처에 널려 있다.

지금, 인터넷 포털 사이트 네이버(www.naver.com)의 검색창에 '회원명단'이란 단어를 입력해 보자. 줄 잡아 60~70개에 달하는 동호회, 동창회 등의 회원 파일이 검색돼 나온다. 해병대 XXX기 동기회, H고등학교 동기회, S대 K과 93학번 동기회, XX스킨스쿠버 동호회… 이 중 한 파일을 클릭하면 1,000여명에 달하는 회원의 신상 정보가 낱낱이 공개된다. 회원의 이름에서부터 소속 직위 성별 직장전화 자택전화 휴대폰번호까지. 세계적인 전문 검색 사이트 구글(www.google.co.kr)을 통해서도 최근 울산 유선방

「주간한국」 2003년 5월 22일

마크 포스터는 소비자 데이터베이스를 '수퍼판옵티콘'이라고 부르면서 이것의 특성은 "감시를 당하는 사람이 필요한 정보를 제공하는 것"이라고 말한다.

최근 러시아에서는 공무원들의 근무 태만을 감시하기 위해 공무원들에게 감지기를 부착시켜 놓고 인공위성 추적 시스템을 도입하는 방안을 둘러싸고 논란이 벌어지고 있다. 전자 감시 기술은 인간의 신체 속에까지 파고 들어갈 만반의 준비를 갖추고 있다. 어린아이의 몸에 감시 장치를 내장하면 아이의 안전을 염려할 필요는 없겠지만, 그게 과연 좋기만 한 것인지, 또 그 기술이 다른 좋지 않은 목적에 사용될 위험은 없는 것인지, 따져볼 일이다.[58]

감시를 위한 것이 아니라 하더라도 전자 기술에 의한 정보의 집적은 언제건 개인의 프라이버시를 위협할 수 있다. 마크 포스터는 소비자 데이터베이스를 '수퍼판옵티콘(superpanopticon)'이라고 부르면서 이것의 특성은 "감시를 당하는 사람이 필요한 정보를 제공하는 것"이라고 말한다. 홍성욱은 '수퍼판옵티콘'은 가상 세상을 통한 판옵티콘의 권능 강화라는 측면에서 볼 때 '가상 판옵티콘(virtual panopticon)'이라고 부를 수도 있다고 말한다.[59]

시놉티콘이란 무엇인가

홍성욱은 벤담의 판옵티콘과 전자 판옵티콘 사이에는 질적인 차이도 존재하는데, 가장 중요한 것은 전자 감시의 경우에 종종 역(逆) 감시가 가능하다는 점이라고 말한다. 노르웨이의 범죄학자 매티슨은 다수가 소수의 권력자를 감시하는 언론의 발달을 시놉티콘(Synopticon)으로 명명하였는데, 이는 권력자와 대중이 동시에(syn) 서로를 보는 메커니즘이라는 뜻에

---

57) 허유신, 〈24시간 감시 숨이 막힌다〉, 『경향신문』, 2003년 8월 1일, 19면.
58) 스탠 데이비스, 김승욱 옮김, 『미래의 지배』(경영정신, 2002), 94~95쪽.
59) 홍성욱, 『파놉티콘-정보사회 정보감옥』(책세상, 2002), 100~102쪽.

서 붙여진 이름이다. 홍성욱은 시놉티콘은 인터넷과 같은 다 대 다(多 對 多, many-to-many) 소통이 가능해지면서 역감시로 진화했다면서 이렇게 말한다.

"'랩탑과 모뎀을 사용해서 다른 해방군 조직에 명령을 전달'할 정도로 첨단 기술을 적절하게 사용했다고 알려진 멕시코 사파티스타 반군의 해방운동(1994년)에서도 우리는 역감시의 좋은 예를 볼 수 있다. 당시 멕시코 정부의 유혈진압에 반대하고 반군의 이념을 지지하던 세계 각국의 진보적인 그룹들 역시 인터넷에 네트워크를 만들고 멕시코 정부에 압력을 넣었다. 이 네트워크는 농촌을 거점으로 한 사파티스타 반군, 이들을 지지하는 멕시코시티의 반정부 대학생들, 이를 지원하는 전 세계의 다양한 그룹과 개인의 세력을 결집해서 정보를 교환하고 여론을 형성했으며, 멕시코 정부가 강경 진압하기 어렵게 만든 중요한 원인이 되었다. 이후 이 네트워크는 신자유주의 세계질서에 반대하는 네트워크로 발전했다. 저항 네트워크는, 정보통신기술이라는 파놉티콘을 권력자를 견제하는 '역파놉티콘(reverse panopticon)'으로 탈바꿈시켰다."[60]

꼭 인터넷이 아니라 하더라도, 1992년 로스앤젤레스 폭동에서 한 시민이 로드니 킹 구타 장면을 찍었고, 죄를 뒤집어씌우려는 경찰의 대화를 녹화한 것도 시놉티콘으로 볼 수 있을 것이다.[61] 이에 대해 이택광은 다음과 같이 말한다.

"결과적으로 푸코의 논리는 테크놀로지에 내재한 변증법적 속성을 오직 '감시'의 문제로만 파악하는 정태적 태도로 귀결될 가능성이 있다. 그러나 테크놀로지 자체는 '판옵티콘' 인 동시에 '시놉티콘' 이기도 하다. 자

---

60) 홍성욱, 『네트워크 혁명, 그 열림과 닫힘: 지식기반사회의 비판과 대안』(들녘, 2002), 204~205쪽.
61) 닉 다이어-위데포드, 신승철·이현 옮김, 『사이버-맑스: 첨단기술 자본주의에서의 투쟁주기와 투쟁순환』(이후, 2003), 259~260쪽.

본주의가 착취인 동시에 해방이기도 한 것처럼, 테크놀로지도 이중성을 갖는 것이다."[62]

'탈판옵티시즘'과 '통치적 합리성'

오늘날 판옵티콘이라는 개념의 은유는 적절치 못하다고 비판하는 사람도 있다. 사회학자 로이 보인은 사회적 질서가 감시에서 유혹(seduction)으로 옮아갔으며, 판옵티콘이라는 외형 자체가 불필요하게 되었고, 감시보다는 대비와 예방에 주력하고 있으며, 쌍방향 감시가 가능해졌기 때문에 이젠 '탈판옵티시즘(post-Panopticism)'의 상황이 되었다고 주장한다.[63]

홍성욱도 이 주장에 일정 부분 동의하면서 감시의 '두 얼굴'에 주목한다. 그는 푸코도 『감시와 처벌』을 출간한 이후 '통치적 합리성' (governmental rationality 또는 governmentality)이라는 개념에 대해 고민했다는 걸 거론하면서 "여기에는 권력이란 감시하고 규율을 강제하는 것처럼 우리를 속박만 하는 것이 아니라, 즐겁고 생산적일 수도 있다는 인식이 깔려 있다"고 말한다.

"19세기를 통해 정부가 국민에 대한 정보를 수집하고 이를 통계적으로 처리한 것은 국민에 대한 관료제의 통제를 강화하기도 했지만, 복지국가와 공민권에 대한 보호를 가능하게 함으로써 개개인의 권리를 신장하는 결과를 낳기도 했다. …… 작업장이나 기업 조직에 대한 감시는 노동자나 직원을 통제하는 기능 외에도 작업을 합리적으로 '조정'하는 기능을 수행

---

62) 이택광, 『한국문화의 음란한 판타지: 문화는 어떻게 현실에서 도망가는가』(이후, 2002), 129쪽.
63) 홍성욱, 『파놉티콘-정보사회 정보감옥』(책세상, 2002), 126쪽.

한다. …… '현대사회=감옥'이라는 등식은 현대 사회와 조직에서의 통제 메커니즘을 설명하는 데에는 한계가 있다." [64]

또한 홍성욱은 역감시 또는 시놉티콘의 만연은 사람들에게 프라이버시를 침해하는 감시 자체를 당연한 것으로 받아들이는 내성이 생기게도 하며, 프라이버시에 대한 인식에 있어서 세대 차이가 존재하는 것도 프라이버시를 위협하는 요소가 되고 있다고 말한다. 21세기를 사는 젊은 세대들은 한두 세대 이전 사람들과는 달리 자신을 드러내기를 좋아한다는 것이다.

"1960~1970년대 미국에서 개발된 화상전화는 기술적인 이유 때문이 아니라, 사람들이 전화를 받는 자신의 모습을 보여주기 싫어한다는 이유 때문에 실패했다. 그렇지만 지금의 젊은이들은 화상 채팅에 열중하고 있다. 웹캠으로 찍은 사진이나 스티커 사진을 인터넷에 올려 친구할 사람을 찾는 일은 비일비재하다. 실명으로 올리는 사랑 고백터도 인기이고, 자신의 사진은 물론 자세한 신상정보가 올라가 있는 홈페이지, 인터넷 상에서 공개 일기를 쓰는 일, 웹캠으로 자신의 작업은 물론 집에서의 사생활도 공개하는 경우도 드물지 않다." [65]

'프라이버시의 종언'인가

전자 감시 기술의 발달은 필연적으로 프라이버시를 위협할 것이다. 그래서 아예 '프라이버시의 종언'을 선언하는 사람들도 있다. 그런데 문제는 앞서 지적된 바와 같이 스스로 프라이버시를 포기하는 사람들이 늘고 있

---

64) 홍성욱, 『파놉티콘-정보사회 정보감옥』(책세상, 2002), 126~127쪽.
65) 홍성욱, 위의 책, 133~134쪽.

다는 점일 것이다. 캘빈 고틀립은 프라이버시가 "그 시대가 도래했다가 가 버린" 개념이라면서 다음과 같이 말한다.

"반대하는 모든 주장에도 불구하고 대부분의 사람들은 다른 이해 관계가 걸려 있을 때, 프라이버시에 가치를 둘 만큼 신경을 쓰지 않는다. …… 프라이버시를 희생시켜 얻은 보상이 지금은 너무 흔해져서 모든 실용적인 목적에 더 이상 프라이버시는 존재하지 않는다." [66]

프라이버시가 뭐 그렇게 중요해? 혹 그렇게 생각하는 사람이 있다면, 프라이버시는 인권의 문제인 동시에 대단히 실용적인 효용도 갖고 있다는 걸 깨닫는 게 좋겠다. 프라이버시 보호는 민주주의와 깊은 관련이 있는 것이다. 바로 다음과 같은 이유 때문이다.

"자신들에 관한 정보를 통제할 수 없게 된 개개인은 결국 소극적으로 된다. 그들을 둘러싼 세계에서 자신은 이미 그 일부가 아니라고, 즉 자신들은 그 세계의 목격자에 불과하다고 느끼기 시작하고 정책결정자가 말하는 대로 생각하기 시작한다. 그렇게 되면 그들은 창조적, 생산적 시민이기를 포기해버린 것이다." [67]

또 현실적으로 프라이버시권이 표현의 자유에 상당한 제약이 되고 있기는 하나 좀더 깊이 그리고 멀리 생각하고 내다 볼 때에 둘이 꼭 상충된다고 볼 필요는 없을 것이다. 미국의 법학자 로드니 스몰라가 지적하였듯이, "사적인 공간이나 조용히 사색할 수 있는 기회가 없는 생활은 창조적이고 통찰력 있는 표현이 나올 가능성이 없는 생활"이므로 "프라이버시는 인간에게 말할 수 있는 뭔가를 제공함으로써 인간의 표현적인 면을" 계발한다

---

66) 렉 휘태커, 이명균 · 노명현 옮김, 『개인의 죽음: 이제 더 이상 개인의 프라이버시는 존재하지 않는다』 (생각의나무, 2001), 244쪽에서 재인용.
67) 로버트 베레어의 말, 제프리 로스페더(Jeffrey Rothfeder), 김희숙 옮김, 『개인정보가 팔리고 있다: 첨단 컴퓨터사회의 함정』(한마음사, 1994), 40쪽에서 재인용.

고 볼 수 있기 때문이다. [68]

어찌됐건 현실적인 힘의 관계를 보자면, 시놉티콘은 여전히 가능성이거나 극소수의 시도일 뿐 현실은 압도적인 판옵티콘 우위로 가고 있다. 감시와 프라이버시 문제의 관점에서만 보더라도 전자 판옵티콘은 인류에게 던져진 새로운 고민거리임에 틀림없다.

---

[68] 염규호, 〈미국에서의 프라이버시 침해와 언론의 자유: 판례를 중심으로〉, 『언론중재』, 통권 53호(1994년 겨울), 54쪽에서 재인용.

대중문화 이론

스톨먼-토발즈-게이츠:
온라인은 '정글의 법칙'이 지배하는가[69]

해커와 크래커의 차이

1984년에 FSF(Free Software Foundation)를 창설한 MIT 인공지능연구소 컴퓨터학자이자 해커(hacker)를 자처하는 리처드 스톨먼(Richard Stallman)은 한 해 전인 1983년부터 GNU(GNU's Not Unix)라고 하는 무료 운영체계 개발 작업에 착수했다.

여기서 먼저 해커에 대한 이해를 분명히 하고 넘어가야 스톨먼도 제대로 이해할 수 있을 것이다. 스톨먼은 사람들에게 인사를 건넬 때 "해피 해킹!(Happy Hacking!)"이라고 외칠 정도로 해커 문화에 강한 자부심을 갖고 있는 인물이기 때문이다. 1960년대 초 MIT의 열정적인 프로그래머 집단이 스스로를 해커라고 부르기 시작한 이래 정착된 해커의 정의는 다음과 같은 것이었다.

"열정적으로 프로그램을 만드는 사람들" "정보 공유가 매우 긍정적인

---

[69] 이 글은 『대중문화의 겉과 속』 제1권에 실린 〈대중문화의 저작권이 왜 문제가 되나〉라는 글의 속편에 해당되는 것으로 이전의 글을 이론 중심으로 한 단계 더 발전시킨 것입니다.

효과를 낳는다는 사실을 믿는 사람들" "무료 소프트웨어를 개발하고 정보와 컴퓨터 자료에 대한 접근을 최대한 용이하게 함으로써 자신들의 전문 기술을 공유하는 것이 의무라고 믿는 사람들"[70]

이들 MIT의 프로그래머 집단은 자체적으로 〈해커 윤리 강령〉을 제정할 만큼 해커로서의 '도덕성'을 강조했다.[71]

그러나 1980년대에 미디어가 이 용어를 컴퓨터 범죄에 적용하기 시작하면서 혼란이 생겼다. 바이러스를 개발하여 정보 시스템에 침투시키는 사람들과의 혼란을 피하기 위해 해커들은 이런 파괴적인 컴퓨터 사용자들을 크래커(cracker)로 부르기 시작했다. 그래서 크래커의 정의는 "시스템의 안전을 파괴하는 사람으로 1995년 해커를 오용하는 언론에 대항하여 해커들이 고안한 용어"이다.[72]

해커는 권위에 반대하고 결함이 발견될 때는 즉각 활동을 중지하는 윤리 의식을 갖고 있다. 해커들 사이에서 크래커들은 "게으르고, 책임감도 없고, 지능도 높지 않은" 사람들로 통하며,[73] 크래커들을 '데인저러스 해커(dangerous hacker)'에서 앞 글자를 따 '데커'라고 부르기도 한다.[74]

---

70) 리누스 토발즈 외, 신현승 옮김, 『해커, 디지털 시대의 장인들』(세종서적, 2002), 5~6쪽.
71) 전부 6개항으로 된 이들의 〈해커 윤리 강령〉은 다음과 같다. 1. 컴퓨터에 대한 접근(이 접근은 하드웨어적일 수도 있고 소프트웨어적일 수도 있다)은 누구에 의해서도 방해받아서는 안 되며 완전한 자유를 보장받아야 한다. 2. 모든 정보는 개방되어야 하고 공유돼야 한다. 3. 권력을 믿지 말라(정보를 분산시켜야 한다). 4. 해커들은 자신의 해킹에 의해서만 평가받아야 하며 연령이나 지위·재산 같은 주관적 판단 기준에 의해 재단되어서는 안 된다. 5. 컴퓨터를 통해 예술과 아름다움을 창조할 수 있다. 6. 컴퓨터는 모든 생활을 보다 나은 방향으로 변화시킬 수 있다. 김강호, 〈해커들의 천국 MIT〉, 『해커를 해킹한다』(개마고원, 1997), 27~28쪽.
72) 리누스 토발즈 외, 신현승 옮김, 위의 책, 6쪽.
73) 플로리안 뢰처, 박진희 옮김, 『거대기계지식: 사이버시대의 올바른 지식사회 구축을 위한 비전』(생각의나무, 2000), 208쪽.
74) 김강호, 『해커를 해킹한다: 해커의 사회학』(개마고원, 1997), 37쪽.

카피레프트의 탄생

스톨먼은 1985년에 발표한 GNU 선언문을 통해 이후 기존의 카피라이트(copyright)에 대항하는 카피레프트(copyleft)의 정신을 구현하는 일련의 라이선스 규약을 발표했다. 이 규약의 핵심은 누구든지 이 라이선스에 동의하는 사람은 소프트웨어를 무료로 다운로드하거나 복제할 수 있고, 소스 코드를 수정하거나 분배할 수도 있다는 것이었다. 다만 한 가지 조건이 있었는데, 그것은 소스 코드의 변경 사항을 공개해야 한다는 것이며, 코드를 이용한 새 소프트웨어 역시 GPL(General Public License)에 따라 공개되어야 한다는 것이었다. 이러한 GPL 규약이 인터넷의 수많은 개발자들에게 엄청난 호응을 받았음은 두말할 나위가 없다. [75]

스톨먼이 GNU 프로젝트를 시작한 동기는 자신의 개인적 경험에서 비롯되었다. 그는 자신의 연구실에서 개발한 고성능 운영체계가 한 컴퓨터 업체의 라이선스에 의해 돈벌이 이용 수단으로만 이용되는 것을 목격하고, 기존의 소프트웨어 저작권 개념에 대한 근본적인 회의를 갖게 되었다. [76]

스톨먼은 컴퓨터 개발 초기의 왕성했던 상호협력 정신을 재건하자고 역설했다. 그는 70년대 MIT에서 컴퓨터를 연구할 당시만 해도 소프트웨어는 자유로웠고 연구 그룹은 모두 이를 공유했으며, 상업적 컴퓨터 회사조차도 자유 소프트웨어를 배포했고 프로그래머들은 아무런 제약없이 정보를 나눠가졌다고 말했다. 그러나 80년대 들어 소프트웨어에 대한 소유와 독점을 규정하는 법률에 의해 이 같은 분위기는 사라졌고 독점 소프트웨어 소유자들은 돈벌이를 위해 높은 장벽을 쌓기 시작했다는 것이다. 스

---

75) 정의식, 〈카피레프트 운동을 아십니까?〉, 『노동일보』, 1999년 7월 20일, 7면.
76) 정의식, 위의 글.

톨먼은 이 같은 독점의 장벽이야말로 자유의 구속이라고 주장하면서 자유 소프트웨어의 자유(free)는 공짜의 의미가 아니라 '언론의 자유'를 말할 때의 자유라는 점을 강조했다.[77] 그는 이렇게 말했다.

"작가나 출판업자에게 저작권이 중요한 것처럼 독자에게는 읽을 권리가 중요하다. 정보가 공유되지 않으면 미래의 사이버 사회는 열린 공동체는커녕 지금보다 더욱 폐쇄적인 불평등한 사회가 될 것이다."[78]

'소스 코드 공개운동'

그런데 GNU는 결정적인 단점을 안고 있었다. 운영체계의 '핵심(Kernel)'이 빠져 있었던 것이다. 스톨먼은 개발 작업을 하면서 지나치게 자판 작업을 많이 한 탓에 손을 더 이상 쓸 수가 없어 그걸 더 이상 작성할 수 없었다.

1990년 초 GNU의 핵심 부분을 완성한 주인공은 바로 핀란드 헬싱키대학 출신의 젊은 컴퓨터 프로그래머 리누스 토발즈(Linus Torvalds)였다. 그러나 토발즈는 이 운영체계를 리눅스(Linux)[79]로 이름지어 여러 사람들로부터 책망을 듣게 되었다. GNU-Linux라고 부르는 게 온당하다는 이유 때문이었다.[80]

그럴 만한 이유가 있었다. 토발즈가 자신만의 운영체계를 인터넷에 띄우면서부터 리눅스의 역사는 이루어지기 시작했기 때문이었다. 이러쿵저

---

77) 『경향신문』, 1999년 3월 23일.
78) 오완진, 〈정보독점 거부하는 '카피레프트' 운동〉, 『출판저널』, 1999년 4월 5일, 3면.
79) Linux는 clinics와 운율을 맞춰 만들어진 이름이다.
80) 플로리안 뢰처, 박진희 옮김, 『거대기계지식: 사이버시대의 올바른 지식사회 구축을 위한 비전』(생각의나무, 2000), 198쪽.

러쿵 훈수를 두는 사람들이 생겨난 것이다. 그들은 토발즈에겐 필요가 없었던 기능까지 지적하며 다양한 제안을 했고 그런 사람들의 수는 점점 늘어났다.

이러한 참여가 시사하듯이, 마이크로소프트와는 달리 리눅스 운영체계 코드는 비밀이 아니다. 무료로 배포하는 개방 체계다. 다른 전문가들도 자유롭게 참여할 수 있을 뿐만 아니라 10대 컴퓨터 마니아도 리눅스에 들어가 코드를 이모저모 살펴본 다음 토발즈에게 제안을 할 수 있었다. 물론 해커들도 리눅스를 개선하는 데에 크게 기여했다.

자발적인 참여자들의 쇄도 이후 토발즈는 리눅스를 유지하고 업그레이드하는 역할을 해왔다. 그는 참여자들의 각종 제안을 읽는 데만도 하루 평균 2시간을 소비하며 그걸 나름대로 검증하는 데엔 하루 평균 2~3시간을 소비했다. 그의 석사학위 논문도 리눅스에 관한 것이었다. 토발즈는 그런 식으로 그간 리눅스 제국의 중추 신경절 역할을 맡아온 것이었다.

이제 리눅스는 마이크로소프트 운영체계보다 기술적으로 더 우월한 것으로 평가받고 있다. 특히 2003년 1월 전 세계를 놀라게 한 인터넷 마비 사태가 마이크로소프트 서버가 갖고 있는 보안상의 문제점 때문이라는 지적이 나오면서 그 대안으로 리눅스가 떠올라 이젠 "리눅스가 마이크로소프트를 넘본다"는 말까지 나오고 있다.[81]

리눅스의 탄생은 리눅스 애호가들의 정열 덕분에 가능한 것이었는데, 그들의 정열은 거의 종교적인 것이었다. 그들은 마이크로소프트를 '악(惡)의 제국'으로 보고 리눅스를 '구세주'로 간주했다. 그들의 리눅스 제국 건설은 이윤추구에 미친 자본주의 탐욕에 대한 도전이라는 정치적 의미를 내포하고 있었던 것이다. 언론은 이들의 도전을 '소스 코드 공개운동

---

81) 서경호, 〈리눅스, MS 넘본다〉, 『중앙일보』, 2003년 1월 18일, E1면.

(open-source movement)'이라고 불렀다.

그러나 토발즈의 생각은 그런 열성적인 '신도'들의 생각과는 좀 달랐다. 그는 "나는 마이크로소프트가 돈을 버는 것엔 개의치 않는다. 내가 관심을 갖는 것은 마이크로소프트의 운영체계가 불량하다는 것이다"고 말했다.[82]

토발즈는 마이크로소프트의 기술적 결함이 판매를 강조하는 이윤 추구욕에서 기인한다고 주장했다. 그러나 그는 자신의 작업과 관련해 정치적 명분은 내세우지 않았다. 왜 힘들여 만든 걸 공짜로 주느냐는 질문을 받을 때마다 그가 내놓는 모범답안은 '인정'과 '재미'다. 남들로부터 인정을 받는 게 좋고 그렇게 일하는 게 재미가 있다는 것이었다.

'상상력이 현실을 변화시킨다'

토발즈는 처음엔 사람들이 리눅스를 다른 사람에게 파는 걸 원치 않았기 때문에 그걸 디스크에 옮기는 걸 불가능하게 만들었다. 그러나 그는 92년에 생각을 바꿔 GPL(General Public License)과 FSF(Free Software Foundation)의 이름으로 등록을 해 GPL이 저작권(copyright)을 갖게 만들었다. 그러나 이는 FSF가 부르는 바에 따르면 카피라이트(copyright)가 아니라 카피레프트(copyleft)이다. 토발즈는 한푼의 커미션도 받지 않았다. 그는 그 조건으로 리눅스 시스템을 팔 수는 있으나 코드의 변화는 공개하게끔 규정했다. 나중에 토발즈의 마음이 바뀌더라도 그 자신은 이득을 취할 수 없게끔 한 것이다.

리눅스가 준 자극의 결과, 98년 말 넷스케이프(Netscape)는 일부 소스

---

82) 『Current Biography』, July, 1999 ed.

를 공개하기에 이르렀지만, 리눅스를 계기로 널리 알려진 카피레프트 운동의 미래가 낙관적인 것만은 아니다. 정의식은 "카피레프트에 근거한 오픈 소스(Open Source) 정책을 채택했던 넷스케이프 같은 기업들의 실패담도 카피레프트의 미래를 불안하게 한다"며 다음과 같이 말한다.

"오랫동안 카피레프트를 옹호하던 해커, 프로그래머들의 활동 공간이었던 인터넷도 대중화와 동시에 일확천금을 꿈꾸는 기업들의 각축장으로 변모했다. 결론적으로, 사이버스페이스에서는 어떨지 몰라도 현실 사회에서 카피레프트는 카피라이트에 비해 절대적 열세에 몰려 있다. 현실 사회의 법령, 기업과 정부가 모두 카피라이트의 논리만을 옳다고 인정해주고 있다. 그러나 아직 카피레프트가 패배한 것은 아니다. 카피레프트는 지금도 수많은 사용자들에게 소프트웨어 사용의 자유를 가져다주고 있고, 기업의 독주를 견제하는 중요한 역할을 수행하고 있다. 뭐니뭐니해도 카피레프트가 가르쳐준 최고의 교훈은 '상상력이 현실을 변화시킨다'는 진리일 것이다." [83]

스톨먼과 토발즈의 차이

스톨먼과 토발즈의 노선엔 차이가 있다. 언론은 리눅스 사용자들을 자본주의 목표와의 양립성을 기준으로 토발즈를 실용주의 지지파, 스톨먼을 이상주의 지지파로 분류한다. 토발즈는 그런 이분법을 흑백논리라고 비판하면서도 다음과 같이 반문한다.

"원한다고 해서 우리가 과연 상업주의의 힘을 저지할 수 있을까? 땅속으로 몸을 숨기거나 상업주의자들에게 말을 걸지 않는 방법으로 상업주의

---

83) 정의식, 〈카피레프트 운동을 아십니까〉, 『노동일보』, 1999년 7월 20일, 7면.

의 힘을 저지하려는 것은 어리석은 시도일 뿐이다." [84]

토발즈는 사람들의 동기 부여 요인으로 세 가지를 드는데 생존, 사회적 관계, 그리고 '오락' 이 바로 그것이다. 토발즈는 시종일관 '재미'를 강조한다.

"어쨌든 나는 이상주의자는 아니었다. 나는 오픈 소스를 보다 나은 세상을 만들기 위한 방편으로 생각했다. 하지만 내게 더 중요한 것은 '재미'였다. 재미를 즐기는 방편으로서 오픈 소스를 생각했으니, 분명 이상주의적인 견해는 아니었던 셈이다. 나는 항상 이상주의자들을 재미있지만 다소 따분하고, 가끔씩은 무서운 사람들로 생각했다." [85]

토발즈는 자신이 쓴 책의 제목을 '그냥 재미로'라고 붙인 이유를 이렇게 설명한다.

"매일 사람들이 재미를 위해 하는 일-예컨대, 그저 짜릿함을 맛보기 위해 멀쩡한 비행기에서 낙하산 타고 뛰어내리는 경우-때문에 죽는다. …… 생존하라. 사회화하라. 즐겨라. 그것이 진보다. …… 적어도 우리가 충분히 진보할 가능성이 있다고 한다면 우리가 하는 모든 일들은 결국 우리의 즐거움을 위한 게 된다." [86]

'프리'라는 말이 오해를 낳자, 토발즈파는 그걸 '오픈'으로 바꾼 반면, 스톨만파는 여전히 '프리'를 고집하고 있는 것도 양 진영간의 차이다. [87] 해커인 에릭 레이먼드는 토발즈파에 속하는데, 그는 해커 세계와 시장(市場)을 중계하려고 애쓴다. 레이먼드는 스톨먼식의 자유소프트웨어와 달리

---

84) 리누스 토발즈 · 데이비드 다이아몬드, 안진환 옮김, 『리눅스*그냥 재미로: 우연한 혁명에 대한 이야기』(한겨레신문사, 2001), 242쪽.
85) 리누스 토발즈 · 데이비드 다이아몬드, 안진환 옮김, 위의 책, 243쪽.
86) 리누스 토발즈 · 데이비드 다이아몬드, 안진환 옮김, 위의 책, 345~346쪽.
87) 리누스 토발즈 · 데이비드 다이아몬드, 안진환 옮김, 위의 책, 245~246쪽.

공개소스운동을 펼치고 있다. 해커들이 히피처럼 살지만 말고 넥타이를 매고 소프트웨어 기업의 세계로 침투해 들어가자는 것이다. [88]

이에 비해 스톨먼의 자유소프트웨어 방식은 근본주의로 불린다. '사유소프트웨어' 일반에 반대할뿐더러 이를 위해 카피레프트와 같은 엄격한 면허방식을 채택하고 있기 때문이다. 즉, 카피라이트에 반대하지만 카피라이트를 역이용해 프로그램의 사유화를 막겠다는 것이다.

레이먼드는 1997년에 인터넷을 통해 발표한 『성당과 장터』라는 논문에서 스톨먼의 소프트웨어 개발 방식을 중세시대에 성당을 짓는 것처럼 폐쇄적인 방식이라고 비판했다. 리눅스의 개발 방식을 수많은 정보가 쉽게 오고가는 장터에 비유하면서 그 효율성을 강조한 것이다. [89]

게이츠와 발머의 탐욕

토발즈도 가장 중요한 것이 수많은 사람의 협동을 가능케 하는 것이라고 역설한다. 이는 기존의 상업 시스템이 가질 수 없는 장점이라는 것이다. 물론 이건 마이크로소프트의 황제라 할 빌 게이츠(Bill Gates)의 생각과는 전혀 다른 것이다.

게이츠는 이미 1976년에 쓴 〈컴퓨터광들에게 보내는 공개서한(Open Letter to Hobbyists)〉을 통해 소프트웨어를 공유하는 것은 오히려 발전을 저해한다고 주장한 바 있다. 누가 아무 보상도 없이 그런 힘든 일을 하려

---

[88] 플로리안 뢰처, 박진희 옮김, 『거대기계지식: 사이버시대의 올바른 지식사회 구축을 위한 비전』(생각의나무, 2000), 200~201쪽.
[89] 이 논문은 1998년 1월 22일 넷스케이프가 '넷스케이프 커뮤니케이터'의 소스 코드 공개 계획을 발표하는 데에 큰 영향을 미쳤다. 홍성태, 〈정보공유운동을 위하여〉, 홍성욱·백욱인 엮음, 『2001 싸이버스페이스 오디쎄이』(창작과비평사, 2001), 107~108쪽; 로빈 블루어, 형선호 옮김, 『일렉트로닉 바자』(한길사, 2000), 63~64쪽.

들겠는가? 이게 바로 게이츠가 던진 질문이었다. 그러나 그 질문엔 "토발즈가 있지 않은가"라는 답이 제기된 셈이다.

게이츠는 보상에만 만족할 사람도 아니었다. 그는 '탐욕의 시대'로 불린 1980년대의 정신을 온몸으로 받아들인 인물이었다. 기업인 보에스키가 버클리대학 졸업식에서 선언한 다음과 같은 말이 게이츠의 인생관을 대변해준다고 해도 과언이 아니다.

"탐욕을 가져도 좋습니다. …… 탐욕은 건전한 것입니다. 스스로 탐욕스럽다고 인정하면서도 자기 자신에 대해 편안함을 느낄 수 있습니다." [90]

프레드릭 맥스웰은 "게이츠는 PC 운영체제 시장을 완전 장악하려 했고, 이에 조금이라도 장애가 되는 존재는 모두 위협으로 간주했다"며 다음과 같이 말한다.

"게이츠는 가질 수 있다면 어떤 시장에서든 100%를 원했다. 그것이 미국식이라고 게이츠는 판단했다. …… 만일 게이츠가 악명 높은 자바 더 헛(Jabba the Hut: 영화 『스타워즈』에 나오는 무자비한 종족-옮긴이)처럼 행동하지도 않고, MS-DOS와 그 다음 윈도를 만들어내지 않고, 무료 소프트웨어로 가는 흐름을 차단시키지 않았다면, 오늘날 컴퓨터 운영체제들은 리눅스처럼 되었을 것이다. 게이츠가 소프트웨어 무대에 진출하기 전에는, 컴퓨터광들의 여가시간에 만들어진 많은 프로그램들이 셰어웨어(shareware)라 불리는 상태로 돌아다녔다." [91]

게이츠의 파트너인 스티브 발머도 탐욕에 관한 한 게이츠 못지 않은 인물이었다. 그는 리눅스가 무료라는 게 마땅치 않아 "리눅스는 공산당원이다"고 비방하였다. [92] 발머의 전기를 쓴 프레드릭 맥스웰은 발머의 지칠 줄

---

90) 피터 싱어, 정연교 옮김, 『이렇게 살아가도 괜찮은가』(세종서적, 1996), 30쪽에서 재인용.
91) 프레드릭 맥스웰, 안진환 옮김, 『살아있는 신화: Microsoft CEO 스티브 발머』(한국경제신문, 2003), 293~295쪽.

모르는 탐욕스러운 열정에 대해 다음과 같이 말한다.

"남은 인생 동안 매일 하루에 100만 달러씩 쓴다고 해도, 그의 재산은 여전히 수십 억 달러 이상 남는다. 언제면 만족할까? 그는 왜 계속 달리는 것일까? 하버드 시절에 풋볼 팀 동료였던 댄 지기츠는 발머를 경쟁 중독자로 단정짓고 스위치에 비유했다. 발머의 경쟁 시위치는 켜진 상태에서 녹아 붙어버렸기 때문에 끌 수가 없다는 것이다."[93]

게이츠와 발머의 탐욕에 대해 어떤 비판을 하건 그들의 독점을 향한 끝없는 경쟁심이 오늘날 미국의 번영을 이룬 '아메리카니즘(미국주의)'의 정신을 전형적으로 대표한다는 건 부인하기 어려울 것이다.

스톨먼과 게이츠의 차이

토발즈와 게이츠의 생각의 차이는 단지 컴퓨터 분야에만 국한되지 않는다. '재미 대 이기심'의 대결 구도라고나 할까? 반면 스톨먼과 게이츠의 차이는 '이타심 대 이기심'의 대결 구도에 가깝다.

2000년 6월 13일과 14일 이틀 동안 스톨먼과 게이츠는 한국을 방문하였는데, 이들의 행동거지는 그러한 차이를 극명하게 드러내 보였다. 그 중에서 특히 눈길을 끌었던 건 두 사람의 대조적인 '숙박 형태'였다.

게이츠는 대만에서 한국으로 올 때도 전세기를 탔고 왔지만, 숙소도 한국에서는 최고로 꼽히는 신라호텔 고급 객실을 택했다. 반면 스톨먼은 한국에 올 때 타이항공의 일반석을 이용했고, 방한 당시 갓 신혼살림을 차린 리눅스 코리아 이사인 이만용의 8평짜리 원룸에 숙소를 정하고 자신이 늘

---

92) 프레드릭 맥스웰, 안진환 옮김, 『살아있는 신화: Microsoft CEO 스티브 발머』(한국경제신문, 2003), 294쪽.
93) 프레드릭 맥스웰, 안진환 옮김, 위의 책, 331쪽.

'돈벼락' 마다한 괴짜 천재의 자서전

'리눅스 * 그냥 재미로'

마이크로소프트 등 거대 기업들의 갖은 횡포에도 불구하고 값비싼 소프트웨어를 쓰지 않을 수 있는 지구촌 사람들. 매년 발어지는 대규모의 불법 소프트웨어 단속에 흥역을 치르는 나라들. 그럼 때마다 윈도를 버리고 리눅스를 서버의 운영체제로 바꾸는 기업들이 늘어나고 10년전 대학생 신분으로 리눅스를 만들어 무료로 배포한 리누스 발트즈의 이름은 더욱 커져간다.

프로그램 소스가 공개돼 있어 현재 세계 75개 여명의 프로그래머가 버전업(성능향상)에 참여하고 있는 인류역사상 가장 거대한 공동프로젝트 리눅스. 세계 괴짜들의 선망의 대상이던 MS의 빌 게이츠가 점점 사악한 탐욕주의자 거부로 비쳐지게 된 것도 약 32종의 리눅스의 대비되어서부터다.

'리눅스 * 그냥 재미로'(한겨레출판부에서 5000원에 판 0)이 강만드가 애제자인 월드 스타 리누스 토발즈의 자서전이다. 아니, 두 명자 함께 타임사간 한결으로 함고 있는 그는 리눅스와 관계없는 회사에 들어가 프로그래머로 일하면서 리눅스공동체의 운영 및 관리 일을 계속하고 있다.

수많은 컴퓨터프로그래머들이 트랜바를 맞고 있는데도 예를에 스탠퍼드 클로리리아 시스템즈 등의 빌 죽이 등을 유혹을 거부한다. 열결터리저 만 달아주면 1000만원대(12만대)를 주겠다는 그 업체 제의도 거절한 젊은이 리누스의 인생과 돈에 대한 관점이 확실히 엿보인다.

열정 공산주의자였던 아버지, 지나친 탐욕의 경쟁의 대상이 되는 부자국가 리핀드의 시회분위 기에서 성장하며 '기술은 반드시 공유돼야 한다'고 리눅스 카피레프트/저작권 유지(Copyright)의 반대를 분리만 최소한 컴퓨터 천재의 아름다운 사상이 제 곳곳에 녹아있다. 컴퓨터와 관련에 어떤 전문 지식을 갖추지 아니한 리눅스의 개발 과정이 어떤 소설보다도 흥미진진하다.

월드스타 리누스 토발즈
카피레프트 정신 귀감
개발 뒷얘기도 흥미진진

고교시절 어렵게 구입한 컴퓨터 주변장치와 충돌, 이를 구동하는 프로그램을 직접 짜기 시작하면서 유닉스를 본떠 만든 리눅스 베타버전을 인터넷에 올려놓을 때 세계 해커들은 열광하기 시작한다. 버그리포트를 보내온 메일 중에 리눅스가 알리나 휴플리스트웨어의 조폭조폭 되었는지 "...그런데 리눅스 버그가 내 하드디스크 자료를 모두 날려버렸다"고 간단한 덧붙임 글도 있다.

담시 세 소프트웨어를 다운로드받는 대가로 개발자에게 10달러 정도를 받아주는 전통이 있었다.

하지만 그는 돈에서 그냥 봉장을 담은 엽서 한 장을 보내줄 것을 요구했다. 그날부터 리누스를 세계 곳곳으로부터 엄청난 엽서세례를 받게 된다. 전화로 때문에 애인감사가 오래를 바꿔고 길의 여동생 사라 토발즈도 오랜기간 뭐가 인터넷 때문인 일이 있음을 그때 알았다.

리눅스관련의 판매를 거부한 것에 대해 "나 역시 리눅스로 자유로운 개발자가 되어 리눅스를 완성할 수 있었다"며 라누스 자신 그의 오픈 소스코드가 IBM 오라클 등을 세계적인 컴퓨터업계일들의 있다는 리눅스를 재택하면서 빛을 보게 될 것이다.

지식재산권의 대부분이 소비자나 다른 발명가들의 권리를 침해하면서 대기업만 보호하는 것이라는 견해를 밝히는 그는 "수입 50달러인 사람이 250달러짜리 소프트웨어를 그냥 사용한다면 비도덕적이 아니라 오히려 이들을 쫓는 뭐라더니 비도덕적이다"고 꼬집었다.

김동국기자 hdkim@kmib.co.kr

『국민일보』 2001년 4월25일

빌 게이츠   리처드 스톨먼

소프트웨어 업계에서 '황제'로 통하는 빌 게이츠(44) 마이크로소프트 회장. 세계 소프트웨어 개발자와 사용자들에 '성 그누(GNU)시우스'라고 부르는 리처드 스톨먼(47) 매사추세츠공대 교수.

두 거물이 같은 시간에 우리나라에 머문다. 게이츠 회장은 13일 밤 우리나라에 와 15일 아침 일본으로 갈 예정이고, 스톨먼은 14일 오후 도착해 19일까지 있는다. 둘은 마주칠지 모르지만 그러지 않을 가능성이 높다.

게이츠와 스톨먼은 컴퓨터 소프트웨어로 밥을 먹는다는 점에서 공통점을 갖는다. 둘 다 명문 대학에서 공부했고, '해커' 경력이 있는 컴퓨터 전문가이자 프로그램 개발자다. 하지만 생각은 정반대다.

게이츠는 '카피라이트' 진영의 대표, 스톨먼은 '카피레프트' 운동의 선구자라 불린다. 카피라이트는 소프트웨어를 사용하려면 개발자에 대가를 치러야 한다는 주장이고, 카피레프트는 소스코드를 공개해 누구나 소프트웨어를 공짜로 사용하고 변형할 수 있게 해야 한다는 사상이다.

게이츠의 저작권보호 정책은 세계적으로 알려져 있다. 소프트웨어를 무단 복제해 사용하는 개인과 기업에는 단속과 고발을 통해 철저한 가격을 받아낸다. 이런 정책으로 빌 게이츠는 컴퓨터 운영체제 독점을 통해 소프트웨어 업계를 평정하고 세계 최고의 부자가 됐다.

이번에 우리나라에 온 것도 소프트웨어 마케팅을 위해서다. 그는 아시아지역을 대표하는 기업 최고경영자 1500여명을 불러 마이크로소프트의 전략을 설명하는 '아시아 엔터프라이즈 서밋' 행사를 14일 주관한다. 이 행사는 게이츠 회장이 직접 최고경영자들을 설득해 마이크로소프트 소프트웨어를 사용하게 하기 위해 매번 열고 있다. 게이츠는 이 자리에서 '차세대 윈도서비스' 전략을 소개

운영체제 독점 '저작권 대명사'
특허의 위험 꾸짖는 '나눔의 성자'
SW 좌·우 날개 나란히 한국에

차세대 윈도 마케팅전략 설명
리눅스 세계화 자유운동 설파
다른 사고 다른 일정 '다름의 극치'

할 것으로 알려졌다.

반면 스톨먼은 소프트웨어는 누구나 자유롭게 사용할 수 있어야 한다고 주장하고 스스로 이를 생활속에서 실천하고 있다. 83년부터 신명을 다해 추진하고 있는 '그누 프로젝트'가 그것이다. 그는 자유소프트웨어재단(FSF)의 창시자이기도 하다.

그의 프로젝트는 상업용 소프트웨어는 사용하지 말고 자유 소프트웨어만 사용하자는 목표를 갖고 있다. 자유 소프트웨어만으로 컴퓨터를 사용하고, 소스코드의 완전 공개로 개발자가 곧 사용자인 세계를 만들자는 것. 그래서 스톨먼을 '정보사회주의자'라고 부르기도 한다.

그의 프로젝트는 아이비엠과 미국전신전화 등 컴퓨터 기업들이 유닉스를 상용화해 사용료를 요구하는 데 반발해 시작됐다. 이는 그가 '그누는 유닉스가 아니다'(GNU is Not UNIX)의 약자라는 데에서도 나타난다. 리눅스 토발즈가 리눅스의 창시자이지만, 스톨먼은 이를 '위도' 경쟁의 수준으로 키운 주역이라고 할 수 있다. 마이크로소프트도 "오픈 소스 운동과 리눅스가 마이크로소프트 앞날에 심각한 위협을 줄 수 있다"고 인정했다.

김재섭 기자 jskim@hani.co.kr

▶22면으로 이어짐

『한겨레』 2000년 6월14일

토발즈와 게이츠의 생각은 '재미 대 이기심'의 대결 구도라고 한다면 스톨먼과 게이츠의 차이는 '이타심 대 이기심'의 대결구도에 가깝다. 세 사람의 사상과 스타일의 차이에 대한 논쟁은 디지털 시대의 진짜 이념 논쟁의 출발점이 될 것이다.

가지고 다니는 침낭으로 잠자리를 만들었다. [94]

스톨먼의 차림새나 행동거지는 완전히 히피 스타일이었으며, 그가 들고 다닌 은색 노트북에는 "MP3 IS NOT A CRIME"이라는 문구가 붙어 있었다. 그는 자신을 보러 온 어린이들에겐 이런 말을 들려줬다.

"친구와 함께 나눠갖고 나눠먹는 것은 좋은 것이다. 만약 친구가 그렇지 않다면 그 친구와는 사귀지 마라." [95]

온라인 협동과 공공재

스톨먼, 토발즈, 게이츠 등 세 사람의 사상과 스타일의 차이는 온라인 협동의 문제는 물론 현실 세계의 미래와 관련하여 매우 중요한 시사점을 던져주고 있음에 주목할 필요가 있다.

온라인에서의 협동과 관련하여 선물경제(gift economy)라는 말이 많이 쓰이고 있다. 참여자들이 단기적 이익을 바라지 않고 지원과 정보, 일, 다른 제품 등을 제공하는 동맹과 공유의 경제를 의미한다. [96]

온라인 공동체에선 시장 가격으론 꽤 비싼 값을 부를 수 있는 전문적인 조언도 무료로 제공하는 경우가 많은데, 그 이유가 무엇인가를 따져보는 건 매우 중요하고도 의미있는 일이라는 것이다. 현실 세계에선 가능하지 않은 그런 일이 왜 온라인 공동체에선 가능한 걸까? 미국의 사회학자 피터 콜록은 주로 그걸 연구하는 사람이다.

콜록은 인터넷의 온갖 문제에도 불구하고 "인터넷의 놀라움은 소음이

---

94) 김재섭, 〈빌 게이츠 VS 리처드 스톨먼〉, 『한겨레』, 2000년 6월 14일, 22면.
95) 백상현, 〈SW 자유로운 공유는 정보화사회의 초석〉, 『스포츠서울』, 2000년 6월 17일, 21면.
96) 돈 탭스콧·데이비드 티콜·알렉스 로위, 유한수 옮김, 『디지털 캐피털: 비즈니스 웹 파워』(물푸레, 2000), 205~206쪽.

너무 많다는 것이 아니라 의미있는 협동이 존재하는 것"이라며 다음과 같이 말한다.

"온라인 상호작용이 상대적으로 익명적이고, 중앙관리기구가 없으며, 어떤 사람에게 금전적 또는 물리적인 제재를 부과하는 것이 불가능하다는 점을 감안할 때, 인터넷이 문자 그대로 만인의 만인에 대한 투쟁의 상태가 아니라는 점은 놀라운 것이다. 사회적 질서를 공부하는 학생에게 설명될 필요가 있는 것은 온라인 공동체에서 발생하고 있는 갈등의 정도가 아니라 상당한 정도의 공유와 협동이다." [97]

사이버공간에서 제공되는 많은 혜택은 공공재(public goods)와 유사한 속성을 갖고 있다. 공공재란 이른바 사회간접자본이라고 하는 전기, 전화, 수도, 도로, 교육 등과 같은 것으로 그 생산에 대한 기여와는 상관없이 누구나 그 혜택을 얻을 수 있는 것이다. [98]

현실 세계에서 공공재의 제공은 집단의 행위를 필요로 하는 반면에 온라인에선 단 한 사람의 정보나 조언의 기여도 공공재로 변화될 수 있다. 콜록은 이 같은 특성은 "온라인 상호작용의 놀라운 속성이며 인간 사회의 역사상 전례가 없었던 것"이라고 말한다. [99]

선물경제의 확산은 가능한가

우리는 오프라인에서 그런 공유와 협동의 문화를 키워나갈 수는 없는가 하는 데에도 관심을 가져야 할 것이다. 우선 온라인에서의 공유와 협동

---

97) 피터 콜록, 〈온라인 협동의 경제: 사이버공간에서의 선물과 공공재〉, 마크 스미스·피터 콜록 편, 조동기 역, 『사이버공간과 공동체』(나남, 2001), 411~412쪽.
98) 정회경·김지운 편저, 『미디어경제학의 이해』(나남, 1999), 187~188쪽.
99) 피터 콜록, 위의 글, 420쪽.

을 가능케 하는 동기부여 요인을 살펴볼 필요가 있다. 여러 가지가 있을 것이나 가장 중요한 게 '인정(認定) 욕구'다. 쉽게 말해 남들이 알아주는 맛이라는 것이다.

남들이 알아주는 맛이라는 건 오프라인 세계에도 있지만 매우 부실하다. 공동체가 깨졌기 때문에 언론을 통해서 알려져야만 한다. 이게 대단히 번거롭다. 선행을 한 사람 스스로 언론에게 알리자니 낯뜨겁고 어떤 경로로 언론에 보도되었다 하더라도 다른 뜻이 있는 걸로 오해받기 십상이다.

실제로 높은 윤리 의식을 갖고 있는 해커들이 자신들을 그렇지 못한 크래커들과 구분하는 한 가지 기준이 바로 자화자찬(自畵自讚)이다. 해커 세계에서 자화자찬은 절대 금기다. 그렇다고 해서 해커에게 인정 욕구가 없느냐 하면 그건 아니다. 오히려 정반대다. 인정 욕구가 매우 강하기 때문에 인정을 받는 과정을 중요하게 생각하는 것이다.[100]

온라인 공동체에선 이타적인 기여에 대한 공정한 평가가 가능하다. 반면 오프라인 세계에선 공정한 건 둘째치고 아예 평가의 대상조차 되지 않는다. 우리는 "저널리즘의 생명은 비판"이라고 주장하는 기존 저널리즘의 대원칙에 의문을 제기할 필요가 있다.

저널리즘의 비판 기능을 약화시키자는 게 아니다. 사람들의 정당한 인정 욕구를 진작시켜 협동과 공유의 문화가 싹틀 수 있게끔 저널리즘이 기여하는 것도 소홀히 해선 안 된다는 말이다. 지금과 같은 '미담 발굴' 기사의 수준을 한 단계 업그레이드시켜 그걸 상례화 하는 동시에 기사의 흥미성을 높일 수 있게끔 애써야 한다. 주로 힘있는 개인에게만 가는 선물 행렬이 사회와 공동체를 향해서도 갈 수 있게끔 우리 모두의 지혜를 모아보자

---

100) 플로리안 뢰처, 박진희 옮김, 『거대기계지식: 사이버시대의 올바른 지식사회 구축을 위한 비전』(생각의나무, 2000), 209쪽.

는 것이다.

이건 의외로 중요한 문제다. 어쩌면 인류의 미래와 관련하여 그 어떤 이념 논쟁보다 더 중요한 문제인지도 모른다. 우리가 흔히 말하는 '미국식'이란 건 게이츠처럼 인간의 탐욕과 그걸 동력으로 삼는 치열한 경쟁을 예찬하는 문화다. 미국은 그런 방식으로 세계의 유일무이한 패권 국가가 될 정도로 충분한 보상을 받았다.

그러나 그 부작용이 너무 크다는 걸 이젠 거의 모든 사람들이 깨닫게 되었다. 그렇다고 스톨먼식의 해커 정신이 보편적인 세계 운영 원리로 자리 잡을 수 있을 것이라고 기대하기는 어렵다. 그 중간에 있는 토발즈식이 비교적 더 설득력이 있기는 하지만 그는 단지 개인적인 차원에서 '재미'만을 강조할 뿐이어서 그것 역시 대안으로 보기엔 충분치 않은 것 같다.

앞으로 두고두고 고민해볼 문제임에 틀림없을 것이다. 나는 과연 세 유형 가운데 어떤 스타일에 비교적 다 가까운지 생각해보면서 제4, 제5의 대안을 모색해보자. 이게 바로 디지털 시대의 진짜 이념 논쟁이 될 것이다.

02 소비문화와 정체성

소비가 정체성을 형성하는가

'어플루엔자'란 무엇인가

사람들은 왜 '명품'에 집착하는가

'디드로 효과'란 무엇인가

'보보스'는 어떻게 사는가

소비문화와 정체성 **소비가 정체성을 형성하는가**

정체성이란 무엇인가

소비문화 및 사이버문화와 관련하여 '자아'와 '정체성'이 자주 거론되고 있다. 자아와 정체성은 각각의 개념 규정은 물론 둘 사이의 관계에 대해서도 다양한 의견이 존재하지만, 보통 자아는 개인적 정체성, 정체성은 사회적 정체성을 의미하는 걸로 보고 있다. [1]

원용진은 정체성 설명을 위한 패러다임으로 3개를 든다. 본질주의 패러다임, 언어(이데올로기) 패러다임, 권력 패러다임이 바로 그것이다.

'본질주의 패러다임'은 집단 차원에서 이미 특정 모습을 갖춘 정체성이 있을 것으로 파악하고 그것이 무엇일까를 고민하는 것이다. '언어 패러다임'은 정체성이 언어에 의해 재현되는 것에 주목한다. 예컨대, 이력서를 생각해보라. 성공한 극소수를 제외하곤 누구건 이력서를 쓸 때마다 허망하다는 생각이 들겠지만, 실제로 세상이 그런 식으로 돌아가고 있는 걸 어떡하랴. '권력 패러다임'은 권력에 의해 '정체성 없는 주체'가 가능해진다

---

[1] 권기헌, 『정보사회의 논리: 지식정보사회와 국가경영논리』(나남, 2000), 158쪽.

는 점에 주목한다. 즉, 많은 사람들이 외부의 상황과 압력에 따라 자신을 적응시킨다는 것이다.[2]

원용진의 3대 패러다임과 거의 비슷한 시각에서 더글라스 켈너는 정체성에 대해 다음과 같이 말한다.

"어떤 이론가들은 내가 누구인가를 결정하는 본래적 정수를 발견하고 확증하는 것이 정체성이라고 보는가 하면, 다른 이론가들은 정체성이 가능한 사회적 역할과 재료들을 활용해 구성되고 창출되는 것이라고 생각했다. …… 탈현대성 담론은 정체성이라는 개념 자체를 문제시하며 그것이 하나의 신화이자 환상일 뿐이라고 주장한다."[3]

탈현대성 담론을 대표하는 장 보들리야르 같은 사람은 탈현대적 미디어 사회 그리고 정보사회에서 한 사람은 기껏해야 '단말기의 한 항'에 지나지 않는다고 주장한다.[4]

정체성을 어떻게 정의하건, 한 가지 분명한 사실은 소비문화가 정체성을 매우 불안정한 개념으로 만들고 있다는 점이다. 많은 이론가들이 정체성 위기라는 근대의 특징은 소비문화와 관계가 있다고 말한다. 사람들이 소비를 통해 정체성을 형성하고자 하기 때문에 정체성 자체가 불안정하고 그 실체가 모호하다는 것이다. 또 정체성 그 자체가 팔 수 있는 상품이 된다.

영국의 사회학자 돈 슬레이터는 다음과 같이 말한다.

"자아는 믿을 수 있는 내적 감정이 아니라, 사회적 생존과 성공을 위한 계산 가능한 조건이다. 우리는 친밀한 관계와 사회적 지위와 직업을 갖기

---

2) 원용진, 〈정체성의 정치학〉, 정재철 편저, 『문화연구 이론』(한나래, 1998), 179~202쪽.
3) 더글라스 켈너, 김수정·정종희 옮김, 『미디어문화: 영화, 랩, MTV, 광고, 마돈나, 패션, 사이버펑크』(새물결, 1997), 417쪽.
4) 더글라스 켈너, 김수정·정종희 옮김, 위의 책, 418쪽.

위하여 정체성을 생산해서 여러 시장에 팔아야 한다." [5]

'시장적(市場的) 성격'

에리히 프롬은 이미 1955년에 쓴 『건전한 사회』라는 책에서 현대인의 '시장 지향성(marketing orientation)'을 지적했다. 이는 자기 자신에 대한 인간의 관계를 가리키는 것으로서 인간이 자기 자신을 시장에서 판매하기 좋게 내걸린 어떤 상품으로 인식하는 것을 의미한다. [6]

프롬은 1976년에 쓴 『소유냐 존재냐』는 책에선 '시장적 성격(marketing character)'의 문제를 제기했다. 그는 인간의 존재는 '퍼스낼리티 시장(personality market)'에 내던져진 상품이 되어 버렸다며 다음과 같이 주장했다.

"성공은 대부분의 경우 시장에서 얼마나 자신을 잘 팔 수 있는가, 얼마나 자신의 퍼스낼리티를 사람들에게 잘 알리는가, 얼마나 멋지게 자신을 '포장'하는가, 다시 말해서 자신을 '유쾌한', '건전한', '의욕적인', '믿을 만한', '야망적' 인간인지 아닌지, 더욱이 자신의 가정의 배경은 무엇인가, 그리고 자신이 소속한 클럽은 무엇인가, '적재적소'의 사람을 얼마큼 알고 있는가 하는 따위에 의해 좌우된다. …… 시장적 성격의 목적은 퍼스낼리티 시장의 모든 조건 아래에서 바람직한 인물이 되도록 하기 위해 안전하게 적응하는 것이다. 시장적 성격의 퍼스낼리티는 (19세기의 인간들이 가졌던 것과 같은) 집착할 만한 자아(自我)를 전혀 '가질' 수 없다. 다시 말하면 자기 자신에게 고유한, 변하지 않는 자아를 소유할 수가 없다. 그렇기 때문

---

5) 돈 슬레이터, 정숙경 옮김, 『소비문화와 현대성』(문예출판사, 2000), 126쪽.
6) 에리히 프롬, 김병익 역, 『건전한 사회』(범우사, 1975, 중판 1978), 134~135쪽.

에 '나는 당신이 원하는 바로 그 사람이오'라고 이야기할 수 있도록 끊임없이 자신을 변형시킨다." [7]

'시장적 성격' 이야말로 바로 우리 시대의 가장 촉망받는, 유능하다는 사람이 가져야 할 필수적인 조건이라는 데에 이의를 제기할 사람은 없을 것이다. 그러나 그걸 곧장 자아의 문제와 연결시키는 것엔 무리가 있을 수 있다. 까딱 잘못하다간 남과 잘 어울리지 못하는 괴팍한 성격의 사람만이 '자기 자신에게 고유한, 변하지 않는 자아'를 갖고 있다고 말할 수도 있을 것이기 때문이다.

상품이 정체성을 만드는가

프롬의 주장에 다 동의할 필요는 없으며 그의 과장에 대해 비판적 시각을 가져보는 것도 좋을 것이다. 다만 프롬이 그런 주장을 한 이래 더욱 가속화된 소비문화는 점점 더 사람들의 자아나 정체성을 '시장'으로 내몰고 있다는 것엔 동의할 수 있을 것이다.

자아와 정체성을 더 이상 개인의 내부에 내재하는 동질적이고 안정된 본질로 간주하지 않는 이론가들도 많아진 것도 결코 우연이 아닐 것이다.[8] 자아와 정체성이 동질적이고 안정된 본질이라면 우리 시대의 '명품 열풍'을 어찌 설명할 수 있을 것인가.

더글라스 켈너는 『프리티 우먼』이라는 영화를 오늘날의 사회에서 정체성을 구성할 때 이미지가 핵심적인 역할을 한다는 사실을 보여주는 사례로 들고 있다. 관객들은 노동계급의 한 창녀(줄리어 로버츠 분)가 기업가인

---

7) 에리히 프롬, 김진홍 역, 『소유냐 삶이냐』(홍성사, 1978, 19쇄 1979), 180~181쪽.
8) 크리스 쉴링, 임인숙 옮김, 『몸의 사회학』(나남, 1999), 257~258쪽.

(『경향신문』 2003년 4월 7일)

'명품 열풍'의 비밀? 인간의 존재는 '퍼스낼리티 시장'에 내던져진 상품이 되어 버렸다. 그리고 그 시장에서 정체성의 구성은 이미지가 핵심적인 역할을 한다.

매혹적 왕자(리처드 기어 분)를 만나 비천한 거리의 여인에서 멋쟁이 미인으로 변화해 가는 과정을 재미있게 보면서 내심 박수를 쳤겠지만, 켈너는 이 영화에서 의미심장한 결론을 이끌어낸다.

"이 영화는 패션, 화장, 말투, 스타일 등을 통해 자아가 변형되는 과정을 보여주며, 오늘날의 문화에서 정체성이 이미지나 룩을 통해 매개되는 정도에 따라 자아가 변형되는 과정을 보여준다. 로버츠가 성격을 변형한 결과 하나의 새로운 인격, 새로운 정체성을 얻게 되었으며, 이로 인해 그는 남자를 사로잡고 이미 정체성 시장에서 성공하게 되었다. 따라서 이 영화의 메시지는 다음과 같은 것이다. 당신은, 새로워지고 자신의 정체성을 바꾸고 싶다면, 이미지와 스타일 그리고 패션에 신경을 써야 한다."[9]

'소비자 주권론'은 타당한가

소비를 통해 자신의 정체성을 표현하는 것에 수반되는 또 하나의 쟁점은 소비행태의 성격일 것이다. 소비자가 과연 주권을 행사하고 있는가? 피상만 보지 말고 내면을 살펴보자. 경제학자 존 케네스 갤브레이스는 1958년에 쓴 『풍요한 사회』에서 당시 경제학계에서 당연한 상식으로 자리잡고 있던 '소비자주권'에 대해 날카로운 비판을 퍼부었다.

이 책에서 갤브레이스는 '기업의 생산활동이 궁극적인 측면에서는 소비자의 기호와 선택에 따라 규정된다'는 '소비자주권' 개념에 대해, 소비자의 욕망이 생산자의 광고와 판매술에 힘입어 적극적으로 창조되고 있는 현실을 전적으로 무시하고 있다고 비판했다. 특히 갤브레이스는 '소비욕망을 만족시키는 과정 자체로 인해 소비욕망이 창조된다'는 '의존효과'를 설명하며 이러한 의존효과가 '풍요한 사회' 또는 '소비 사회'의 특징적인 현상이라고 주장했다.[10]

또한 어떠한 통제도 가하지 않고 자유시장에 맡겨두면 결국 모든 자원이 민간부문과 공공부문 사이에서 균형 있게 분배된다는 '사회적 균형' (Social Balance)에 대해서도 갤브레이스는 이의를 제기했다. '풍요한 사

---

9) 더글라스 켈너, 김수정·정종희 옮김, 『미디어문화: 영화, 랩, MTV, 광고, 마돈나, 패션, 사이버펑크』 (새물결, 1997), 419~420쪽.
10) 네이 마사히로, 〈풍요한 사회〉, 이균 역, 『세계를 움직인 경제학 명저 88』(한국경제신문사, 1998), 257~258쪽.

회'에서는 민간부문에서 의존효과가 강하게 발생하기 때문에, 모든 자원은 공공부문의 희생과 민간부문의 우선적 배분의 경향으로 나아갈 수밖에 없다는 '사회적 불균형' 이론을 피력한 것이다. [11]

그런 문제에 대한 처방과 자본주의 미래에 대해선 이견이 있을망정 '소비자주권론'의 허구에 대해선 누구나 동의할 수 있을 것이다. 소비자주권론은 시장을 소비자가 가진 돈으로 '투표'하는 장소로 간주하며 모든 결과는 소비자의 자유 선택에 따른 것이라고 말한다. 그러나 가장 많이 소비할 수 있는 사람들이 그 시장의 법칙과 경향을 지배한다는 건 말하지 않고 있다. [12]

나의 자아와 정체성 표현을 그런 왜곡된 시장 논리에 맡길 것인가? 어쩔 수 없이 대세는 추종할 수밖에 없다 하더라도 그렇게 해서 표현된 나의 겉모습을 나의 자아요 정체성이라고 말하기엔 어째 좀 부족하다는 생각이 들지 않는가.

---

11) 네이 마사히로, 〈풍요한 사회〉, 이균 역, 『세계를 움직인 경제학 명저 88』(한국경제신문사, 1998), 258~259쪽.
12) 셧 잘리, 윤선희 옮김, 『광고문화: 소비의 정치경제학』(한나래, 1996), 38쪽.

소비문화와 정체성 '어플루엔자'란 무엇인가

'자본주의의 문화적 모순'

한국에선 신용 불량자가 3백만 명을 넘어서고 가계 부채가 국내총생산의 70%에 육박하면서 '신용카드 망국론'마저 나오고 있다. 신용카드 빚더미에 올라앉아 자살이나 범죄를 택하는 사람들이 속출해 이젠 웬만큼 충격적이지 않고선 뉴스조차 되지 않는 세상에 살게 되었다. 신용카드는 강절도·살인범죄 원인의 60%를 차지하고 있고 신용카드로 인한 범죄는 1시간에 1건꼴로 발생하고 있으니,[13] '신용카드 망국론'이 나오는 것도 무리는 아닐 것이다.

그런 비극 속에서도 행복해진 사람이 있다면 또 모르겠다. 내수(內需)로 경기부양 이루겠답시고 신용카드 쓰라고 국민의 등을 떠밀었던 정부는 무슨 효능을 보았는가? 이젠 "신용불량 해결해야 내수 산다"는 말이 나오고 있는 걸 보면,[14] 정부가 애초부터 크게 잘못 생각했던 것 같다.

---

13) 이영표 외, 〈카드빚 '범죄의 서곡' : 강절도·살인범죄 60%의 원인〉, 『대한매일』, 2003년 6월 12일, 1면; 안홍욱, 〈카드범죄 1시간에 1건꼴〉, 『경향신문』, 2003년 8월 23일, 17면.
14) 권석천, 〈신용불량 해결해야 내수 산다〉, 『경향신문』, 2003년 8월 23일, 8면.

그렇다면 경품을 내걸고 길거리에서까지 가입자를 모집하는 극성을 떨었던 카드 회사들은 큰돈을 벌었는가? 한국의 9개 신용카드사들이 2003년 상반기에 3조 원이 넘는 당기 순손실을 기록했다는 걸 보니 그것도 아닌 모양이다. 신용카드의 과잉 발급이 결국 부메랑이 되어 신용카드사들을 덮친 형국이다.

다니엘 벨은 1976년에 낸 『자본주의의 문화적 모순』에서 1950년대에 등장한 신용카드의 분할 지불 방식은 "돈을 빌리는 일에 공포감을 품고 있던 프로테스탄트적 윤리에 최대의 공격을 가한 것"이었다고 말한다. [15]

물론 여기엔 기만적인 언어 조작이 가세했다. '돈을 빌린다'고 말하는 대신에 '크레디트'라는 말을 사용한 것이 바로 그것이다.[16] 신용카드는 '채무카드'라고 부르는 것이 옳다. 그렇게 부른다면 신용카드로 인해 빚더미에 올라앉는 사람들의 수는 조금이라도 줄 것이다.

어플루엔자의 증상은 쇼핑 중독

1997년 미국 PBS TV에서 방영돼 화제를 불러일으켰던 『어플루엔자』라는 다큐멘터리는 우리 시대에 새로운 종류의 전염병이 창궐하고 있다는 진단을 내렸다. 그 병의 이름은 바로 어플루엔자(Affluenza)다. 이 병은 이렇게 정의될 수 있을 것이다.

"고통스럽고 전염성이 있으며 사회적으로 전파되는 병으로, 끊임없이 더 많은 것을 추구하는 태도에서 비롯하는 과중한 업무, 빚, 근심, 낭비 등의 증상을 수반한다." [17]

---

15) 다니엘 벨, 김진욱 옮김, 『자본주의의 문화적 모순』(문학세계사, 1990), 97쪽.
16) 다니엘 벨, 김진욱 옮김, 위의 책, 102쪽.

(『중앙일보』 2003년 6월 24일.)

(『시사저널』 2003년 1월 16일.)

신용카드는 '채무카드'라고 부르는 것이 옳다. 주로 미디어를 매개로 전염되는 어플루엔자의 증상은 쇼핑 중독으로 나타난다. 이는 사람들을 궁극적으로 만족시키기 불가능한 갈망의 상태로 몰아넣는다.

책으로도 나온 『어플루엔자』의 저자들에 따르면, 이 병은 "소위 '아메리칸 드림'의 핵심 원리가 된 경제적 팽창에 대한 강박적인, 거의 맹신에 가까운 욕구에서 비롯된다."[18] 그래서 어플루엔자의 구체적 증상은 쇼핑중독으로 나타난다.

현재 미국 주택의 평균면적이 1950년대 주택 평균면적의 두 배가 된 이유는 쓰지 않는 물건을 쌓아 둘 공간이 필요하기 때문이라고 주장하는 사람도 있다.[19] 미국에서 1987년에 이루어진 한 조사에 따르면, 미국의 10대 소녀 가운데 가장 좋아하는 소일거리로 쇼핑을 꼽은 사람은 전체의 93%에 이르렀다.[20] 그들의 쇼핑을 가능케 하는 게 바로 신용카드다.

미국인은 1인당 평균 5장이 넘는 카드를 소지하고 있는데, 소지 연령이 점점 낮아져 일부이겠지만 12살짜리 아이들까지 신용카드를 갖기에 이르렀다. 신용카드 회사들은 소비를 조장할 뿐만 아니라 가입자들이 가급적 빚을 많이 지게 하기 위해 여러 가지 마케팅 기법을 구사하고 있다.[21]

대부분의 상점들도 별개의 고객 카드를 발행하고 있다. 단골 구매자를 대상으로 구매 물품을 항목별로 추적하기 위해 약간의 할인 혜택을 주면서 그 거래정보를 마케팅에 이용하기 위해서다.[22] 이는 한국에서도 많은 업종에서 널리 활용되고 있는 것이다.

---

17) 존 더 그라프·데이비드 왠·토마스 네일리, 박웅희 옮김, 『어플루엔자: 풍요의 시대, 소비중독 바이러스』(한숲, 2002), 20쪽.
18) 존 더 그라프·데이비드 왠·토마스 네일리, 박웅희 옮김, 위의 책, 23쪽.
19) 제임스 B. 트위첼, 최기철 옮김, 『럭셔리 신드롬: 사치의 대중화, 소비의 마지막 선택』(미래의창, 2003), 141쪽.
20) 엘런 테인 더닝, 구자건 옮김, 『소비사회의 극복: 현대 소비사회와 지구환경 위기』(또님, 1994), 144쪽.
21) 존 더 그라프·데이비드 왠·토마스 네일리, 박웅희 옮김, 위의 책, 49~50쪽.
22) 심슨 가핀켈, 한국데이터베이스진흥센터 옮김, 『데이터베이스 제국』(한빛미디어, 2001), 261쪽.

'돈이 민주주의다'

신용카드사들의 공격적인 마케팅 전략 덕분에 미국의 한 가정 평균 7천 5백 달러가 넘는 빚을 지고 있으며, 대학생 1인당 평균 빚은 2천5백 달러에 이른다.[23] 당연히 가난할수록 빚이 더 많다. 연수입이 2만 달러에 못 미치는 가구도 카드 빚은 보통 1만 달러가 넘는다.[24] 이들이 걸린 어플루엔자라는 전염병은 주로 미디어의 매개를 통해 이루어진다. 한 예로, 『어플루엔자』의 저자들은 미국의 홈쇼핑 방송에 대해 다음과 같이 말한다.

"비판론자들은 그런 방송을 멍청이들에게 끊임없이 싸구려 물건들을 보여주는 채널이라고 조롱하지만 그런 방송을 케이블TV에서 아주 볼 만하고 대단히 유익한 채널로 꼽는 미국인들이 상당한 비중을 차지한다. 과거에 누군가 텔레비전을 '광대한 쓰레기장' 이라고 불렀는데, 쇼핑 채널이 등장하기도 전의 일이었다. 통신판매 카탈로그와 쇼핑 채널은 단순히 상품만 전하는 것이 아니다. 대단히 효과적으로 어플루엔자를 확산하는 매개체인 것이다." [25]

낸시 에트코프는 "시기심은 민주주의의 기초"라고 했던 버트란드 러셀의 말을 인용하면서 "이는 모든 것을 달성 가능한 것으로 보이게 함으로써 많은 사람들을 궁극적으로 만족시키기 불가능한 갈망의 상태로 몰아넣는다"고 말한다.[26]

그게 바로 어플루엔자다. 어플루엔자는 사람들을 끊임없이 비참하게 만든다. 상대적 박탈감을 느끼게 만든다는 것이다. 그래서 미국에선 연간

---

23) 존 더 그라프·데이비드 왠·토마스 네일리, 박웅희 옮김, 『어플루엔자: 풍요의 시대, 소비중독 바이러스』(한숲, 2002), 49~50쪽.
24) 제러미 리프킨, 이희재 옮김, 『소유의 종말(The Age of Access)』(민음사, 2001), 61쪽.
25) 존 더 그라프·데이비드 왠·토마스 네일리, 박웅희 옮김, 위의 책, 44쪽.
26) 낸시 에트코프, 이기문 옮김, 『미(美): 가장 예쁜 유전자만 살아남는다』(살림, 2000), 89쪽.

10만 달러를 벌면서도 자신이 가난하다고 느끼는 사람들이 많아졌고 그 수는 갈수록 늘고 있다. 모두 최정상의 사람들과 자신을 비교하게 된 것이다. 과거엔 자신이 부자라는 걸 감추려 했지만 이젠 뽐내는 세상이 되었고 대중매체가 그걸 미화하는 바람에 그렇게 된 건지도 모르겠다.[27]

이젠 "돈은 민주주의를 지배하지 않는다. 돈이 민주주의다"는 말까지 나오는 세상이 되었다.[28] 가수 신디 로퍼가 불러 히트시킨 노래 제목 그대로 미국인들은 점점 더 "돈이 모든 것을 바꾼다(Money Changes Everything)"는 신앙으로 빠져들고 있는 것이다.[29]

그렇다면 어플루엔자는 자본주의를 살찌우는 전염병인가? 그렇지 않다. 다니엘 벨은 『자본주의의 문화적 모순』에서 자본주의 경제 영역의 법칙과 문화의 법칙은 사람들을 상반되는 방향으로 이끌고 있다는 점을 지적했다. 경제 영역에서 필요로 하고 있는 조직의 종류와 규범에 대해 문화의 중심을 차지하고 있는 자기 실현이라는 규범이 분열을 일으키고 있다는 것이다. 자본주의 정신의 맹아라 할 청교도의 신념은 오늘날과 같은 어플루엔자와는 거리가 먼 것이었으며, 경제와 문화는 결합하여 단일한 성격 구조를 구성하고 있었던 것이다.[30]

'행복은 돈으로 살 수 있다'

그러한 분열 또는 모순을 촉발시키는 동인 가운데 하나는 바로 대중매

---

27) 존 더 그라프·데이비드 왠·토마스 네일리, 박웅희 옮김, 『어플루엔자: 풍요의 시대, 소비중독 바이러스』(한숲, 2002), 66쪽.
28) 토마스 비어의 말, 제임스 B. 트위첼, 최기철 옮김, 『럭셔리 신드롬: 사치의 대중화, 소비의 마지막 선택』(미래의창, 2003), 54쪽에서 재인용.
29) 피터 싱어, 정연교 옮김, 『이렇게 살아가도 괜찮은가』(세종서적, 1996), 137쪽.
30) 다니엘 벨, 김진욱 옮김, 『자본주의의 문화적 모순』(문학세계사, 1990), 27~28쪽.

체다. 더글러스 러쉬코프는 정치 선전과 선동이 몰락한 이유는 대기업들이 그 기법들을 소비 자본주의의 촉진에 이용했기 때문일 것이라며 다음과 같이 말한다.

"대기업은 이전에 구경꾼 민주주의를 만들기 위해 쓰였던 기법을 사용하여 이제 전쟁 후에 '마음대로 쓸 수 있는' 소득을 활용하도록 '소비자 민주주의를' 설계했으며, 텔레비전 광고와 프로그램은 물론 영화까지도 '행복은 돈으로 살 수 있다' 는 세계관을 조장하게 되었다." [31]

미국 텔레비전에 등장하는 가정들은 실제 미국 평균 가정보다 약 4배 정도 부유하다.[32] 그렇게 해야 재미가 있기 때문일 것이다. 가난에 찌들은 사람들의 이야기가 무슨 재미가 있겠는가.

경제학자 레스터 써로우는 다니엘 벨의 뒤를 이어 텔레비전의 소비문화가 자본주의와도 맞지 않는 면이 있다고 역설한다. 자본주의 문화와 텔레비전 문화는 서로를 생산해내며, 둘 모두 돈 버는 일에 관심을 갖고 있기 때문에 훌륭하게 조화를 이루고 있는 것 같지만, 그것들의 가치가 일치하는 것은 아니라는 것이다. 무엇보다도 텔레비전 세계는 생산이 없는 소비의 세계이기 때문에 미래에의 투자는 전혀 일어나지 않는 반면, 자본주의 경제가 살아남기 의해서는 미래에 투자하는 것이 필요하다는 것이다.

"자본주의 문화는 어느 정도 미래에 초점을 맞추어야 하는 반면, 텔레비전 문화는 희생을 필요로 하는 어떤 미래도 보지 못하고 있다. 지금 재미있게 여겨지는 것이 사실은 흥미로운 것이라고 시민들을 설득함으로써 매체의 내용을 변경할 수 있지만 그것은 매우 어려운 일이다. 개인들이 미래에 투자할 수 있게 소비를 억제시키는 역할을 하면서도 흥미진진한 텔레

---

31) 더글러스 러시코프, 방재희 옮김, 『미디어 바이러스』(황금가지, 2002), 34~35쪽.
32) 레스터 C. 써로우, 유재훈 옮김, 『자본주의의 미래』(고려원, 1997), 130쪽.

비전 쇼를 만들 수 있는 방법이 있다는 것은 상상하기조차 어려운 일이다." [33]

그러나 좌파 지식인들의 생각은 좀 다르다. 소비주의 문화가 자본주의를 지탱시키는 힘이 되고 있다는 것이다. 허버트 실러는 자본주의는 소비자 중심주의를 길러냄으로써 괄목할 만한 대중적 지지를 획득했다는 점에 주목한다. 인간의 복지를 구매 가능한 재화와 용역의 개인적 소유와 결부시키는 생활양식과 신념체계는 매우 성공적인 장사였다는 것이다.

"물질적인 재화를 획득한다는 것은 사랑과 우정, 그리고 공동체의식과 맞먹거나 혹은 그보다 선행하는 것이었다. …… 자기네 사회의 정치적, 경제적 구조를 결정적으로 변화시키기 위한 서유럽의 급진운동이 그토록 무기력해진 것은 상당 부분 소비재상품과 사소한 이익의 소유와, 그것을 획득할 수 있다는 희망을 잃고 싶지 않은 대부분의 사람들의 마음가짐으로 설명될 수 있다. 소비재의 획득 혹은 유지의 기회는 그 어떤 대가로도 상쇄될 수 없다는 생각이 팽배해 있음은 명백하다." [34]

그러나 실러가 말하는 소비주의 문화가 어플루엔자의 광기(狂氣)마저 포함하는 건 아닐 것이다. 과연 어플루엔자가 앞으로 자본주의의 뼈대와 얼굴을 어떻게 바꿀 것인지 두고 볼 일이지만, 그 이전에 소비 행위에서 삶의 의미와 보람을 찾는 걸 다시 생각해보는 게 어떨까.

---

33) 레스터 C. 써로우, 유재훈 옮김, 『자본주의의 미래』(고려원, 1997), 130~131쪽.
34) 허버트 쉴러, 강현두 역, 『현대 자본주의와 정보지배논리』(나남, 1990), 165쪽.

소비문화와 정체성

사람들은 왜 '명품'에 집착하는가

한국의 '명품(또는 럭셔리)' 열풍

청소년 신용 불량자가 1만 명을 넘어섰고, 이로 인한 청소년 범죄도 크게 늘고 있다. 이 같은 비극에 이른바 '명품(또는 럭셔리)' 열풍이 한몫하고 있다는 게 놀랍다. EBS가 전국의 고교생 300명을 대상으로 실시한 여론 조사 결과에 따르면, "브랜드나 명품을 좋아하느냐"는 질문에 '그렇다'고 대답한 학생이 33%나 됐다. 이들의 명품 선호 이유는 '친구들이 부러워서'(24.0%), '멋있어 보여서'(21.8%), '친구들이 갖고 있어서'(16.0%), '있어 보여서'(12.7%) 등인 것으로 나타났다. [35]

청소년들의 명품 사랑은 어디에서 비롯된 것일까? 사회가 그렇게 돌아가고 있다. 해외 명품 브랜드의 공격적 마케팅에 국내 브랜드가 간판을 내리기 시작해 2003년 상반기에만 30여 개의 국내 패션 브랜드가 폐업하고 말았다. [36]

---

35) 〈청소년 '명품 붐' 왜 그런가〉, 『한국일보』, 2003년 8월 18일, A25면.
36) 서지현, 〈해외명품 공격적 마케팅 간판 내리는 국내브랜드〉, 『국민일보』, 2003년 7월 26일, 11면.

해외 명품 브랜드가 구사하는 공격적 마케팅의 한 장면을 보자.

"한국도 지금 명품시장, 상류시장, 성공한 사람들을 위한 시장이 가히 폭발적이다. 이른바 럭셔리 잡지를 낸 회사는 몇 년 사이 빌딩을 지어 올렸다. 온갖 럭셔리 잡지들이 잡지이길 과감히 포기하고 '명품 광고지'의 길을 선택한다. 대개 '성공한 가정-의사, 변호사, 사장 등등-의 행복과 품위'를 지향하는 이 잡지들은 '공짜'로 배달되고 뿌려진다. 때로는 그 잡지가 집에 배달되는 것 자체가 특권층의 상징이 되기도 한다." [37]

그러한 명품 열풍을 말해주듯, 럭셔리(luxury)라는 단어의 오남용이 대단하다. '럭셔리 노래방'이 탄생했고 애완견에까지 '럭셔리'라는 말이 따라붙는다. 국내 모 방송국 연예인 짝짓기 프로그램 사회자는 방송 중 자사 프로그램을 '럭셔리 노블레스 프로그램'이라고 자찬(自讚)했고, 잘 생긴 탤런트 출연자를 '럭셔리 눈빛을 가진'이라고 소개하였다. [38]

머리에서 발끝까지 명품으로 휘감은 여대생들을 가리켜 부르는 'LG(Luxury-Generation)'라는 말까지 생겨났다. 믿기 어려운 이야기지만, 명품을 탐낸 나머지 명품을 사주는 조건으로 데이트에 응하는 '스폰서 교제족'까지 생겨났다. [39]

눈빛에도 럭셔리가 있을 정도인데다 세상이 그렇게 미쳐 돌아가니, 기업들이 가만있을 리 만무다. 기업들은 '귀족 마케팅' 또는 '럭셔리 마케팅'을 치열하게 전개하고 있다. 이런 마케팅은 럭셔리를 모르고 지내던 사람들까지 럭셔리 열풍에 가담케 하니, 이게 과연 악(惡)순환인지 선(善)순환인지 모르겠다.

---

37) 전여옥, 〈청담동 보보스의 '럭셔리한 시대착오'〉, 『대한민국은 있다』(중앙M&B, 2002), 104쪽.
38) 이경호, 〈럭셔리가 넘쳐난다: 애완견·노래방·눈빛까지 … 기업도 럭셔리 경영〉, 『ECONOMIC REVIEW』, 2003년 8월 19일, 68~69면.
39) 윤지환, 〈"명품 사주면 다 드릴게요": 여성들의 비뚤어진 명품 열기가 만들어낸 스폰서 교제족〉, 『주간한국』, 2003년 8월 7일, 40~41면.

"명품을 걸치고 가니 종업원들이 한결 싹싹하게 대하더라구요." 명품을 사기 위해 절도를 저지르다가 경찰에 붙잡힌 한 20대 명품족 여성의 말이다.40) 그렇게 사람들로부터 대접받기 위해 상류층이 아닌 보통사람들조차 명품이라면 사족을 못쓰는 걸까?

'베블런 효과'

미국의 경제학자 쏘스타인 베블렌은 1899년에 쓴 『유한계급의 이론(The Theory of the Leisure Class)』에서 값이 비쌀수록 호사품의 가치는 커진다고 주장했다. 그는 유한계급에게는 가격표가 본질적으로 지위를 상징하는 것이며 "비싸지 않은 아름다운 물건은 아름답지 않다"고 말했다. 41)

이를 가리켜 '베블런 효과'라고 한다. '베블런 효과'는 경제학적 관점에서 보면 비합리적인 소비 행위임에 틀림없지만, 중요한 건 바로 이것이다.

"호사스러움을 위해 많은 돈을 지불했다는 사실을 자신만 알아서는 안된다. 남들이 알아 줘야 한다." 42)

베블렌은 사람들이 사회적 지위를 확립하기 위해 옷을 어떻게 활용하였는가에 대한 분석도 제시하고 있는데, 역시 가장 중요한 건 '티내기' 또는 '차별화' 다. 부자들의 옷은 눈에 잘 띄는 여가의 증거를 제공해야 하는데, 유지하는 데 신경이 많이 쓰이는 소재의 옷을 입는 것도 한 방법이다. 노동을 불가능하게 만드는 패션도 그래서 나왔다. 굽 높은 구두도 그런 뜻

---

40) 김현, 〈"명품 걸치고 쇼핑하니 종업원 대접이 달라져"〉, 『세계일보』, 2003년 5월 6일, 21면.
41) 리처드 코니프, 이상근 옮김, 『부자』(까치, 2003), 218쪽.
42) 제임스 B. 트위첼, 최기철 옮김, 『럭셔리 신드롬: 사치의 대중화, 소비의 마지막 선택』(미래의창, 2003), 67쪽.

자본주의의 야만성을 꿰뚫다

"구미의 상류층은 현대판 약탈자" 노르웨이 계통의 좌파 구도자 '베블런'을 아십니까

박노자 / 오슬로국립대 교수·한국학

지식인이란 과연 무엇인가? 대학교육 이상의 고등교육을 받아 전문직에 종사하는 모든 이들을 과연 '지식인'으로 불러야 하는가?

지식인의 관념이 지역·문화·시대에 따라 다를 수밖에 없지만, '인텔리겐치아'(지식인)라는 개념을 처음 만들어낸 19세기 중반의 러시아사회에서 이 용어는, 자신의 사상을 절대로 굽히지 않는 그리고 많은 희생을 치르더라도 자신의 이념을 실천하려는, 일종의 '사회비판자'나 '지적인 투사'를 의미했다. 그래서 원래의 '인텔리겐치아' 개념은, 서구의 'intellectual'(지식집약적 전문직 종사자)보다는 동아시아의 '지사'(志士)나 '선비'에 더 가깝다. 그런데 구미지역에서 이러한 유형의 사람들이 전혀 나타나지 않는다고 생각하면 오판이다. 높은 보수를 받아 자신의 지식을 파는 데에 만족하지 않고 당대 사회의 일상과 관습들을 비판의 도마에 올려 '문화'라는 베일에 가려져 있는 구미 자본주의의 원시적인 야만성을 가장 잘 밝힌 구미의 지식인 중에, 노르웨이 계통의 미국 학자 베블런(Thorstein Bunde Veblen·1857~1929)은 일종의 '전형'으로 꼽힌다.

미국 상류층과는 태생적으로 맞지 않았다

미국 이민 2세인 베블런은 가난한 농민의 아들로 태어나 주경야독으로 공부한 사람이다. 어린 시절을 노르웨이 이민자들 사이에서 보낸 그는 노르웨이 말을 평생 모국어로 하였고, 영어 발음을 구사하는 데 한계가 있었다. '촌뜨기' 베블런에게 미국의 상류사회가 요구하는 고급 매너를 익힌다는 것은 거의 불가능에 가까운 일이었다. 그런 면에서, 그와 미국 상류층의 갈등은 태생적으로 불가피했는지도 모른다.

베블런을 상당히 흠모하는 현대 노르웨이 좌파들은 어떤 형태의 주류이든 무조건 거부하고 일상 생활에서의 안주를 절대로 받아들이려 하지 않는 그의 품성에 국가와 주류 교회를 거부하는 19세기 노르웨이의 종교적 반대파(이른바 경건파(敬虔派))와 일맥상통하는 면이 있다고 말한다. 이들이 보기에, 미국 상류층을 '현대판 약탈자' 계층으로 보는 베블런의 사회비판 의식은, 착취나 국가적 폭력이 난무하는 세계를 악마적인 일로 취급하는 노르웨이의 주류를 부정하는 종교적 반대파의 세속 부정론을 '사회과학화' 한 것에 지나지 않는다는 것이다.

물론 베블런 주위에 스웨덴·노르웨이 연합왕국의 국왕에 대한 강압적 충성이나 국민개병제도를 받아들이지 못해 이민한 경건파 신도들이 많았다는 사실을 감안하면, 그의 사회비판론의 종교적 배경에 주의를 돌리지 않을 수 없다. 약육강식의 자본주의사회를 거부했던 당대 미국 초기 사회주의자들의 의식 저변에는 일반적으로 강한 종교적 성향이 깔려 있었다.

파란만장한 베블런의 생애는, 개인의 구속 없는 자유와 학술 활동에서의 철저한 비판주의를 갈구했던 그와 위선적 윤리와 시장성 있는

파란만장한 생을 살았던 베블런은 개인의 구속없는 자유와 학술활동에서의 철저한 비판주의를 갈구했다.

전문 지식을 요구했던 미국사회가 어느 정도 잘 맞지 않았는지를 보여준다. 한푼한푼 모아 어렵게 고학을 했던 베블런은, 일찍부터 그 재능을 보여 27살에 이미 예일대학에서 박사학위를 취득했다. 그러나 당대 사회·경제학의 통론·통설들을 우습게 여겨 일소에 부치는 자신만의 '촌뜨기 천재' 베블런을 교사로 채용하려는 대학은 당시의 미국에 없었다. 몇년 동안 아버지의 농가에서 농사와 독서를 해야 했던 그는, 39살이 돼서야 비로소 처음 전임강사로 강단에 서게 된다. 그러나 당대 대학사회의 윤리관을 상류층의 위선으로 생각하고 혼외정

(『한겨레21』 2001년 4월 26일)

값이 비쌀수록 호사품의 가치는 커진다. 유한계급에게는 가격표가 본질적으로 지위를 상징하는 것이며 "비싸지 않은 아름다운 물건은 아름답지 않다."

에서 나온 것이며, 과거 중국 귀족들이 손톱을 길게 길렀던 것도 마찬가지다.[43]

'속물 효과(snob effect)'라는 것도 있다. 이는 "자기만이 소유하는 물건에 특별한 가치를 부여하는 소비 행태"이다. 남들이 사용하지 않는 물건, 즉 희소성이 있는 재화를 소비함으로써 더욱 만족하고 그 상품이 대중적으로 유행하기 시작하면 소비를 줄이거나 외면하는 행위이다.[44] 그러나 '베블런 효과'도 남들이 알아주는 맛에 생겨난 것이므로 '속물 효과'는 '베블런 효과'의 일부로 보는 것이 타당할 것이다.

사치의 미학화(美學化)

수백년 전 여러 유럽 국가들엔 '사치 단속법'이라는 게 있었다. 과도한 사치를 하는 사람들에겐 벌금을 물렸던 것이다. 그러나 사치단속법은 패션의 속도를 가속화시켰을 뿐 별 효과를 거두지 못했다. 영국에서의 마지막 사치단속법은 1648년에 폐지되었다. 다른 유럽 국가와 일본에선 18세기까지 사치단속법을 시행하였지만, 19세기에 이르러 패션이 민주화되면서 결국엔 다 사라지고 말았다.[45] 사치단속법에 대해 낸시 에트코프는 다음과 같이 말한다.

"왜 국가가 그다지도 사소하게 보이는 행동들을 규제하는 법률을 제정하려 노력했을까? 사회학자 어빙 고프만이 말한 바대로, 만약 사물의 구매 목적이 한 특정 신분 집단의 일원임을 드러낸다면 사물은 신분의 상징이다. 만약 다른 신분 집단이 이러한 물건들을 산다면 그것들은 신분 상징으

---

43) 낸시 에트코프, 이기문 옮김, 『미(美): 가장 예쁜 유전자만 살아남는다』(살림, 2000), 256~257쪽.
44) 김광현, 『기호인가 기만인가: 한국 대중문화의 가면』(열린책들, 2000), 217쪽.
45) 낸시 에트코프, 이기문 옮김, 위의 책, 261~263쪽.

로서의 가치를 잃어버린다. 현대에도 구매는 터무니없는 가격, 권력층, 구매의 친근한 장소, 사회적 표준을 통해서 규제된다."[46]

그렇다. 중간층의 사치는 기존의 계급 구분을 흐리게 하는 '범죄' 행위였던 것이다. 극단적인 공리주의자인 피터 싱어는 1972년에 쓴 『기아, 풍요, 도덕』에서 단 한 명이라도 굶주리는 사람이 남아 있는 한 사치품의 소비는 억제되어야 한다고 주장했지만,[47] 그런 주장을 하는 사람은 극소수에 불과했다.

사치를 옹호하는 사람들이 훨씬 더 많았다. 그러나 노골적으로 사치를 옹호하기는 어려웠던 만큼 사치는 늘 미학(美學)이라는 포장을 둘러쓰고 정당화되거나 예찬되었다.

디자이너 코코 샤넬은 "사치의 반대는 가난이 아니라 바로 비천함"이라고 주장했다. "가난한 사람들도 사치스럽게 행동할 수 있고 반대로 부유한 사람들도 통속적이고 비천할 수 있다"는 것이다.[48]

이 발언은 사치의 문제를 슬쩍 미학의 문제로 떠넘기는 것이었지만, 오늘날 수많은 지지자들을 거느리게 되었다. '일상생활의 심미화'(aestheticization of everyday life)라고 해도 좋을 정도로 소비를 미학에 연결시키는 시도는 왕성하게 이루어지고 있다.

먹고 마시는 행위부터 스포츠, 섹스, 교육에 이르기까지 사회적 삶의 거의 모든 것이 심미화 된다는 것이다. 이 같은 심미화를 매개하고 장려하는 집단은 '문화매개층'(cultural intermediaries)이라 불리는데, 세련된 취향과 쾌락주의적 소비도덕을 추구하는 '트렌디 여피 집단'도 이에 속하는 것

---

46) 낸시 에트코프, 이기문 옮김, 『미(美): 가장 예쁜 유전자만 살아남는다』(살림, 2000), 262~263쪽.
47) 제임스 B. 트위첼, 최기철 옮김, 『럭셔리 신드롬: 사치의 대중화, 소비의 마지막 선택』(미래의창, 2003), 84쪽.
48) 다비트 보스하르트, 박종대 옮김, 『소비의 미래: 21세기 시장 트렌드』(생각의나무, 2001), 134~135쪽.

으로 볼 수 있을 것이다. [49]

'계급'을 대체한 '라이프 스타일'

1983년에 세상의 주시를 받은 여피(yuppie)는 본래 도시에 거주하는 젊은 전문직 종사자들을 지칭했으나 나중에는 출세욕에 찬 젊은 전문직 종사자들이라는 의미로 사용되었다. 인구통계학적으로 보면 여피는 1946년에서 1964년 사이에 태어난 7천600만 명 가운데 일부이다. 후기 베이비붐 시대에 태어난 그 세대들 가운데 여피는 숫자로 따져보면 불과 400만 명으로 고작 5%에 해당하지만, 그들이 나머지 인구에 미치는 영향은 막대하다. 명품, 고품격 제품, 사치품 등이 폭발적으로 증가하던 시기에 여피들은 가장 앞장서서 그런 물건들을 소비했고 이제는 그 중심부에 서 있기 때문이다. [50]

여피는 유명 상표와 옷차림의 원칙을 외적 강제사항으로 만들었다. 맹렬하게 일하는 젊은 기업가라면 '성공을 위해 어떻게 옷을 입어야 하는지' 알아야만 했다. 특정한 옷차림이 상대방에게 미치는 심리적 효과를 연구했으며, 코드 색깔이나 양복, 시계 상표를 잘못 고르거나 어울리지 않는 무늬의 넥타이를 매는 일은 없었다. [51]

'코디'가 조금이라도 어긋나면 그들은 큰일나는 줄 알았다. 왜 그럴까? 라이프 스타일이 '계급'을 대체했다는 것과 무관치 않을 것이다. 제임스

---

[49] 김성기, 〈한국에서의 문화연구: 문화 포퓰리즘〉, 강현두 편, 『현대사회와 대중문화』(나남, 1998), 88쪽.

[50] 제임스 B. 트위첼, 최기철 옮김, 『럭셔리 신드롬: 사치의 대중화, 소비의 마지막 선택』(미래의창, 2003), 130~131쪽.

[51] 잉그리트 로셰크, 이재원 옮김, 『여성들은 다시 가슴을 높이기 시작했다: 20세기 패션문화사』(한길아트, 2002), 479쪽.

트위첼은 여피, 보보스(bobos), X 세대 등과 같은 말이 예전부터 쓰이던 중상류층과 같은 용어들을 밀어낸 이유 가운데 하나는 라이프 스타일이 계층의 개념보다 더 적절한 개념이 되었기 때문이라며 다음과 같이 말한다.

"1960년대에 라이프 스타일이란 말이 등장했는데 거기에는 이유가 있다. 제2차 세계대전 이후의 세대는 사치 호사품에 대한 전통적인 인식에서 해방되었다. 몇 번이나 결혼과 이혼을 반복하고 그러는 사이에 보석상 티파니의 이름을 따서 딸아이의 이름도 지어주고, 하찮은 물건으로 끝없이 자신을 과시하였으면서도 여전히 물질에 대한 집착을 버리지 못하고 있는 세대이다. 물질이 자신이라고 생각하고 물질로서 나를 내세우려는 세대이다." [52]

패션의 숨바꼭질 놀이

그런데 소비사회는 물질로 자신을 내세우는 걸 매우 어렵게 만든 점도 있다. '물질의 평등'이 상당한 정도로 이루어졌기 때문이다. 그래서 나온 게 바로 '명품'이라는 것이다. '명품'은 인류 역사 이래로 오래된 계급 차별화 역사의 맥을 잇는 현상이다.

중류층과 상류층은 숨바꼭질 놀이를 한다. 중류층이 상류층을 쫓아가면 상류층은 기분 나쁘다며 다른 곳으로 숨는다. 예컨대, 20세기 초에는 화장품의 가격이 매우 비쌌기 때문에 상류층 여성들만 사용했지만 제1차 세계대전 말쯤에는 화장품의 값이 저렴해지자 공장에서 일하던 여성 노동자들까지 화장품을 사용할 수 있게 되었다. 그래서 화장품을 많이 사용하

---

52) 제임스 B. 트위첼, 최기철 옮김, 『럭셔리 신드롬: 사치의 대중화, 소비의 마지막 선택』(미래의창, 2003), 133~134쪽.

면 상류층이 아니라 노동계층이라는 표시가 되었다. 이에 상류층 여성들은 어떻게 대응했던가? 그들은 화장품을 계속 사용하기는 했지만 훨씬 더 절제된 방법으로 사용했으며 세련되고 비싼 제품을 사용함으로써 중하층 여성들과의 차별성을 유지하고자 했다. [53]

오늘날 패션의 사이클이 빨라진 것도 그런 숨바꼭질 놀이와 무관하지 않다. 상류층은 중류층이 쫓아오면 숨어 버리고, 중류층이 상류층이 숨은 곳을 찾아내면 얼마 후 또다시 숨어버리는 일이 반복되고 있다는 것이다. 낸시 에트코프는 다음과 같이 말한다.

"중류층은 패션 추구자들로, 그들 중 가장 보수적인 사람도 특정 스타일을 입도록 이끌리게 된다. 그 이유는 오로지 그 스타일이 너무 유행이라 그것을 입지 않으면 관행에 따르지 않는 사람이 되기 때문이다. 상류층은 그들을 모방하는 중류층으로 오인되는 것을 두려워한다. 이것이 한 패션이 그들에 의해 도입되자마자 그들이 그 패션을 포기하는 이유이다." [54]

---

53) 존 리겟, 이영식 옮김, 『얼굴 문화, 그 예술적 위장』(보고싶은책, 1997), 97쪽.
54) 낸시 에트코프, 이기문 옮김, 『미(美): 가장 예쁜 유전자만 살아남는다』(살림, 2000), 260쪽. 이런 설명을 가리켜 흔히 '지위 이론' 또는 '하향 전파(trickle-down) 이론'이라고 한다. 사회에서 엘리트를 모방하려는 욕망의 견지에서 패션 변화를 설명하는 것이다. 그런데 영국의 패션 전문가인 엘리자베스 루즈는 영국의 하위 문화인 펑크가 고급 패션에 미친 영향력을 거론하면서 '하향전파이론'을 비판한다. 펑크는 유행이 낮은 지위와 위신을 가진 집단으로부터 비롯되기도 한다는 걸 잘 보여주었다는 것이다. 루즈는 펑크 이외에도 새로운 스타일을 결정하는 사람들은 더 이상 부자들이 아니라 패션산업의 내부 과정이며, 과거와 달리 오늘날엔 대중매체의 발달로 패션 정보가 급속히 전파되기 때문에 '하향전파이론'이 전제하는 '시간 차이'가 발생하지 않는다는 점을 들고 있다. 루즈는 "비록 '유행을 따르는 것'이 어느 정도의 부 또는 여가를 암시한다 할지라도 상류 계급을 본받으려는 욕망 또는 부를 과시하려는 욕망은 오늘날 유행에 속하려는 지배적인 동기로 간주되지 않을 것"이라고 말한다. 과연 그럴까? 그 누구도 그런 욕망이 유행을 설명할 수 있는 모든 것이라고는 이야기하지 않을 것이다. 루즈가 지적한 것처럼 분명히 예외도 있고 의외로 복잡한 면도 있다. 그러나 그런 욕망이 '지배적인 동기'가 아니라는 데엔 동의하기 어렵다. '하향전파이론'은 여전히 대체적으로 유효하다는 말이다. 루즈의 주장은 패션계 내부인으로서 패션의 품위와 권위를 세우려는 발언인 것으로 생각된다. 엘리자베스 루즈, 이재한 옮김, 『코르셋에서 펑크까지: 현대사회와 패션』(시지락, 2003), 134~141쪽을 참고하시기 바랍니다.

업그레이드 명품족
"귀족이라 불러다오"
일부 부유층 겨냥한 초고가 마케팅, 불황은 없다

이석 르포라이터 zeus@newsbank21.com

경기 침체가 계속되면서 시장이 체질 개선에 돌입했다. 양보다는 질에 승부수를 띄우는 '귀족 마케팅'이 본격화하고 있다. 구매력이 높은 일부 고객들만을 겨냥, 이들을 집중 공략하는 전략이다.

귀족 마케팅을 채택한 기업들은 경쟁에서 살아 남기 위해 기존에는 볼 수 없었던 파격적인 전략을 구사하고 있다. 일부의 경우 고가의 제품이나 별장터를 경품으로 내거는 등 자칫 과열조짐마저 보이고 있다.

지난달 말 서울 신세계백화점 강남점. 열흘 전쯤 시작된 '2003 프랑스의 봄' 이벤트가 성황리에 열리고 있었다. VIP 고객을 위한 서비스 차원에서 마련된 이날 행사는 프랑스 귀족 문화를 엿볼 수 있는 기회였다. 눈이 휘둥그레해지는 화려한 의류와 보석 등이 선보였다. 한 병에 수백만원 하는 와인도 즉석에서 경매가 이뤄졌다.

5억짜리 책상 위에 3억짜리 시계

백화점측에 따르면 행사에 전시된 제품들은 모두 프랑스에서 직접 공수해온 것들이라고 한다. 이날 행사의 하이라이트는 9층 그랜드홀에 마련된 '18세기 프랑스 진품 앤티크전'. 일부 VIP 고객을 대상으로 한 전시회에는 중국 옻으로 제작된 검정색 책상(5억6,000만원), 여자 얼굴 장식이 달린 서랍장(3억3,000만원), 거북이 등껍질로 만든 책상(2억8,000만원) 등 일반인들은 평생 가도 만져볼 수 없는 명품들이 대거 선보였다.

물론 백화점측은 순수한 문화 행사로 이해해 달라는 주문이다.

(『주간한국』 2003년 5월 15일)

'명품'은 인류 역사 이래로 오래된 계급 차별화 역사의 맥을 잇는 현상이다. "이제 사람들은 종교, 정치적 견해, 가치관 등이 아니라 사용하는 제품의 브랜드로 다른 사람을 이해"하기 때문에 젊은 세대일수록 명품 소비에 더 열성적이다.

비쌀수록 명품 로고는 더 작아진다

미국에서 명품의 소비 규모는 전체 소비 규모에 비해 4배나 빠른 속도로 성장하고 있으며 이는 서구 여러 나라들도 마찬가지다. 젊은 세대일수록 명품 소비에 더 열성적이다. 왜? "이제 사람들은 종교, 정치적 견해, 가치관 등이 아니라 사용하는 제품의 브랜드로 다른 사람을 이해"하기 때문이다. [55]

미국의 영문학자 제임스 트위첼은 영화 『프리티 우먼』에 등장하는 명품점에서 주인공(줄리아 로버츠)이 모욕을 당하는 걸 보고, 또 나중에 리처드 기어의 손에 이끌려 명품점을 누비고 다니면서 새로운 변신을 하고 '자아' 마저 바뀌는 모습을 보고 느낀 바 있어 연구차 비벌리 힐즈 로데오 거리의 명품점을 순례하고 나서 그 기행문을 책으로 펴냈다.

우선 명품점의 직원들은 거만하다는 데에 주목할 필요가 있겠다. 왜 그럴까? 주로 중류층 사람들이 명품점을 찾는다는 걸 생각하면 그 이유를 쉽게 이해할 수 있을 것이다.

그들을 주눅들게 만들어야 물건이 잘 팔린다! 트위첼은 다음과 같이 말한다.

"현대화된 호사 브랜드의 점원들은 직선적인데다 어느 정도는 신경질적이며 남자인지 여자인지 정체가 모호하게 꾸미고 있는데 이 모든 것이 다 의도적이다. 검정색 옷을 입고 호리호리한 몸매에 거만하기까지 한 점원들은 손님들이 물건을 사게 하려고 거기에 있는 것이 아니고 그냥 있을 뿐이다. 그들은 항상 상점 안을 어슬렁거리면서 왔다갔다한다. 문에는 역

---

55) 제임스 B. 트위첼, 최기철 옮김, 『럭셔리 신드롬: 사치의 대중화, 소비의 마지막 선택』(미래의창, 2003), 15~16쪽.

시 검정 옷을 입은 경비원이 서 있다. 경비원은 몸집이 크고 귀에는 무전기용 이어폰을 끼고 있는데 내 생각에는 겉멋으로 끼고 있는 것 같다. 경비원은 꼼짝도 않고 서 있다." [56]

명품점에서 "이거 얼마죠?"라고 물으면 점원들에게 경멸당한다. 영화 『프리티 우먼』에서 줄리아 로버츠가 당한 것처럼 말이다. 값이 비쌀수록 명품의 로고는 더 작아진다. 이것 역시 명품을 찾는 중류층이 많아진 탓에 생긴 차별화 욕구로 빚어진 결과다.

"지난 수십 년 동안 랄프 로렌의 폴로 선수 도안, C자를 맞대어 놓은 샤넬의 도안, 구찌의 G자 도안, 루이비통의 머릿글자 도안 같은 등록상표들은 높은 가격을 뜻하는 신분 상징물 노릇을 해왔다. 그러나 그런 높은 가격을 지불하고라도 그 물건을 사는 사람이 많아지고 의미가 퇴색하게 되자 디자이너들은 가격을 올리고 로고를 작게 만듦으로써 베블런 효과를 활용하고 있다. 유명 디자이너들의 제품은 아무리 싸구려라고 해도 낙서 같은 도안 글자나 로고로 도배가 되어 있는데, 그렇다고 아무 물건이나 닥치는 대로 만들어서 로고나 글자를 박아 놓을 수도 없는 것이 현실이다 보니 앞으로는 디자이너의 제품이면서도 로고나 글자가 들어가 있지 않은 의류가 가장 비싸고 귀한 것이 될 것 같다. 우습게도 이제는 아무 표시도 나지 않는 것에 더 많은 돈을 지불해야 할 것처럼 보인다. 물건이란 물건은 모조리 디자이너들의 광고판이 되어버렸으니 스스로 인간 광고판이 되고 싶어하지 않는 사람은 광고할 기회를 상실하는 디자이너의 손실을 보상하기 위해 더 많은 돈을 지불해야만 하게 된 것이다." [57]

---

56) 제임스 B. 트위첼, 최기철 옮김, 『럭셔리 신드롬: 사치의 대중화, 소비의 마지막 선택』(미래의창, 2003), 154쪽.
57) 제임스 B. 트위첼, 최기철 옮김, 위의 책, 158~159쪽.

'명품을 알아보는 안목'이 중요하다

아무도 알아볼 수 없다면 왜 비싼 돈을 주나? 그러나 안심하시라. 자기들끼리 그리고 그 근처에 가까이 가고 싶어 안달하는 사람들 사이에서만 통하는 그 무엇인가가 있기 때문이다. 게다가 그 무엇인가를 알아내는 능력이 대접받기 때문에 이건 아주 재미있는 수수께끼 놀이가 된다.

"지금까지 디자이너 브랜드의 물건이라는 사실을 말해주던 표식들이 사라져 버리는 이런 현상은—브랜드의 서명 날인이라고 말할 수 있는 로고가 잘 안 보이게 감추어지거나, 도안적 요소를 불분명하게 보이게 만드는 등(샤넬은 가죽을 누빈 것으로, 프라다는 빨간 줄 하나로, 구찌는 빨간 색과 녹색으로 자신들임을 은근하게 알리고 있다)—명품을 알아보는 안목을 이제는 암호를 해독하는 능력에 버금가는 것으로 변화시키고 있다. 그런 것들에 정통한 사람들만이 이 핸드백은 루이비통 제품이고, 저 스카프는 에르메스 제품이라는 사실을 알 수 있다. 사치 호사품의 세계로 더 깊이 들어갈수록 가격은 점점 더 비싸지고 로고는 더욱 작아지며 집단의 차별은 더욱 심해진다. …… 눈에 보이는 두드러진 표식도 없이 자기들 딴에 우아하게 만든다고 만든 접힌 옷깃 속이나 작은 단추, 꿰맨 자리 등에 표식을 감추어 두고 있었다. 나는 그 기발함과 약삭빠름에 놀라고 또 놀랐다. 사치 호사품의 세계가 이제 바야흐로 예술의 경지에 접어든 느낌이었다." [58]

나 역시 그런 경험을 여러 차례 한 적이 있다. 여러 사람이 모인 자리에서 누군가가 '명품'임을 알아보는 안목을 과시했을 때에 주변 사람들이 보내는 찬사와 감탄의 눈길! 그리고 그 찬사와 그 눈길을 당연하다는 듯이 즐

---

58) 제임스 B. 트위첼, 최기철 옮김, 『럭셔리 신드롬: 사치의 대중화, 소비의 마지막 선택』(미래의창, 2003), 159~160쪽.

기는 그 감별사의 오만! 어찌 생각해보면 그런 바보같은 일이 없는데도 불구하고 모두 다 그 어이없는 게임에 이만저만 진지하게 임하는 게 아니다.

선글라스에 새겨진 로고는 어떤가?

"베르사체는 10여 미터 떨어진 거리에서도 알아볼 수 있지만 구찌는 5미터쯤 접근해야 알아볼 수 있는데 그러므로 구찌가 더 비싼 제품이라는 것이다. 레이블이 작을수록 브랜드의 가치가 올라가고 일부 안목 있는 사람들만이 알아볼 수 있다는 호사품의 역설이 선글라스에서도 여전히 나타나고 있었다. 나는 그렇다면 선글라스 가운데 최고품은 어떤 것이냐고 물어보았다. 그녀의 말에 따르면 까르띠에 선글라스라고 한다. 까르띠에 선글라스는 어떻게 알아보느냐고 물었더니 테에 새겨진 작은 'C' 자로 알아본다고 한다." [59]

명품점들은 모조품을 방관하거나 조장하기도 한다. 왜 그럴까? 모조품은 진품의 가치를 더욱 높여주기 때문이다.

"그것은 나중에 내가 뉴욕에서 목격하고 한동안 혼란스러워했던 문제에 대한 해답이기도 하다. 뉴욕의 유명 보석상들은 모조품 상인들이 거리에서 모조품을 팔도록 내버려두는 것이 아니라 아예 자기네 점포 앞에서 팔도록 방관하고 있었다. 모조품이 있다는 사실은 진품이 얼마나 훌륭한 물건인지를 증명하는 것이나 마찬가지이기 때문이다. 당나귀가 있기 때문에 순종 말이 더 귀한 대접을 받는 격이다. 모조품은 일시적으로는 진품에 누를 끼칠지도 모른다. 그러나 결과적으로는 진품의 가치를 더욱 높여준다." [60]

---

59) 제임스 B. 트위첼, 최기철 옮김, 『럭셔리 신드롬: 사치의 대중화, 소비의 마지막 선택』(미래의창, 2003), 189쪽.
60) 제임스 B. 트위첼, 최기철 옮김, 위의 책, 186쪽.

균형 감각이 중요하다

소비주의를 무조건 비난할 필요는 없을 것이다. 지난 50년 간 많은 미국인들을 포함하여 많은 나라의 많은 사람들이 소비를 통해 행복해진 건 분명한 사실이기 때문이다. 트위첼은 "옛날이 살기 좋았다고 생각하는 것은 대부분의 사람들이 오랜 세월 간직해 온 사치"라고 주장하면서, 특히 학자들이 사치에 대해 적대적인 이유에 대해 다음과 같이 말한다.

"내가 생각하기에 우리 학자들이 물질의 세계를 인정하지 않고 때로는 심한 불쾌감을 내보이는 이유 가운데 하나는 그것이 필요하지 않기 때문이다. 학자들은 자기들에게는 지적인 삶이 있고, 예술이 있고, 인류의 훌륭한 사상과 말들을 접하고 있기 때문에 그런 것들이 필요하지 않다고 말한다. …… 그러나 그것이 전부는 아니다. 대부분의 학자들이 소비를 통해 다른 사람들과의 유대감을 확인하려는 욕구를 갖지 않는 이유는 학교라는 세계의 특성 때문이다. 학교라는 세계는 교회라는 세계를 모방하는데 이 세계는 아주 애착이 가는 참으로 좋은 세계이다. 왜냐하면 지위와 서열이 잘 알려지고 인정되고 안정적이기 때문이다. 물건 같은 것을 사는 짓은 그 같은 요소를 빛내 주기보다는 되려 퇴색시킨다." [61]

나 역시 소비에 대해선 균형 감각을 갖는 것이 중요하다고 생각한다. 그러나 소비의 가치를 인정하고 균형 감각을 갖기 위해 아무리 애를 쓴다 해도 명품에 집착하는 사람들의 모습을 곱게 봐주기는 어려운 일이다.

이건 아마도 이 글을 쓰는 내가 명품에 무신경하다는 나의 개인적 '편견'에서 비롯된 주장일 수도 있겠지만, 명품의 주요 효용이라는 게 '티내

---

61) 제임스 B. 트위첼, 최기철 옮김, 『럭셔리 신드롬: 사치의 대중화, 소비의 마지막 선택』(미래의창, 2003), 448~449쪽.

기' 또는 '차별화'라는 것도 분명한 사실 아닌가. 그걸 어찌 곱다고 말할 수 있겠는가. 아니면 명품을 뽐내는 사람의 처절한 속물 근성에 축하를 보내줘야 하겠는가. 대부분의 사람들이 속으론 안쓰러워하면서 겉으론 축하해주는 '인상 관리'를 하는 건 아닐까.

소비문화와 정체성 '디드로 효과'란 무엇인가

'나의 옛 실내복과 헤어진 것에 대한 유감'

프랑스 계몽주의 철학자 드니 디드로(1713~1784)의 이름을 따서 붙여진 '디드로 효과(Diderot effect)'는 현대인의 소비 행태를 설명해주는 데에 큰 도움을 준다.

디드로는 〈나의 옛 실내복과 헤어진 것에 대한 유감〉이라는 제목의 에세이에서 친구로부터 선물받은 실내복에 관한 이야기를 하고 있다. 그는 "다 헤지고 시시하지만, 편안했던 옛 실내복"을 버리고 새 실내복을 입었다. 그러나 그게 끝이 아니었다. 그는 한두 주 후 실내복에 어울리게끔 책상을 바꿨고, 이어 서재벽에 걸린 벽걸이 장식을 바꿨으며, 결국엔 모든 걸 다 바꾸고 말았다. 달라진 건 그것뿐만이 아니었다. 전에는 서재가 초라했지만 사람들이 붐볐다. 혼잡하였지만 행복하였다. 이제는 우아하고 질서 정연하고 아름답게 설비가 갖춰졌지만 자신은 우울해졌다는 것이 이 에세이의 요지다.[62]

---

62) 그랜트 매크래켄, 이상률 옮김, 『문화와 소비: 소비재와 소비행위의 상징적인 성격에 대한 새로운 접근』(문예출판사, 1996), 252~253쪽.

'디드로 효과'는 소비재는 어떤 공통성이나 통일성에 의해 연결되어 있다는 것을 시사하는 개념이다. '서로 어울린다'는 말을 생각해보면 쉽게 이해할 수 있을 것이다.[63] 이런 식으로 일관성을 지닌 사물들을 '제품 보완물(product complements)'이라 할 수 있을 것이다. 따라서 디드로 효과는 "개인에게 그 또는 그녀의 소비재 보완물에 문화적 일관성을 유지하도록 고취시키는 힘"으로 정의할 수 있을 것이다.[64]

사람은 일관성에의 강한 충동을 받기 때문에 어떤 선물은 그 사람의 라이프 스타일까지 바꿔놓을 수도 있다. 그런 선물을 가리켜 '피그말리온 선물'(Pygmalion gift)이라고 한다. 피그맬리언은 그리이스 신화에 나오는, 자기가 만든 상(像)에 반한 조각가인데, 피그말리온 선물은 선물을 받는 사람의 변화를 요청하는 '트로이의 목마'가 될 수도 있는 것이다.

남편이 아내에게 섹시한 속옷을 선물했다면, 그건 아내가 섹시해질 걸 요청하는 메시지일 것이다. 반대로 아내가 남편에게 운동기구를 선물했다면 그건 남편이 좀더 강해질 걸 요청하는 메시지일 것이다. 도무지 책을 읽지 않는 애인에게 책 선물을 했다면 그건 공부 좀 하라는 메시지일 것이다.[65]

'프리티 우먼'의 정체성 변화

'피그말리온 선물'이나 '피그말리온 효과'는 영국의 극작가 죠지 버나드 쇼가 쓴 『피그맬리언』이라는 책에 잘 묘사돼 있다. 이는 『화니 걸』(원제:

---

63) 그랜트 매크래켄, 이상률 옮김, 『문화와 소비: 소비재와 소비행위의 상징적인 성격에 대한 새로운 접근』(문예출판사, 1996), 254쪽.
64) 그랜트 매크래켄, 이상률 옮김, 위의 책, 263쪽.
65) Joseph A. DeVito, 『The Interpersonal Communication Book』 3rd ed.(New York: Harper & Row, 1983), p.273.

『마이 페어 레이디』)이라는 영화로 만들어졌는데, 이 영화에선 길에서 꽃을 파는 말괄량이 처녀가 한 언어학자로부터 언어 교정을 받고 귀족적인 냄새가 물씬 풍기는 숙녀로 변하게 되었다는 이야기를 담고 있다.

리처드 기어와 줄리아 로버츠가 주연한 『프리티 우먼』(1990)이라는 영화도 『화니 걸』과 비슷한 이야기 구조를 갖고 있다. 제임스 트위첼은 『프리티 우먼』은 스스로의 영향력을 잘 알고 있는 할리우드 영화계가 인류의 중요한 문화 유산인 그리스 신화 가운데 나오는 피그말리온 이야기를 할리우드 취향에 맞추어 현대식으로 번지르르하게 만든 것에 불과하다며 다음과 같이 말한다.

"달라진 점이라고는 예술을 통한 구원이 소비를 통한 구원으로 탈바꿈한 것뿐이다. 존재 자체가 바뀌지 않고(피그말리온 이야기에서는 여인의 조각상이 인간이 된다), 하다 못해 외적인 것도 바꾸지 않고(같은 줄거리의 『마이 페어 레이디』에서는 말씨나 교양 등이 변한다) 그저 명품 브랜드를 사고 과시함으로써 사람 자체가 바뀐다. 물론 사람은 입는 옷에 따라 달라 보인다. 그러나 줄리아 로버츠의 경우 달라 보이는 정도가 아니라 인격 자체가 바뀔 정도이다." [66]

『프리티 우먼』은 '디드로 효과'를 극단으로까지 실현해 보인 픽션이라고 볼 수 있을 것이다. 현실 세계에선 '토탈 패션'이니 '코디'니 하는 말이 '디드로 효과'를 실천에 옮기는 동력으로 작용하고 있다.

'토탈 패션'과 '크로스 브랜딩'

모든 명품들이 엄청나게 다양한 품목을 판매하는 것도 바로 그런 효과

---

66) 제임스 B. 트위첼, 최기철 옮김, 『럭셔리 신드롬: 사치의 대중화, 소비의 마지막 선택』(미래의창, 2003), 142쪽.

를 노린 것으로 볼 수 있을 것이다. 명품 메이커들은 처음에는 어떤 물건이고 하나만 사게끔 하는 마케팅 전략을 구사한다. 그 이후엔 소비자들이 알아서 그 물건에 대한 조화와 구색을 맞추기 위해 스스로 다른 품목을 찾게 될 것이라는 계산을 하기 때문이다. [67]

빛나는 허영 빛 부르는 명품

● 명품 좇다 망가지는 '명품족'

글 유인경·일러스트 김상민기자

화려한 명품으로 치장하고 양손 가득 든 쇼핑백을 우아하게 외제 승용차에 밀어넣는 여성들. 쥐꼬리만한 월급, 혹은 취직조차 못해 불우한 청춘을 보내며 루마패션(리어카에서 파는 싼 물건)으로 산다고 서러워할 필요없다.

무슨 말인지 몰라 고개만 끄덕였다. 그런데 동아리에서 만난 남학생도 핸드백을 보고 "패션감각이 뛰어나군요"라고 했고 머리를 손질하러 간 미용실에서도 "핸드백 멋지네요"라고 찬사를 보냈다. 도대체 이 핸드백의 정체가 뭘까. 선물을 한 사촌언니에게 이야기했더니 "그거 1백만원도 넘는 거야"라며 남 흐뭇해

명품을 들면 모두가 알아준다. 그래, 이 맛이야! 핸드백, 시계, 구두, 스카프… 갖고 싶은 게 너무 많아. 룸살롱에 청춘을 팔아도 부족해. '내 인생이 왜 이렇게 되었지' 싶다가도 명품만 보면 모든 고민이 사라져. 갈수록 늘어나는 명품중독 여성들. 결혼할 때 건강진단서보다 '신용진단서'가 더 필요한 시대다

핸…

외출하…
스커트, 불가리 시계, 카르티에 반지, 그리고 루이뷔통의 핸드백 등 고귀한 가문의 영양처럼 완벽한 연출을 했다. 수북하게 쌓여있는 청구서를 못본 척하고 직장인 룸살롱을 향해 올봄 신상품인 프라다 샌들을 신은 발을 옮겨 애마 BMW에 오른다. 어지간한 셀러리맨의 연봉을 온몸에 걸치고 전셋값에 맞먹는 차를 타…

…에게 발급받은 카드는 마술사였다. 닥치는 대로 핸드백, 시계, 구두, 스카프, 심지어 헤어밴드까지 유명브랜드를 골랐다.
대학친구들은 그가 부잣집 딸인 줄 알고 친절하게 대했다. 수백만원대의 카드값이 나왔을 때는 이미 카드의 세계에도 눈뜬 후였다. 여기저기서 새로운 카드를 발급받아 돌려막기도 하고, 현금서비스를 받아 친구들과 근사한 레스토랑에도 가고, 자취…

(「경향신문」 2003년 5월 9일)

명품 메이커들은 처음에는 어떤 물건이고 하나만 사게끔 하는 마케팅 전략을 구사한다. 그 이후엔 소비자들이 알아서 그 물건에 대한 조화와 구색을 맞추기 위해 스스로 다른 품목을 찾게 될 것이라는 계산을 하기 때문이다.

그걸로도 모자라 '크로스 브랜딩' 전략까지 가세한다.

"다른 제품을 추켜세우면서 서로 짝짓기를 하는 크로스 브랜딩이라고 하는 해괴한 현상도 일관성을 지닐 것을 권하는 명품들의 야합으로 이해하면 된다. 렉서스 자동차에는 렉서스 라인이라는 코치의 가방 시리즈가 있는 식이다." [68]

'토탈 패션'이니 '크로스 브랜딩'이니 하는 전략은 어린이에게까지 적용된다. 어린이를 위한 보석상점까지 등장하는 것도 바로 그런 이유 때문이다. 아이를 데리고 다니는 엄마의 패션과 아이의 패션이 어울려야 한다는 것이다.

일본의 유아연구소 소장인 다카야 히데오는 "요즈음 엄마들은 아이들 옷을 자신이 입은 옷과 조화되도록 입히길 원한다. 그들은 자신의 자녀들을 위해 멋진 식탁용 식기류와 물건을 산다. 어린이들이 더 유행에 민감하다"고 말한다. [69]

모든 걸 합리적으로만 볼 순 없다

명품이나 패션은 합리적인 고찰의 대상은 아니다. 모든 걸 합리적인 관점에서만 보려고 하면 그렇지 않은 사회 현상에 대해 너무 편협해질 수 있다. '정신'과 '물질'에 대해서도 그 어느 한쪽에만 치우치지 않게 균형 감각을 갖는 것이 좋을 것이다. 물론 어느 한쪽에 경도된 삶을 사는 건 각자

---

67) 제임스 B. 트위첼, 최기철 옮김, 『럭셔리 신드롬: 사치의 대중화, 소비의 마지막 선택』(미래의창, 2003), 220~221쪽.
68) 제임스 B. 트위첼, 최기철 옮김, 위의 책, 166쪽.
69) 엘런 테인 더닝, 구자건 옮김, 『소비사회의 극복: 현대 소비사회와 지구환경 위기』(뜨님, 1994), 131~132쪽에서 재인용.

의 자유지만, 자신이 어느 한쪽의 삶을 산다고 해서 다른 방식으로 사는 사람들의 삶을 경멸하거나 부정할 필요는 없다는 것이다.

이런 시각에 대해 지나친 문화적 상대주의 아니냐는 반론이 가능할 수도 있겠지만, 취향의 문제에 대해 절대적 가치를 적용하는 건 위험할 수도 있다는 생각을 해보는 게 어떨까. "우리의 자존심은 자기의 의견에 대한 비난보다는 자기 취향에 대한 비난에 의해 더욱 상하게 된다"는 말에 동의할 수 있다면 말이다. [70]

그런 폭력성의 위험에 공감한다면, 프랑스의 인류사회학자 클로드 레비스트로스가 1987년에 한 다음과 같은 말을 명품과 패션에도 적용할 수 있을 것이다.

"나는 어떤 사회건 여러 종류의 비합리적인 믿음들이 없인 유지될 수 없다고 생각합니다. 그 믿음들은 비합리적이기 때문에 비판과 분석으로부터 보호받을 수 있지요." [71]

레비스트로스 특유의 냉소(冷笑)와 비관(悲觀)이 흐르는 말이긴 하지만, 패션이니 명품이니 하는 것과 관련하여 사람들 사이에 떠도는 많은 비합리적인 믿음들을 생각하면 차라리 그의 진단에서 위로를 받는 게 좋을 것 같다.

---

70) 라 로슈푸꼬, 『잠언』; 삐에르 부르디외, 최종철 옮김, 『구별짓기: 문화와 취향의 사회학 하(下)』(새물결, 1995), 430쪽에서 재인용.
71) James M. Markham, 〈A French Thinker Who Declines a Guru Mantle〉, 『New York Times』, December 21, 1987, p.4.

소비문화와 정체성 '보보스'는 어떻게 사는가

부르주아의 특성

미국의 저널리스트 데이비드 브룩스가 쓴 『보보스: 디지털 시대의 엘리트』라는 책은 우리 시대의 소비문화 및 대중문화에 대해 많은 걸 시사해준다.

브룩스는 새로운 정보시대의 엘리트계급을 '부르주아 보헤미안(Bourgeois Bohemian)', 줄여서 '보보(Bobo)'라고 부른다. 보헤미안이란 무엇인가? 보헤미안을 이해하기 위해선 중산층의 행태에 대한 이해가 선행되어야 할 것이다. 브룩스는 프랑스 지식인들이 부르주아(중산층)의 물질주의를 경멸했다는 걸 지적하면서 다음과 같이 말한다.

"성공에 대한 부르주아의 개념은 모두가 돈과 생산성에 관련된 것처럼 보였다. 반면에 예술가들은 창의성·상상력·정신을 존중했다. 그래서 그들 지식인들은 부르주아가 상스럽게 병적인 계층이라고 생각했다. 그들은 부르주아가 지루하고, 재미없고, 비상상적이고, 기회주의적인 계층이라고 비난했다. 특히 무엇보다 부르주아는 비영웅적이었다. 과거의 귀족들은 적어도 나름대로 원대함을 동경했다. 농부 계층에는 그리스도적인 성스러움이 있었다. 하지만 중산층은 초월적인 것이 전혀 없었다. 그들은 지루하고 평범했다. 그들에게는 상상력을 자극하는 어떤 것도 없었고, 다만 실용주의 · 정확성 · 단조로움 · 생산성, 그리고 일상성 같은 진부한 것만으로 보여 주었다." [72]

부르주아에 대한 비난엔 당대의 유명 문인들이 총동원되었다. 스탕달은 부르주아가 "자기들의 작은 계획을 실현하는 데만 관심이 있다"고 비난하면서, 자신은 그들을 볼 때마다 "울고 싶은 동시에 토하고 싶은" 기분을 느낀다고 토로했다. 플로베르는 부르주아를 "까탈스럽고 탐욕적인 사람들"이라고 욕했으며, 에밀 졸라는 "프랑스의 부르주아는 천생 가게 주인이다. 오로지 이윤만을 생각한다"고 비난했다. [73]

부르주아와 보헤미안의 차이

부르주아 대 보헤미안의 갈등은 '시장(市場)' 대 '예술'의 대결 구도였다. 둘은 늘 충돌할 수밖에 없었다. 각자 더 잘하는 게 달랐으니 그건 불가피한 것이었다. 브룩스는 구체적으로 부르주아와 보헤미안의 차이를 다음과 같이 비교한다.

"부르주아는 숫자적이고 기계적인 사고방식을 더 좋아했음에 비해 보헤미안은 직관적이고 유기적인 사고방식을 더 선호했다. 부르주아는 조직을 좋아했다. 보헤미안은 자율성을 소중하게 여겼고, 부르주아가 순치된 한 무리의 동물들 같다고 생각했다. 부르주아는 기계를 사랑했고, 보헤미안은 산업화 이전 시대의 더 인간적인 장인 정신을 선호했다. 매너와 소비

---

72) 데이비드 브룩스, 형선호 옮김, 『보보스: 디지털 시대의 엘리트』(동방미디어, 2001), 72~73쪽.
73) 데이비드 브룩스, 형선호 옮김, 위의 책, 72~73쪽에서 재인용.

에 있어서 부르주아는 형식과 사회성을 중요시했고, 보헤미안은 19세기에 출현하여 한 시절을 풍미한 당디(Dandy)들을 예외로 하면 대체로 순수성과 자연스러움을 중시했다. 부르주아는 성공을 숭배한 반면, 보헤미안은 반성공을 중심으로 일련의 지위 상징을 만들었다. 부르주아는 가시적인 개선을 추구했지만, 보헤미안의 위대한 목표는 자아의 확장이었다." [74]

예술가와 지식인들에게 더욱 역겨웠던 것은 부르주아의 그런 특성이 그들의 엄청난 세속적 성공을 가능케 한 반면 자기들은 변방으로 몰려나게 되었다는 사실이었다. 그래서 그들은 자신들만의 세상을 만들기로 작정하게 되었다.

"그 세상은 경제적인 측면에서는 허약하기 짝이 없겠지만, 적어도 정신과 상상력의 영역에서는 강할 수 있었다. 그들은 풍요로운 벌레가 되기보다 고상한 이단자가 되는 것이 더 낫다고 생각했다. 이렇게 해서 '보헤미안'이 탄생했다. 엄밀히 말하면, 보헤미안은 낭만적 정신의 사회적 표현일 뿐이다. …… 보헤미안들은 가난한 사람들과 범죄자들, 그리고 인종적인 이방인들을 부르주아 질서의 희생자라 생각했고, 그들과 자신들을 동일시했다. 보헤미안들은 부르주아 시스템의 영향을 받지 않은 것 같은 이국적인 문화들을 좋아했다." [75]

부르주아 보헤미안의 탄생

서로 영원히 만날 것 같지 않은 부르주아와 보헤미안은 디지털 시대에 이르러 그 경계가 흐려지게 되었다. 보헤미안 기질을 갖고 있는 유능한 젊

---

74) 데이비드 브룩스, 형선호 옮김, 『보보스: 디지털 시대의 엘리트』(동방미디어, 2001), 76쪽.
75) 데이비드 브룩스, 형선호 옮김, 위의 책, 73~75쪽.

은이들이 권력과 부의 영역으로 진입했기 때문이었다. 그들이 바로 '보보스'다.

권력과 금력을 누리게 된 진보주의자들은 당연히 고급 승용차를 타고 다녔다. 그래서 이들을 가리켜 '리무진 진보주의자(limousine liberals)'라고도 한다. 이는 새로운 현상은 아니었다. 오래 전부터 '리무진 진보주의자'는 존재해 왔다.

이런 '리무진 진보주의자'들의 수는 많지 않았다. 보보스는 그런 사람들이 무시할 수 없는 큰 규모의 집단으로 등장했다는 걸 의미하는 것이다. 건국대 교수 이주영은 다음과 같이 말한다.

"그러한 현상은 특히 1993년부터 2000년까지에 이르는 클린턴 행정부에서 두드러졌다. 이들 진보-좌파 엘리트는 대부분이 명문대학을 나오고 유복한 생활을 하는 중상류층 사람들이었다. 그러면서도 그들은 사회적 약자나 소수 세력의 대변자로 행세하였다. 그 때문에 그들은 '좌파처럼 생각하고 우파처럼 생활한다(live right, think left)'는 비난을 받기도 하였다. ······ 이들은 인종과 성을 초월하여 '오버클래스(the overclass)'로 불리는 새로운 상류층을 형성하게 되었다."[76]

리무진 진보주의자 또는 보보스의 '양다리 걸치기'는 일종의 퓨전 현상이다. 보보스는 부르주아의 영역에 들어가 보헤미안의 특성을 발휘하면서도 부르주아적인 제도와 관행을 받아들였기 때문이다. 그래서 자본주의의 축복을 한껏 즐기면서도 혁명 투사 체 게바라를 좋아하는 게 아무런 문제가 되지 않는다. 위선인가, 균형 추구인가? 보보스는 '균형'이라고 주장한다.

"우리들 교육받은 엘리트는 우리가 살지 않기로 선택한 삶의 표현물들

---

76) 이주영, 『미국의 좌파와 우파』(살림, 2003), 23~24쪽.

사이버 천하의 '백가쟁명' 신인류

인터넷이 탄생시킨 디지털 종족들, '가문의 영광' 떨치며 번성

정윤희 (컴퓨터 칼럼니스트)

누구나 자신이 태어난 고향, 그리고 대대로 내려오는 집안의 가문과 족보를 가지고 있다. 그러나 디지털 시대에 접어들면서, 이제 우리 모두 같은 고향과 같은 뿌리를 갖게 되었다. 복숭아꽃 살구꽃 아기 진달래가 피는 '인터넷' 고향 말이다. 인터넷에 뿌리를 두고 있는 신인류들을 보면 그 이유는 더욱 분명해진다. 보스·엄지족·디카족·골뱅이 세대 등 이제 종족을 나누는 기준은 바뀌었고, 날마다 셀 수 없을 만큼 많은 종족이 탄생한다. 급기야 피라미드 모양으로 진화까지 하고 있다.

지난 한 해 동안 나온 신조어 4백8개 가운데 정보 통신 관련 용어가 단연 돋보였던 것도 그 증거이다. 인터넷에서 태어나, 화려하게 이름을 떨치고 있는 여러 족(族)들의 '가문의 영광'을 하나씩 헤아려 보자.

신 엘리트 귀족층 '보보스'

인터넷에 뿌리를 두고 있는 종족의 시조(始祖)는 네티즌이다. 넷(Net) 세상에 사는 시민(Citizen)들을 모두 네티즌이라 부르고, 아주 어려서부터 인터넷과 디지털을 접한 사람들을 N세대라 부른다. 이를 근간으로 점차 파생되기 시작했는데, 그중 최근 단연 돋보이는 종족이 바로 보보스(Bobos)이다.

보보스는 보헤미안과 부르주아를 합쳐 만들어진 말로, 보헤미안의 개방적인 면과 떠도는 기질을 가지고 있으면서 경제적인 안정도 누리는 신 엘리트 귀족층을 일컫는다. 이들은 상당한 연봉을 받으며, 문화·패션 등을 즐기며 자신만의 개성 있는 라이프 스타일을 추구하지만, 쓸데없는 곳에 돈을 낭비하지 않는 합리적인 면도 지니고 있다. 주로 IT(정보 기술) 업종에 종사하는 보보스들은 돈이나 보석, 집보다는 지식과 정보, 아이디어를 가장 가치 있는 것이라고 여긴다. 그래서일까? 많은 이들의 동경을 받는 보보스족은 어느새 한국에도 상륙해, 코보스(Kobos)라는 새로운 옷을 입고 재탄생하기에 이르렀다. 코보스는 보보스와 비슷한 맥락을 유지하지만, 떠돌고 싶어하는 방랑끼는 다소 덜어냈다. 변호사·의사 등의 직업군까지 모두 포함하는 개념이다.

생활기록주의자 '디카족' '폰카족'

삶의 방식이나 의식주를 기준으로 나뉘는 종족이 있는 반면, 특정한 문화를 즐기거나 디지털 장비를 장난감처럼 사용하면서 새롭게 떠오른 족들도 다양하다. 최근 필름 카메라의 판매량을 누르고 우뚝 선 디지털 카메라는 이제 휴대전화만큼이나 빠뜨릴 수 없는 필수품으로 떠올랐다. 밥 없이는 살아도 디카 없이는 못 산다고 외쳐대는 디카족들은 생활기록주의자다. 필름이 필요 없어 눈뜨고 일어나는 순간부터 눈 감고 자는 순간까지 일상을 계속 찍어댄다. 역사를 기록하는 네티즌들의 새로운 방식인 셈이다. 더 이상 생

엄지족은 핸드폰을 이용해 문자 메시지, 게임, 무선 인터넷 등을 즐기는 이들을 일컫는다.

보보스는 한국에 상륙해 코보스가 되었다.

일·졸업·여행을 기념하기 위한 사진은 없다. 하루 24시간이 디카족들에게는 모두 기념해야 할 대상이다. 뛰는 놈 위에 나는 놈 있다고, 휴대하기도 편하고 바로 찍어 메일로 날리는 폰카족까지 등장했다. 핸드폰에 달려 있는 카메라를 이용해, 사진을 찍고 옆 사람 핸드폰으로 쏘아주고, 저장 화면으로 보관하고, 그것도 모자라 이제 동영상으로 저장해 버리는 캠폰족도 있다. 공연장이나 행사장, 각종 이벤트가 벌어지는 장소에서 이제 핸드폰을 높이 들고 촬영하는 젊은이들의 모습은 더 이상 낯선 장면이 아니다.

(『시사저널』 2003년 4월 24일)

시장 지향적인 부르주아와 예술 지향적인 보헤미안은 디지털 시대에 이르러 그 경계가 흐려지게 되었다. 보헤미안 기질을 갖고 있는 유능한 젊은이들이 권력과 부의 영역으로 진입했기 때문이다. 그들이 바로 '보보스'다.

로 우리 주위를 장식하는 경향이 있다. 우리는 바쁘게 사는 인재 계층이지만, 우리가 선택하는 물건들은 우리 시대 이전의 한가함을 나타낸다. 우리는 노트북 컴퓨터와 휴대전화를 사용하며 미래로 전진하지만, 우리 주위를 장식하는 물건들은 고풍스럽고 반동적이며 역사적인 것들이다. 우리는 미안함을 느끼며 우리의 특권을 향유하지만, 우리 주위를 장식하는 물건들은 특권이 없는 계층의 물건들이다. 그렇다고 우리가 위선자인 것은 아니다. 다만 우리는 균형을 추구할 뿐이다. 우리는 풍요롭지만 물질주의자가 되지 않으려 한다." [77]

보보스의 2중 전략

위선이건 균형이건, 보보스의 그런 노력은 소비 행위에서도 드러난다.
"돈 많은 엘리트는 요트나 보석 등과 같은 거창한 사치품에 자원을 쏟아붓는다. 그들은 지위가 낮은 계층이 절대로 구입할 수 없는 것들을 산다. 하지만 우리들 교육받은 엘리트는 돈 많은 계층이 절대로 살 수 없는 것들을 산다. 우리는 프롤레타리아가 사는 것과 같은 품목을 사려 한다. 다만 우리는 근로 계층의 구성원들이라면 터무니없다고 생각할 수 있는 그런 드문 품목을 더 좋아할 뿐이다. …… 그런 식의 구매를 통해 우리는 평등주의와 우월주의를 동시에 보여주려 한다. 그래서 우리는 예전에는 값이 쌌던 온갖 물건들에 엄청나게 높은 비용을 지불한다." [78]
보보스는 구입하는 방식에서도 어떻게 해서든 차별화를 시도한다. 커피와 맥주 주문도 복잡하게 특이한 걸로 하려고 애쓴다. 왜 그러는 걸까?

---

77) 데이비드 브룩스, 형선호 옮김, 『보보스: 디지털 시대의 엘리트』(동방미디어, 2001), 105쪽.
78) 데이비드 브룩스, 형선호 옮김, 위의 책, 106~107쪽.

"이것은 교육받은 사람들이 대량 소비사회에서 단순히 장기판의 졸이 되는 것을 거부하기 때문이다. 다른 사람들은 기계로 찍어낸 제품을 사며, 똑같은 모양의 교외 주택 단지나 예전의 저속한 저택을 모방한 집에서 살고, 누구나 다 먹는 사과를 먹는다. 하지만 교육받은 엘리트 계층의 구성원들은 그냥 또 하나의 소비자가 되기를 원하지 않는다. 우리는 남의 것을 표절하는 구매를 하지 않는다. 우리에게 쇼핑은 그냥 가게에서 무언가를 고르는 것이 아니다. 대신에 우리는 바로 우리가 원하는 물건과 도구들을 구매함으로써 우리 자신의 취향을 섬세하게 개발한다." [79]

보보스의 그런 묘한 2중 전략은 광고에도 적용된다. 보보스에겐 의미부여까지 시도하는 광고라야 먹힌다. 그래서 보보스를 겨냥한 광고 전략은 반드시 '이상(理想)의 상품화'를 수반해야만 한다. 제품에 대한 정보만 제공하지 말고 무언가 철학적인 냄새를 풍겨야만 한다. 보보스들이 즐겨 찾는 스타벅스 같은 커피숍들이 에머슨의 금언이나 나폴레옹의 반어적인 경구 같은 글로 벽을 장식하는 건 바로 그런 냄새를 풍기기 위해서다. 실용성만 강조하는 회사나 상점이나 광고는 보보스들을 화나게 만들 것이다. 반드시 보보스의 이상주의적인 희망에 호소해야만 그들로부터 환영을 받을 수 있다. [80]

예컨대, 이런 식으로 광고를 해야 한다. 볼보자동차는 "당신의 생명을 구할 뿐 아니라 당신의 영혼도 구해주는 자동차"라고 광고한다. 도요다 트럭은 "콘크리트를 나르자, 잡동사니를 치우자, 세상을 구하자"라고 광고한다. 조니워커 위스키는 "저속하고 불성실한 세상에서 그렇지 않은 그 무엇"이라고 광고한다. 미국의 한 카페트 회사는 "내가 확신하는 것은 우리

---

79) 데이비드 브룩스, 형선호 옮김, 『보보스: 디지털 시대의 엘리트』(동방미디어, 2001), 107~108쪽.
80) 데이비드 브룩스, 형선호 옮김, 위의 책, 109쪽.

들 마음의 성스러움과 상상력의 진실뿐이다"라고 광고한다. 그게 무슨 뜻인지 그건 중요치 않다. 그건 존 키츠의 싯구라는 사실이 중요하다. 보보스들은 바로 이런 광고를 좋아하는 것이다. [81]

보보스의 상징적 진보

보보스는 상징적 수준에서나마 진보적 참여를 하려고 애쓰는데, 이는 소비 행위를 통해서 이루어진다. 그들은 쇼핑을 하면서도 자기들의 개인적인 관심을 넘어 물질적인 것들이 사회의 긍정적인 변화에 조금이라도 영향을 주고 싶어한다. 자기들의 소비력으로 세상을 조금이라도 개선하겠다는 것이다. 그래서 환경보호운동이나 소비자보호운동과 같은 공공적인 운동을 지원하는 회사의 제품이나 가게를 이용함으로써 그 뜻을 이루겠다는 것이다. [82]

보보스는 허풍도 대단하다. 자긍심이 강하기 때문일 것이다. 물론 브룩스가 재미있게 표현해 보겠다고 익살을 떠는 것이긴 하지만, 보보스 소비철학(?)의 핵심을 건드리고 있다는 건 분명하다.

"카를 마르크스는 부르주아는 신성한 모든 것을 경박한 것으로 바꾼다고 썼다. 그러나 우리 보보들은 경박한 모든 것을 신성한 것으로 바꾼다. 우리는 더럽고 물질주의적일 수도 있는 것들을 고상한 것으로 바꾸었다. 우리는 부르주아의 핵심적 행위인 쇼핑을 보헤미안의 핵심적 행위로 바꾸고 있다. 우리는 그것을 예술, 철학, 그리고 사회적 행동으로 바꾸고 있다. 보보들은 미다스의 역(逆) 방향의 힘을 갖고 있다. 즉 우리가 만지는 것은

---

81) 데이비드 브룩스, 형선호 옮김, 『보보스: 디지털 시대의 엘리트』(동방미디어, 2001), 109쪽.
82) 데이비드 브룩스, 형선호 옮김, 위의 책, 110쪽.

무엇이든 영혼을 갖게 된다." [83]

과연 그렇게 볼 수 있는 걸까? 자신들의 변질에 대한 자기 정당화 논리는 아닐까? 그런 의문을 가져보는 것도 좋을 것이다. 그러나 그와 동시에 그런 정도의 노력이라도 기울이려고 애쓰는 것에 대해 긍정적인 평가를 내리는 데에 인색할 필요는 없을 것이다.

한국에도 보보스가 있는가

'당신도 보보스族이 될수 있다' 은근한 유혹

『문화일보』 2002년 10월 23일)

한국의 보보스로 거론되는 코보스는 상징적인 수준에서나마 사회에 진보적인 참여를 하는 데 인색하다. 상징적인 진보성이나마 다른 영역으로 확산돼 나간다면 그때에 비로소 그들을 보보스라고 부를 수 있을 것이다.

한국은 어떤가? 한국에도 보보스가 있는가? "보보스족은 어느새 한국에도 상륙해, 코보스(Kobos)라는 새로운 옷을 입고 재탄생하기에 이르렀

---

83) 데이비드 브룩스, 형선호 옮김, 『보보스: 디지털 시대의 엘리트』(동방미디어, 2001), 111쪽.

다"는 주장이 제기되고 있다.[84] 한국에서 보보스라고 부를 만한 집단으로 테헤란밸리의 젊은 벤처 기업인들을 지목하거나,[85] '청담동 보보스'라는 식으로 강남의 명품족을 드는 사람들도 있다.[86]

김병희는 "사랑하는 이에게 당신의 능력을 보여주세요"라고 호소하는 삼성카드 광고가 전형적인 보보스족 커플을 제시하고 있다며 다음과 같이 말한다.

"정장 슈트에 스니커즈를 신고 자전거를 탄 모습으로 여성들의 눈길을 붙잡는 것은 기본이며, 아내의 승진을 축하하기 위해 콘트라베이스로 한 곡쯤은 너끈히 즉흥 연주를 할 수 있을 정도의 예술적 재능까지 겸비한 남자다. 휴가철에는 부부가 지중해 푸른 바다에 떠있는 크루즈 유람선에서 영화의 한 장면처럼 여가를 즐긴다. 삼성카드에서 제시하는 보보스족은 고급스러운 생활을 즐기는 성공한 전문직 커플을 내세우고 있으며 이 광고 이후에 나온 다른 광고 역시 소비자들에게 고급 명품을 쓰는 보보스족이 되도록 세뇌하고 있다. 실제 광고에서 정우성이 멘 프라다 가방은 35만 원이며 양복은 물론 스니커즈도 값이 만만치 않은 명품이다. 광고에 나온 크루즈 유람선은 새로운 관광코스로 떠오르고 있다. 그러나 삼성카드에서 제시하는 보보스족의 모습은 지불능력이 있는 부르주아만 보일 뿐 보헤미안의 특성은 찾아보기 힘들다."[87]

그렇다. 한국의 보보스로 거론되는 사람들은 미국의 보보스만큼 자기 철학 또는 자기 정당화 논리를 철저하게 갖추진 못했고 그래서 '공존공영(共存共榮)'을 위한 실천도 그만큼 뒤떨어지는 것 같다. 또 한국의 잠재적

---

84) 정윤희, 〈사이버 천하의 '백가쟁명' 신인류〉, 『시사저널』, 2003년 4월 24일, 62면.
85) 손형국, 『디지털 라이프: 아날로그 인생에서 e-라이프로』(황금가지, 2001), 56~57쪽.
86) 전여옥, 〈청담동 보보스의 '럭셔리한 시대착오'〉, 『대한민국은 있다』(중앙M&B, 2002), 102~105쪽.
87) 김병희, 〈당신도 보보스족(族)이 될 수 있다' 은근한 유혹: 김병희 교수의 광고칵테일〉, 『문화일보』, 2002년 10월 23일, 18면.

엘리트 집단에게 과연 보헤미안 문화가 있었는가 하는 문제도 제기할 수 있을 것이다.

한국의 보보스는 최근 미국과 유럽에서 패션 중심으로 거론되는 이른바 '메트로섹슈얼'에 가까운 것 같다. 김민경은 다음과 같이 말한다.

"전형적인 메트로섹슈얼은 대형 쇼핑몰과 헬스클럽, 미용실이 밀접한 대도시에 사는 경제력을 갖춘 남성들로 성적 정체성 면에선 남성이지만 전통적으로 여성적이라고 분류되는 행동을 하는 데 거리낌이 없다. 1990년대 중반까지만 해도 메트로섹슈얼은 디자인, 패션, 방송 등의 업계에 종사하는 남성들의 직업적 특성을 의미하는 것처럼 보였으나 지금 이들은 '어디에나 존재' 한다. 축구 스타 베컴은 정성스럽게 손질한 헤어스타일과 매니큐어 칠한 손톱, 미식 취향 등으로 전형적인 메트로섹슈얼로 꼽힌다. 우리나라에서도 메트로섹슈얼족이 급속히 늘어나고 있으며, 일시적 유행이 아니라 보편화하는 현상마저 보인다." [88]

메트로섹슈얼을 어떻게 평가하건 그들이 기존의 남성 우위의 가부장제 질서만큼은 벗어던졌다는 점에서만큼은 진보적이라고 볼 수 있을 것이다. 그런 진보성이 시늉이나마 다른 영역으로 확산돼 나간다면 그때에 비로소 보보스라고 부를 수 있을 것이다.

그런데 우리가 주목해야 할 것은 보보스 또는 유사 보보스가 문화적 매개자로서 사회 전반에 미치는 영향일 것이다. 즉, 그들이 선망의 대상으로 떠오르는 집단이기 때문에 그들의 라이프 스타일이 대중문화 영역에서 일정 부분 리더십을 행사할 수 있다는 것이다.

---

88) 김민경, 〈남자들도 이제 쇼핑에 눈떴다〉, 『주간동아』, 2003년 8월 21일, 68면.

03 문화공학과 마케팅

소비자는 어떻게 유혹되는가
잠재의식 광고란 무엇인가
'알파 소비자' 마케팅이란 무엇인가
몸에 대한 숭배인가, 학대인가
'맥도널드'는 '신의 축복'인가

문화공학과 마케팅 **소비자는 어떻게 유혹되는가**

초기 백화점의 역사

　소비자를 유혹하는 기술의 최첨단은 늘 백화점에서부터 비롯되었다. 1890년대 말부터 시작된 백화점의 역사는 곧 소비자를 유혹하는 기술의 역사라고 해도 과언이 아니다. 초기에 가장 중요했던 건 대형 창유리 윈도 진열과 그걸 더 멋있게 보이게 만드는 대형 거울이었다. 사람들은 진열장 앞에서 놀라움을 금치 못하면서 감탄했다. 행인들이 그냥 스쳐 지나가느라 감탄하는 기회를 갖지 못할까봐 염려돼 백화점은 감탄을 전문으로 하는 구경꾼들을 일부러 고용하기까지 했다. 그건 바쁜 일로 급히 가는 사람들의 발길까지 붙들어매는 효과를 거두었다.[1]

　유리는 참으로 위대한 발명품이었다. 유리는 실컷 구경하게 하면서도 안에 있는 것을 만질 수 없도록 하기 때문에 갖고 싶은 욕망을 더욱 북돋우는 효과를 냈다. 유리는 "자본주의 사회에서 잔인하고 부도덕하다는 비난

---

1) 더글라스 러슈코프, 홍욱희 옮김, 『당신의 지갑이 텅 빈 데는 이유가 있다: 디지털 시대에도 예외가 아닌 대기업의 교묘한 마케팅 전략』(중앙M&B, 2000), 125쪽.

> **깜짝할인 상설화…찜질방 쿠폰서 휴가비까지**
> # 백화점 고객잡기 '머리싸움'
>
> '찜질방 쿠폰에서 극장 할인까지…'
> 최근 백화점마다 경기침체 극복을 위한 마케팅에 안간힘을 쓰고 있다. 폐점 시간을 오후 8시로 연장하면서 매일 저녁 7시에 의류, 식품 등을 최고 50%까지 싸게 파는 '깜짝 할인'을 상설화하고 있다. 또 식품류를 오후가 아닌 오전에 세일하는 등 고객을 백화점으로 불러모으기 위해 다양한 아이디어를 내놓고 있다.
> 균일가 상설 매장, 브랜드데이(일정한 날을 정해 특정브랜드만 세일하는 것)는 물론 찜질방 쿠폰을 주기도 한다.
> 롯데백화점 식품관은 백화점 가운데 처음으로 경기 고양시 북합영농조합에서 매일 새벽 5시에 출하된 야채를 당일 오전 9시에 직배송 판매하는 '심심야채 모음전'을 열고 있다. 식품매장에서는 아예 폐점을 앞둔 저녁시간에만 깜짝 세일하던 관행을 깨고 오전 10시 30분 고기류와 과일류를 싸게 판다. 롯데백화점 본점 식품매장의 김성훈 계장은 "건강을 생각하는 주부들을 겨냥해 신선식품 당일 직송 판매제를 도입했다"며 "할인점에 대응해 식품 매장을 새로 꾸미고 기획행사를 여는 등 알뜰쇼핑의 즐거움을 제공하겠다"고 말했다.
> 현대백화점은 매일 저녁 '7시에 만나요' 행사를 통해 층마다 식품, 잡화, 남녀의류 및 가정용품, 가전제품 중 한가지 품목을 절반 값에 판다. 천호점은 이 행사로만 하루 평균 1천5백만원의 매출을 올리는 등 이 시간대는 알뜰주부들로 북새통을 이룬다. 현대백화점 영업전략실 김대현 부장은 "당초 서울에 한해 '미끼 상품'으로 선보였는데 반응이 좋아 전국의 13개 점포 전체로 확대할 예정"이라며 "고객 편의를 위해 전단지에 일별 해당 품목을 소개하고 있다"고 말했다.
> 현대백화점 신촌점은 9월 말까지 식품매장 구매고객에게 인근 극장 티켓을 10% 할인해 주고 표를 소지한 고객에게는 26가지 상품을 10~20% 싸게 파는 행사를 열고 있다. 또 여성의류 구매고객에게 찜질방 이용권을 1인당 2장씩 주기도 한다.
> 신세계백화점은 바겐세일을 맞아 휴가 상품을 경품으로 내걸고 고객을 유혹한다. 7월 4~13일에는 10만원 이상 구매 고객을 추첨해 괌 네오팔레스 4박5일 여행권(10쌍), 신세계 제4회 별자리캠프 2박3일(70가족), 제주 라마다 호텔 2박3일 숙박권(20쌍)을 준다. 또 세일 기간중 매일 오후 6시를 '럭키타임'으로 정해 선글라스, 티셔츠, 핸드백, 양산 등을 초특가에 팔기로 했다. 그랜드백화점 수원 영통점은 매일 50% 할인된 상품을 판매하는 500원, 1,000원, 1,500원 균일가 코너를 상설했다. 또 생식품과 생활용품, 잡화 등 30여 제품을 오후가 아닌 오전 10시에 문을 열자마자 깜짝세일한다.
>
> 정유미기자 yourme@kyunghyang.com
>
> (『경향신문』 2003년 7월 1일)

소비자를 유혹하는 기술의 최첨단은 늘 백화점에서부터 비롯되었다.

을 받지 않고서도 상품을 필요로 하는 사람들의 접근을 차단할 수 있게 만드는, 상인이 지니는 일방적 권능의 상징"이었다. 우연인지 필연인지는 알 수 없지만, 백화점의 대형 창유리 윈도 진열이 선을 보인 시기에 미국 전역에서는 도벽(盜癖)이 전염병처럼 늘어났다.[2]

한국(조선)은 어떠했던가. 1906년 일본 미쓰코시(三越) 백화점이 서울에 지점을 차림으로써 조선에 처음 등장한 백화점은 그 후 조선 상인들에 의해서도 설립되었지만 백화점다운 백화점은 1929년 박흥식이 종로 2가에 세운 화신백화점이 처음이었다.[3] 1920년대 말 서울의 밤거리에는 네온사

---

2) 더글라스 러슈코프, 홍욱희 옮김, 『당신의 지갑이 텅 빈 데는 이유가 있다: 디지털 시대에도 예외가 아닌 대기업의 교묘한 마케팅 전략』(중앙M&B, 2000), 125쪽.
3) 류승열, 〈장돌뱅이에서 세일즈맨까지〉, 한국역사연구회, 『우리는 지난 100년 동안 어떻게 살았을까 3』(역사비평사, 1999), 278~279쪽.

인이 등장했고 네온으로 치장한 상점의 진열장은 수많은 사람들을 매료시키면서 새로운 유행을 전파하는 전위대 역할을 했다. [4]

분위기학과 '입구'의 중요성

1973년 노스웨스턴 대학의 마케팅 교수 필립 코틀러는 분위기학(Atmospherics)이라는 새로운 과학의 도래를 알리는 일련의 글들을 발표했다. 코틀러는 "분위기는 모든 구매 상황에 언제나 존재하는 요소"라고 규정하면서 다음과 같이 말했다.

"극히 최근까지 분위기는 우연히 또는 유기적으로 발달했다. 그러나 분위기학에서는 구매의 구매성향을 부추길 수 있는 분위기를 의도적으로 계획한다. 다른 마케팅 수단이 극심한 시장 경쟁에서 점차 무력화하고 있음에 따라 분위기학은 차별적인 우위를 점하기 위해 끊임없이 노력하는 기업들에 있어 점점 더 그 역할이 증대할 것이다." [5]

이 방법은 큰 성공을 거두어 고객들의 소비를 종교적 차원의 행위로 격상시켰다. [6] 다양한 종류의 심리 조작법이 동원되었는데, 예컨대 이런 식이었다.

"어떤 상점 주인들은 입구를 더 많이 만들어 입구에서 더 많은 움직임이 있는 것처럼 하는 것이 사람들을 끌어들인다는 사실을 알았다. 다른 사람들이 매장으로 들어가는 것을 볼 때 자신도 들어가고 싶다는 것이 인지상정이라는 것이다. 회전문이 대량으로 보급될 수 있었던 것은 바로 사람

---

4) 김진송, 『현대성의 형성: 서울에 딴스홀을 허(許)하라』(현실문화연구, 1999), 258쪽.
5) 더글라스 러슈코프, 홍욱희 옮김, 『당신의 지갑이 텅 빈 데는 이유가 있다: 디지털 시대에도 예외가 아닌 대기업의 교묘한 마케팅 전략』(중앙M&B, 2000), 128~129쪽에서 재인용.
6) 더글라스 러슈코프, 홍욱희 옮김, 위의 책, 129쪽.

들의 움직임을 강조하기 때문이다. 그와 동시에 매장 안의 통로가 넓어지면 사람들의 움직임이 느려진다는 사실도 밝혀졌다. 그래서 비싼 상품들은 고객들이 살펴보는 시간을 가장 많이 가질 수 있도록 매장 한가운데, 마치 안마당같이 널찍한 곳에 진열된다. 고객은 통로가 넓어지자마자 발걸음을 늦추기 때문에 자연히 가장 비싼 상품 근처에서 더 많은 시간을 보내는 것이다."[7]

고객의 심리 조작에 있어서 매장의 '입구'는 매우 중요한 의미를 갖는다. 심지어 그걸 성적(性的) 이미지 또는 연상의 관점에서 보는 사람들도 있다. 미국의 심리학자이자 신학자인 토마스 무어는 다음과 같이 말한다.

"이 세상의 문을 연구하는 것은 인간의 상호작용과 세계관을 연구하는 것과 같다. 가장 훌륭한 문들은 바라보고, 열어보고, 걸어 들어가는 것만으로도 전율을 느끼게 한다. …… 문을 들어설 때 약간의 성적 경험을 느끼지 못한다면 아마 그 문은 뭔가 바뀌어야 할 필요가 있다."[8]

행동 심리학의 활용

어찌됐건, 고객을 유혹하고 통제하는 이 모든 것이 과학이 되었다는 점이 중요하다. 이미 30년 전에 그러한 과학을 선보였던 코틀러는 고객의 구매 결정에 미치는 감각적 자극의 영향을 강조하고 인간 심리에 접근하는 방법들을 열거하면서, 분위기학이 매장에 들어서는 사람들에게 무의식적인 반응을 불러일으키도록 마케팅 담당자들이 구사할 수 있는 의사 전달에 있어 새로운 소리없는 언어라고 선언하였다.[9] 코틀러는 심지어 다음과

---

7) 더글라스 러슈코프, 홍욱희 옮김, 『당신의 지갑이 텅 빈 데는 이유가 있다: 디지털 시대에도 예외가 아닌 대기업의 교묘한 마케팅 전략』(중앙M&B, 2000), 143쪽.
8) 토마스 무어, 정명진 옮김, 『섹스의 영혼』(생각의나무, 1999), 360~361쪽.

같은 말도 했다.

"마치 파블로프의 개가 종소리에 먹을 것을 생각하듯 매장의 여러 분위기적인 조건 역시 고객들로 하여금 특정 상품이나 서비스 또는 경험에 대한 욕구와 관심을 불러일으킬 수 있다." [10]

때마침 1970년대에는 행동 심리학이 크게 유행하였다. 행동 심리학의 연구 성과는 마케팅에 곧바로 도입되었다. 70년대와 80년대 기간 동안 10여 개가 넘는 호텔 및 카지노 경영 관련 학술잡지에서 카지노 운영을 위한 원칙들이 발표되었다.

카지노 설계시 창문은 만들지 말라. 빛이나 소리가 외부로부터 들어올 수 없는, 철저히 밀폐된 환경을 만들어야 한다. 카지노에 흐르는 공기는 항상 일정한 온도와 산소 농도를 유지해야 하며 어떤 경우에도 변동이 있어서는 안 된다. 고객이 집에 갈 생각을 아예 하지 못하게 하기 위해서다. 시간 감각을 무디게 만들기 위해 시계도 없어야 한다. 실내 장식은 가능한 한 빨간 색을 많이 사용해야 한다. 열광과 자극을 위해서다. 고객이 일상의 소심함에서 벗어나 화끈해지게끔 만들어야 한다. 웨이트리스는 노출이 심한 옷을 입고 술은 공짜로 제공하라. 고객을 헷갈리게 하기 위해 그렇게 하는 것이 필요하다. [11]

자리를 뜨지 말고 계속 도박에 몰두하라는 뜻에서 라스베가스의 호텔들은 손님이 고독감을 느끼게끔 하려고 애를 쓴다.

"호텔들은 케이블TV를 가설하지 않았는데 그 까닭은 사람들이 이곳까지 와서 CNN이나 보고 있어서는 안 된다고 생각했기 때문이다. 호텔에는

---

9) 더글라스 러슈코프, 홍욱희 옮김, 『당신의 지갑이 텅 빈 데는 이유가 있다: 디지털 시대에도 예외가 아닌 대기업의 교묘한 마케팅 전략』(중앙M&B, 2000), 143쪽.
10) 더글라스 러슈코프, 홍욱희 옮김, 위의 책, 144쪽에서 재인용.
11) 더글라스 러슈코프, 홍욱희 옮김, 위의 책, 144~145쪽.

객실에 미니바도 없고, 콘돔도 비치되어 있지 않고, 팩시밀리, 컴퓨터 같은 것도 없으며 방에서 식사를 주문해 먹을 수도 없다. 사람들에게 인간적인 휴식의 기회를 제공하지 않으려는 것이다."[12]

마켓테인먼트와 향기학

카지노의 이와 같은 마케팅 원리는 쇼핑몰에도 그대로 적용되었다. 연구자들은 쇼핑몰 바닥이 중요한 의미를 갖는다는 걸 간파했다. 내부 바닥재는 카펫이나 부드러운 비닐 재질을 쓰지만 통로엔 대리석이나 딱딱한 나무를 사용했다. 고객이 발에 불편을 느껴야 상점 안으로 들어가게 되기 때문이다. 또 반짝이는 대리석 바닥은 그밖에도 빛을 반사시키고 생동감을 주기 위한 목적도 갖고 있다.[13]

쇼핑몰은 카지노와는 달리 고객들이 어느 정도 시간 감각을 가지고 있는 편이 오히려 '쇼핑 오래하기'에 도움이 된다는 연구 결과도 나왔다. 그래서 복잡한 조명 장치와 에어컨 시스템을 가동해 시간대별로 자극에 변화를 주는 방법이 도입되었다. 실내 온도는 정오경에 최고가 되도록 했고, 조명도 오전에는 밝은 색조의 형광등 불빛을 쓰다가 저녁때에는 백열등에서 내뿜는 따뜻한 색조로 바꾼다든가 하는 식이었다.[14]

배경 음악도 중요했다. 패스트푸드점에선 박자가 빠른 음악을 들려줄 때 고객들의 음식을 씹는 속도가 빨라졌다는 것이 밝혀졌다. 화려한 옷은

---

12) 제임스 B. 트위첼, 최기철 옮김, 『럭셔리 신드롬: 사치의 대중화, 소비의 마지막 선택』(미래의창, 2003), 351쪽.
13) 더글라스 러슈코프, 홍욱희 옮김, 『당신의 지갑이 텅 빈 데는 이유가 있다: 디지털 시대에도 예외가 아닌 대기업의 교묘한 마케팅 전략』(중앙M&B, 2000), 146쪽.
14) 더글라스 러슈코프, 홍욱희 옮김, 위의 책, 146쪽.

생음악으로 연주되는 시끄러운 음악을 들려주면 잘 팔리며 액세서리도 마찬가지라는 것도 밝혀졌다. 그 이유는 고객들이 물건의 질을 잘 살펴보려고 하지 않게 되기 때문이라는 것이다. [15]

그런 매장 음악만 전문으로 판매하는 무작(Muzak corporation) 같은 회사들이 생겨났다. 이제는 대형 비디오 스크린과 함께 음악을 들려준다. 그런 음악 사용을 가리켜 마켓테인먼트(marketainment)라는 신조어까지 나왔다. [16]

분위기학의 일환으로 향기학(Aromacology)도 가세했다. 냄새가 판매에 영향을 미친다는 오랜 상식들이 하나둘씩 '과학화' 되기 시작했다. 과자는 냄새를 잘 풍겨야 매출이 늘어난다. 계피 냄새를 맡으면 사람이 너그러워진다. 빅토리아스 시크릿이라는 여성용품 전문매장은 고객들의 여성적 느낌을 부추기기 위해 포푸리 향을 사용한다. 어느 카지노는 냄새가 나는 화학 물질을 의도적으로 방출해 슬롯 머신 이용률을 45%나 증가시켰다. 시간 가는 걸 느끼는 데에 영향을 미치는 냄새도 있다. 물론 이건 모두 철저한 산업 비밀이다. [17]

'인텔리전트 빌딩'은 향기 통제 시스템을 갖고 있다. 일본의 어느 기업은 생산성을 높이기 위해 컴퓨터를 사용해 시간대별로 각기 다른 향기를 내보낸다. 오전과 점심 식사 후에는 각성 효과가 있는 감귤류 냄새, 오전과 오후 중간 시간엔 집중력을 높이는 꽃향기, 점심 직전과 퇴근 무렵에는 긴장을 푸는 데 도움을 주는 삼림 향기를 내보낸다. 한 백화점의 고객불만 처리 담당 부서는 공포감을 유발하는 냄새를 사용한다. 고객들이 담당 직원

---

15) 더글라스 러슈코프, 홍욱희 옮김, 『당신의 지갑이 텅 빈 데는 이유가 있다: 디지털 시대에도 예외가 아닌 대기업의 교묘한 마케팅 전략』(중앙M&B, 2000), 150쪽.
16) 더글라스 러슈코프, 홍욱희 옮김, 위의 책, 152쪽.
17) 더글라스 러슈코프, 홍욱희 옮김, 위의 책, 154~155쪽.

의 설명을 쉽게 받아들이고 아예 환불조차 받지 않은 사무실을 나서게 하기 위해서다. [18]

'길을 잃기 바랍니다'

"우리는 여러분이 길을 잃기 바랍니다." [19]

미니애폴리스에 개장한 미국 최대 규모의 쇼핑몰 '몰 오브 아메리카'를 설계했던 디자이너가 개막식장에서 한 말이다. 이는 오늘날 모든 대형 쇼핑 센터의 불문율이 되었다. 모든 설계와 환경 조성은 고객들이 길을 잃게끔 해야만 한다. 아니 정신까지 잃게 만들어야 한다.

바로 여기서 그루언 전이(Gruen transfer)라는 병이 생겨났다. 초창기 쇼핑몰을 건축했던 건축가의 한 사람인 그루언의 이름을 따서 붙인 이 병은 분명 살 물건을 정하고 쇼핑을 나갔던 사람이라도 물건을 보고 돌아다니는 동안 계획에도 없던 것들을 충동적으로 사고 돈을 낭비해버리는 현상을 가리킨다. 사회학자들은 현대식 쇼핑몰이 생기고 나서 얼마 되지 않아 이런 현상이 나타나는 것을 목격하고 그와 같은 이름을 붙였다. 바로 이 그루언 전이 덕분에 쇼핑몰이 계속 늘어나게 되었다고 해도 과언이 아니다. [20]

'그루언 전이'에 대해 더글러스 러슈코프는 다음과 같이 말한다.

"그루엔의 원래 의도가 그렇지 않았음에도 불구하고 쇼핑 환경의 모든 것을 갖춘 쇼핑몰의 발명은 소매업자들로 하여금 방향 감각을 상실한 고

---

18) 더글라스 러슈코프, 홍욱희 옮김, 『당신의 지갑이 텅 빈 데는 이유가 있다: 디지털 시대에도 예외가 아닌 대기업의 교묘한 마케팅 전략』(중앙M&B, 2000), 155~156쪽.
19) 더글라스 러슈코프, 홍욱희 옮김, 위의 책, 133쪽.
20) 제임스 B. 트위첼, 최기철 옮김, 『럭셔리 신드롬: 사치의 대중화, 소비의 마지막 선택』(미래의창, 2003), 191쪽.

객들을 마음대로 조작할 수 있는 전례없는 능력을 가지도록 했던 것이다. 일 대 일 강요 설득에서 혼란에 빠진 고객이 영업 사원에게 결정권을 떠넘기는 유도 퇴행과 권위 양도 현상이 벌어지는 것처럼 그루엔 전이는 쇼핑몰을 찾는 고객을 건물 내에서 방향을 잃고 길을 헤매는 어린아이처럼 만들어 버린다." [21]

"우리는 여러분이 길을 잃기 바랍니다"라는 판매자의 꿈을 실현하기 위해선 매장의 '입구' 못지 않게 중요한 게 바로 '출구'다. 일단 고객을 쉽게 끌어들이되 빨리 나가게끔 만들어선 안 된다. 강내희는 〈독점자본주의와 '문화공간'—롯데월드론〉에서 이 점을 잘 묘사했다. 강내희는 롯데월드가 어디서건 자연스럽게 들어갈 수 있도록 문을 수없이 많이 만들어 놓았지만, 일단 안으로 들어가면 빠져나가기가 쉽지 않다고 말한다.

"이 곳에서는 빈둥거리면서 시간을 보낼 수가 없다. 오직 움직임 자체를 즐기면서 이 복도에서 저 복도로, 계단과 에스컬레이터와 엘리베이터를 타고 윗층이나 아래층으로 왔다갔다하면서 곳곳에 쌓인 살거리들을 구경하고 다녀야만 한다. 그리고 '사라, 그렇지 않으면 떠나라'라는 구호가 이 롯데월드 내부 공간에서 우리의 몸짓 하나 하나를 지배하고 있는 듯하다. 그런데 이 구호는 우리에게 '사라' 명령 부분만을 복종하도록 하고 '떠나라' 부분은 복종하기 힘들게 만든다. 왜냐하면 어느 한 곳에서 물건을 사지 못하고 급하게 떠나면 곧바로 다른 곳에서 구경거리나 살거리를 보게 되어 거기에 머물게 되며 정작 롯데월드를 떠나 바깥 공간으로 나가려고 해도 바깥으로 나가는 출구를 찾기 힘들기 때문이다. …… 롯데월드 안에 아무리 많은 길이 있어도 우리는 바깥으로 나가는 길을 좀처럼 찾을 수

---

21) 더글라스 러슈코프, 홍욱희 옮김, 『당신의 지갑이 텅 빈 데는 이유가 있다: 디지털 시대에도 예외가 아닌 대기업의 교묘한 마케팅 전략』(중앙M&B, 2000), 134쪽.

백화점, 명품 팔아 살아남기

고급화 전략으로 할인점과 차별화 … 불황 안 타는 상류층 겨냥, 유명 브랜드 모셔오기 경쟁

넓은 공간을 고급 인테리어 자재로 꾸민 백화점 명품관. 현대 압구정 본점(왼쪽)과 갤러리아 명품관.

지난해 말 유통업계의 화제는 단연 '할인점의 백화점 매출 추월'이었다. IMF 외환위기 이후 가격경쟁력 면에서 강세를 보여온 할인점의 대공세가 백화점의 위세를 한풀 꺾어놓은 것. 이후 할인점과의 차별화를 위한 백화점의 고급화 경향은 더욱 두드러진다. 특히 경기 호전 가능성이 불투명해지면서 VIP고객을 끌어들일 명품 브랜드 유치가 백화점의 마지막 생존전략으로까지 이야기되고 있다.

실제 본격적인 봄 시즌을 앞두고 매장구성(MD) 개편을 마무리한 백화점마다 해외 명품 브랜드 입점이 눈에 띈다. 현대백화점 압구정점은 오랜 줄다리기 끝에 '샤넬 부티크'를 입점시켰고, 지난해 오픈한 목동점에는 구찌에 이어 페라가모를 유치했다. 신세계백화점 강남점은 지난달 무이뷔통의 수석디자이너인 마크 제이콥스가 만든 의류 브랜드 마크 제이콥스와 고급시계 브랜드 해리윈스턴을 유치하는 데 성공해 화제가 됐다. 롯데백화점 잠실점에는 펜디와 티파니가 새로 오픈한다.

그러나 명품 매장을 오픈하기까지의 과정은 백화점측에서 비밀에 부칠 만큼 어렵고 경쟁이 치열하다. 명품 브랜드를 입점시킬 때는 계약서상의 갑과 을의 입장이 뒤바뀌기 때문. 일반 브랜드라면 백화점에서 자사의 이미지와 수준에 맞는 브랜드를 유리한 조건으로 선택해 입점시키겠지만, 명품 브랜드는 각 백화점에서 서로 모시기 위해 혈안이 되어 있기 때문에 백화점측에서 가능한 한 최상의 서비스를 명품 브랜드에 제공하고 있다.

백화점이 인테리어 비용까지 부담

명품 매장은 대개 일반 매장과 달리 백화점 내에 별도의 벽을 세우고 독자 공간을 마련한다. 업계에 따르면 최소 40~50평형 규모는 확보해야 명품 브랜드에 입점을 의뢰할 수 있다. 브랜드에 따라 80평 이상의 공간을 확보해놓고 인테리어 비용을 백화점에서 모두 부담하면서 '모셔오기'도 한다. 이 때문에 백화점 내부에서는 마진율이 10~18%에 불과한 명품 매장을 마련하기 위해 마진율 30% 이상인 기존 판매대를 포기해야 하느냐는 반발이 나오기도 한다. 더욱이 모셔오는 데서 끝나지 않고 연예인을 초청하는 등의 판촉 이벤트에 드는 비용까지도 백화점측에서 부담하는 것으로 알려져 있다.

그러나 희소성을 내세우는 명품업계에서는 백화점들이 적극성을 보일수록 한 발짝 물러서서 조건을 따져보게 마련이다. 온갖 노력 끝에 압구정 본점에 샤넬 부티크를 입점시킨 현대백화점에 대해 업계에서는 이병규 전 사장(현 상근고문)이 프랑스 샤넬 본사를 방문해 입점을 부탁했다는 이야기가 나돌 정도로 명품 브랜드의 콧대는 높고, 업계는 허리를 굽혀가며 적극성을 보이는 게 사실이다.

뿐만 아니라 본점이나 강남지역이 아닌 지점에 명품 브랜드를 유치하기 위해서는 강남지역 매장에 같은 회사의 하위 브랜드를 여러 개 입점시키는 조건을 감수해야 하는 게 일반화됐다. 한 업계 관계자는 "최근 한 백화점이 강남지점에 구찌의 서브브랜드인 보테가베네타와 세르지 로시를 입점시키는 조건으로 강남이 아닌 지점에 구찌 매장을 유치할 수 있었다"고 말했다.

대부분의 입점 브랜드에 당당하기만 한 백화점들이 불리한 조건을 감수해가면서까지 명품 브랜드 유치에 심혈을 기울이는 이유는 고가의

「주간동아」 2003년 3월 27일

고급 고객들만을 상대하고 싶어하는 백화점들은 가급적 1층 매장의 손님을 줄이고 고급스럽게 꾸며 백화점의 전체적인 품격을 높이기 위한 묘안을 짜내고 있다.

없다. '어디가 어딘지 모르겠다. 나갈 길을 못 찾겠다'는 것이 그 곳에 어느 정도 있다가 지친 사람들이 갖게 되는 공통된 생각이다. 롯데월드 안에 있는 길들을 따라 가면 우리가 가는 곳은 어디까지나 롯데월드뿐이다."[22]

그러나 고급 고객들만을 상대하고 싶어하는 백화점들은 무조건 많은 손님들을 끌어들이기 위해 애쓰지 않으며 가급적 1층 매장의 손님을 줄이고 고급스럽게 꾸며 백화점의 전체적인 품격을 높이기 위한 묘안을 짜내고 있다. 손님들을 많이 몰리게 하는 구두, 핸드백 매장을 1층에서 다른 층으로 옮기는 방법이 많이 쓰이고 있는데, 현대백화점 압구정 본점과 신촌점, 롯데백화점 본점, 신세계백화점 강남점 등이 이미 그런 조치를 취했다.[23]

우리의 행동은 늘 관찰되고 있다

소비자는 변덕스러운 동물이다. 소비자들이 쇼핑몰의 단조로움과 인공적인 조형에 싫증을 내자 쇼핑몰은 문화라고 하는 테마의 옷을 입기 시작했다. 이는 음식점에까지 널리 퍼졌는데, 플래닛 할리우드라는 테마 음식점이 그 대표적인 예일 것이다. 러슈코프는 다음과 같이 말한다.

"플래닛 할리우드 식당은 유명한 할리우드 영화에 나왔던 진짜 의상이나 무대 세트를 전시한다. 할리 데이비드슨 카페와 모타운 카페는 골동품 오토바이나 전설적 팝 가수들의 밀랍 인형을 우상처럼 무대 위에 올려놓고 그들의 이름을 업소 상표로 등록해 신화화한다. 테마 쇼핑몰 수법을 현

---

[22] 강내희, 〈독점자본주의와 '문화공간' -롯데월드론〉, 현실문화연구 편, 『문화연구 어떻게 할 것인가』, (현실문화연구, 1993), 64쪽.
[23] 김상헌·오진미, 〈백화점의 손님 줄이기〉, 『귀족마케팅: 대한민국 1%를 위한 전쟁』(청년정신, 2003), 170~171쪽.

대적으로 배합한, 이런 통합 환경을 갖춘 업소들은 현재 관광객들이 많이 몰리는 전 세계 주요 도시에서 성업 중이다. 일부 식당에서는 놀랍게도 식당 안에 빈 테이블이 있음에도 불구하고 건장한 문지기가 입구에서 로프로 선을 그어 사람들을 기다리게 한다. 운 좋게 식당에 들어간 사람들은 자신이 특별한 장소에 들어올 수 있었다는 것에 기뻐하고 또 유명한 록 스타나 유명한 영화배우와 무릎을 맞대게 될지도 모른다는 기대에 빠진다. 이런 식당들이 음식을 팔아 버는 돈 못지 않게 기념품으로 티셔츠를 팔아 그만큼을 다시 번다는 사실은 테마 마케팅이 충동 구매에 얼마만큼 큰 위력을 발휘할 수 있는지를 여실히 보여준다."[24]

그래도 이런 식의 '테마 마케팅'은 아직 인간을 동물학적 연구의 대상으로 삼는 건 아닐 게다. 허영심이나 그와 비슷한 종류의 감정은 인간만의 것이기 때문이다. 더욱 야박한 건 "쇼핑몰을 방문하는 고객들을 동물학적 연구의 대상처럼 취급할 수 있다는 생각"인데, "1990년대 초부터 『소매 학술』지에 실리는 글들은 소비자의 행동을 기술하는 데 있어 '환경 선호', '생태 연구', '이주' 등과 같은 생물학적 용어들을 사용하고 있다"는 점에 주목할 필요가 있다.[25]

예컨대, 미국의 성공적인 소매기업 어번 아웃피터스는 시장 조사를 하지 않는다. 그건 낡은 방식으로 실효성이 없다고 보기 때문이다. 그 대신 가게 내에서 고객이 보이는 태도와 행동을 비디오테이프나 스냅사진으로 촬영해서 그것을 토대로 고객의 특성을 분석한다. 고객의 마음을 끄는 것이 무엇인지에 대한 감(感)을 얻기 위해서다. 이 기업의 철칙은 이것이다.

"우리는 사람들의 말을 믿지 않고 사람들의 행동을 믿는다. 당신의 고

---

24) 더글라스 러슈코프, 홍욱희 옮김, 『당신의 지갑이 텅 빈 데는 이유가 있다: 디지털 시대에도 예외가 아닌 대기업의 교묘한 마케팅 전략』(중앙M&B, 2000), 136~137쪽.
25) 더글라스 러슈코프, 홍욱희 옮김, 위의 책, 134쪽.

객이 말하는 것을 무시하시오. 단지 그들이 무엇을 하는지를 유심히 관찰하시오." [26]

그러나 그런 관찰보다 더 무서운 건 역시 소비자 데이터베이스, 즉 앞서 거론한 바 있는 '수퍼판옵티콘(superpanopticon)' 또는 '가상 판옵티콘(virtual panopticon)'에 의한 구조적인 감시 및 분석 체제일 것이다. 이에 대해 제레미 리프킨은 다음과 같이 말한다.

"전자 피드백 고리와 바코드를 이용하여 기업은 고객이 무엇을 구입했는지 속속들이 알 수 있다. 좋아하는 식품과 의상, 건강 상태, 여가 활동, 여행 패턴에 관한 정보를 취합하면 고객이 살아가는 모습을 아주 자세히 그릴 수가 있다. 적절한 컴퓨터 분석 시법만 개발되면 개인에 대한 이런 풍부한 자료를 바탕으로 앞으로 고객이 무엇을 원하고 무엇을 필요로 할지 예측하여 아주 정교한 마케팅 전략으로 고객과의 장기적 관계를 더욱 공고히 할 수 있다. 정보과학에서는 새로운 기술을 이제는 '관계(relation) 기술'이라고 불러야 한다며 정보기술 대신 'R-기술'이란 말을 쓰자고 제안하는 사람까지 있다." [27]

그런 기술을 무어라 부르건 그건 미래의 이야기가 아니라 이미 현실화되고 있다. 잊지 마시라. 우리의 행동은 늘 관찰 및 분석되고 있다. 쇼핑을 할 때엔 내가 쇼핑의 주체가 아닐 수도 있다는 생각을 한번쯤 해보는 것도 좋을 것이다. 쇼핑의 즐거움을 감히 부정하려는 건 아니다. 내가 이 책에서 시종일관 강조하고 있는 '균형의 미덕'을 위해서 하는 말이다.

---

26) 다비트 보스하르트, 박종대 옮김, 『소비의 미래: 21세기 시장 트렌드』(생각의나무, 2001), 405쪽.
27) 제레미 리프킨, 이희재 옮김, 『소유의 종말(The Age of Access)』(민음사, 2001), 148~149쪽.

문화공학과 마케팅 | 잠재의식 광고란 무엇인가

광고는 단지 '프로 레슬링'인가

　광고의 영향력에 대해선 의견이 분분하다. 대중문화의 경우처럼 이념의 좌우를 막론하고 강하다고 보는 사람과 약하다고 보는 사람들이 나뉘기 때문에 더욱 혼란스럽다. 그러나 효과의 입증은 어렵다고 할망정 광고의 영향력이 약하다면 왜 그 수많은 기업들이 엄청난 돈을 광고에 퍼붓는가 하는 의문은 남는다.

　광고의 영향력에 대해 영국의 광고 전문가인 브랜든 브루스는 독특한 의견을 제시한다. 그는 "사람들을 설득하는 데 있어서 광고의 힘이 신비할 뿐 아니라 심지어 악마적인 영향력을 가졌다고 생각하는 사람들에게" 할 말이 있다며 이런 이론을 내놓는다.

　"광고는 유행과 같아서 대부분 프로 레슬링 경기와 같은 수준의 효과만이 있을 뿐이다. 프로 레슬링 경기를 보는 관중은 실제로는 선수들이 서로 다른 선수를 다치지 않게 하려는 걸 뻔히 알면서도 경기가 진행되는 동안은 계속되는 재치와 전문 기술, 그리고 스타일 등을 감상한다. 그들은 결코 속지 않는다. 모든 일을 음모라고 파악하는 사람들은 광고 전문가의 능력과 자질을 과대평가하고, 관중들의 상식은 부적절하고, 유치하며, 속기 쉬운 것이라고 과소평가한다." [28]

과연 그럴까? 물론 브루스가 말하는 종류의 그런 광고도 있을 것이다. 그러나 모든 광고가 다 그렇다는 건 믿기 어려운 일이다. 광고의 영향력이 강한가 약한가 하는 건 사실 우문(愚問)일 수 있다. 상황과 광고에 따라 강할 수도 있고 약할 수도 있다고 보는 게 옳지 않을까?

잠재의식 광고(subliminal advertising)는 어떻게 보아야 할까? 이것 역시 프로 레슬링과 비슷한 것일까? 아무리 생각해도 그런 것 같지는 않다. '잠재의식 광고라는 건 없다'고 주장하는 광고인들도 있는 만큼 이를 둘러싼 논란을 살펴보기로 하자.

아마도 잠재의식 광고를 최초로 거론한 건 반스 패커드가 1957년에 출간한 『숨은 설득자들』이라는 책이 아니었나 싶다. 이 책에서 패커드는 당시 미국 광고에 사용되고 있던 동기조사(motivational research)를 폭로하고 프로이트에 기초한 미디어 조작이론을 제시하였다. [29]

패커드는 영화나 텔레비전 화면의 순간적인 이미지는 그 간격이 너무 짧아서 관객들은 그 장면들을 분명히 인식하지 못하지만, 관객들에게 영향을 미칠 수 있다고 주장했다.

예컨대, 영화 관객들은 영화 속에 삽입된 아이스크림의 순간적 이미지를 보았다는 걸 인식하지 못했음에도 불구하고 극장에서 아이스크림 판매는 급격하게 증가했다는 것이다. 패커드는 이런 광고를 잠재의식 광고라고 불렀다. [30]

---

28) 브랜든 브루스, 김정탁 옮김, 『이미지 파워』(커뮤니케이션북스, 1998), 166쪽.
29) 김응숙, 『소비문화 이데올로기 분석』(커뮤니케이션북스, 1998), 53쪽.
30) W. Russell Neuman, 전석호 옮김, 『뉴미디어와 사회변동』(나남, 1995), 149쪽.

윌슨 브라이언 키의 주장

이후 잠재의식 광고를 본격적으로 거론한 사람은 윌슨 브라이언 키였다. 그는 1973년에 네 권으로 된 『잠재의식 광고(Subliminal Advertising)』이라는 책을 출간했다. 그는 이 책에서 광고나 제품에 매재물(埋在物)을 넣는 매몰기법(埋沒技法)을 고발했다. 매재물은 사람이나 사물의 윤곽이 배경에 섞여 있어 지각하기 어렵게 된 모호한 그림 형태를 말한다.[31]

광고의 얼음 조각 속에 성적 이미지를 숨긴다거나 sex와 같이 심리적 충동을 일으킬 수 있는 단어들을 제품이나 광고에 집어넣는다는 것이다. 키는 수천 가지의 잡지 표지와 광고, 뉴스 사진 등을 검토한 끝에 거기에 삽입되는 단어의 종류를 여덟 가지 발견했다고 주장했다. 가장 많은 게 sex라는 단어였다고 한다.[32] 하다 못해 아이들이 먹는 리츠 크래커에도 양면에 sex라는 단어가 모자이크되어 있다는 것이었다.[33]

키는 공포영화 『엑소시스트』에도 서브리미널 컷이 삽입되어 있다고 말한다. 미국에선 이 영화를 보고 많은 사람들이 졸도하거나 구토를 하는 바람에 이 영화가 상영된 도시의 병원 응급실엔 수십 명의 환자가 발생했는데, 그게 바로 순간 노출기를 이용해 48분의 1초 동안 보여준 서브리미널 컷에 담긴 무서운 얼굴 때문이었다는 것이다.

"영화가 진행되는 동안 여러 차례 갑작스러운 섬광이 보이면서 카라스 신부의 얼굴이 잠시 동안 커다란 풀 스크린의 데스 마스크(death mask)를 쓴 귀신처럼 나타난다. 얼굴 피부는 번들거리는 흰빛인데다 피처럼 붉은 쭉 찢어진 입, 그리고 그 얼굴은 하얀 두건 혹은 장막으로 가려져 있다."

---

31) 윌슨 브라이언 키, 허갑중 옮김, 『섹스어필 광고 섹스어필 미디어』(책과길, 1994), 44쪽.
32) 윌슨 브라이언 키, 허갑중 옮김, 『현대사회와 잠재의식의 광고학』(나남, 1992), 38~39쪽.
33) 윌슨 브라이언 키, 허갑중 옮김, 『현대사회와 잠재의식의 광고학』(나남, 1992), 40쪽.

임마누엘 웅가로 광고. 쇠구슬이 촘촘히 박힌 구두와 개 목걸이까지 '엽기성'을 극대화시키기 위해 치밀하게 계산한 사진이다.

(『동아일보』 2002년 1월 25일)

이탈리아 인테리어 소재 회사 SICIS의 광고. 이 여자는 뭘 하려는 걸까? 혹시 남성용 소변기에 힘을 뻗으려는 건가?

(『동아일보』 2002년 5월 31일)

위는 임마누엘 웅가로 구두 광고. 아래는 이탈리아 인테리어 소재회사 SICIS의 광고.
서브리미널(잠재의식) 광고의 효과는 비즈니스 현장에서는 이미 충분히 실증되었다.

키는 문제의 서브리미널 컷이 여러 군데에 삽입된 걸 한 극장에서 간접적으로 확인하였는데, 제작사인 워너 브라더스는 키의 확인 요청을 거부하였다. 키가 극장에서 찍은 사진을 책에 사용하겠다는 것에 대해서도 법적 조치를 취하겠다고 경고했다. 키는 잠재의식 자극용 시각적 기교로 사용된 서브리미널 컷을 관객의 3분 2는 지각하지 못했고 3분의 1은 지각했다고 밝혔다. [34]

키는 이렇게 말한다.

"이 책을 쓰게 된 동기가 되었던 조사 연구의 과정에서 발견해낸 가장 의미심장한 사실 중의 하나는, 오늘날의 문화―특히 다이내믹한 미국 문화―가 공장 제조품이라는 것이다. 그리고 미디어는 바로 그 공장이다. 인간은 방대한 물질주의적 테크놀로지를 창조해냄으로써, 그들이 환경을 컨트롤할 수 있다는 착각(illusion)까지도 창조해내었다. 이러한 착각으로 인해, 인간은 무의식이 개입되는 지배력이나 영향력에 대해 허약하게 스스로를 노출하게 되었다." [35]

그러나 키는 잠재의식적 자극을 이용한 교육법은 찬성한다고 말한다. 그 테크닉을 적용시키기 전에 학생들에게 그것을 분명하게 알려줘야 한다는 걸 조건으로 하면 괜찮다는 것이다. 그런 테크닉을 이용하여 이 세상을 우리가 원하는 그 어떤 형태로도 만들 수가 있다는 희망까지 피력했다. [36]

'잠재의식 광고' 란 건 없다?

그러나 광고 전문가인 더글러스 러슈코프는 자신의 광고계 경력을 강

---

34) 윌슨 브라이언 키, 허갑중 옮김, 『섹스어필 광고 섹스어필 미디어』(책과길, 1994), 237~247쪽.
35) 윌슨 브라이언 키, 허갑중 옮김, 『현대사회와 잠재의식의 광고학』(나남, 1992), 309쪽.
36) 윌슨 브라이언 키, 허갑중 옮김, 『현대사회와 잠재의식의 광고학』(나남, 1992), 321~322쪽.

조하면서 키의 주장을 부정한다.

"광고가 기획되는 순간부터 본격적인 광고로 등장하기까지의 모든 과정에 관여했던 한 사람으로서, 그리고 카피라이터로부터 예술감독, 인쇄 전문가에 이르기까지 광고업에 종사하는 모든 사람을 알고 있는 전문가로서 나는 적어도 잘 나가는 광고 기획사에서는 그런 잠재의식에 호소하는 광고가 절대로 만들어질 수 없다고 단언하는 바이다. 어떻게 '성적 자극을 부추길 수 있는' 이미지를 얼음 조각이나 팔꿈치에 표현할 수 있겠는가? 소문은 소문에 불과할 뿐이다."[37]

그럼에도 불구하고 많은 사람들이 잠재의식 광고를 믿고 있다는 게 러슈코프로선 답답한 모양이다. 1992년에 만들어진 한 연구 보고에 의하면 미국인의 57%는 소비자의 잠재의식에 작용하는 광고가 활개를 치고 있다고 믿었으며, 겨우 12명 중에 한 사람 정도가 그런 일은 "결코 일어날 수 없다"고 답했다는 것이다.[38]

『저널 오브 애드버타이징』 93년 4월 3일자에 실린 여론조사 결과는 러슈코프를 더욱 실망시킬 결과를 보여주었다. 서브리미널 광고에 의한 대중 심리 조작이 이루어지고 있다고 대답한 미국인이 전체 응답자 가운데 74%가 넘었으며 그 가운데 72%의 사람들이 서브리미널 광고는 효과가 있다고 응답했다는 것이다.[39]

미국의 대중매체들은 서브리미널 광고의 존재와 효과를 부정하는 쪽이다. 그러나 그걸 선정주의적 기사로 보도하는 데엔 열심이다. 〈서브리미널 광고 폭로! 카멜 상자에 남자 성기의 심벌이!〉, 〈대인기 헤비 메탈 밴드, 악

---

[37] 더글라스 러슈코프, 홍욱희 옮김, 『당신의 지갑이 텅 빈 데는 이유가 있다: 디지털 시대에도 예외가 아닌 대기업의 교묘한 마케팅 전략』(중앙M&B, 2000), 293쪽.
[38] 더글라스 러슈코프, 홍욱희 옮김, 위의 책, 294쪽.
[39] 요코이 신지, 장경환 옮김, 『서브리미널 마케팅: 대중조작의 신기법』(앞선책, 1996), 75쪽.

마의 서브리미널 메시지 삽입! 두 명의 소년이 자살!〉, 〈맥주의 텔레비전 CM에 여성의 누드가 숨바꼭질!〉 등과 같은 기사 제목들이 그걸 잘 말해준다. 40)

요코이 신지의 주장

과연 진실은 무엇일까? 1995년에 나온 일본인 요코이 신지의 『서브리미널 마케팅』이라는 책은 키의 입장과는 다른 자세를 취하지만 키의 주장에 더 타당성이 있다는 결론을 내리고 있다. 요코이 신지는 독특한 이력의 소유자다. 그는 윌슨 브라이언 키의 책을 읽고 충격받아 미국에 유학해서 그것만 연구했다는 것이다.

"도덕적인 관점에서 규탄하는 키와는 달리, 나는 서브리미널 전술을 일방적으로 비판하거나 옹호할 생각은 전혀 없다. 이러한 생각은 위험할지도 모른다. …… 그렇다고 해서 자본주의 사회에서 비즈니스를 전개하는 사람들, 즉 우리들 자신의 입장에서는 대중 조작 없이 구매력을 환기시킬 수 없는 것 또한 현실이다." 41)

그의 해석이 독특하다.

"개인적인 일이지만, 지금부터 15년 전, 나는 일본의 교육 시스템에 염증을 느껴 미국으로 건너갔다. 15세 때의 일이다. 그때까지 나는 동경 부근 신흥 주택지의 공립학교에 9년 간 다녔지만, 군대와 같이 집단주의를 육성하는 엄격한 규율과 차별, 집단책임을 중시하는 학교 방침에 납득할 수 없었다. …… 일본의 교육 시스템을 일방적으로 비판할 수는 없다. 그러나 국

---

40) 요코이 신지, 장경환 옮김, 『서브리미널 마케팅: 대중조작의 신기법』(앞선책, 1996), 76쪽.
41) 요코이 신지, 장경환 옮김, 위의 책, 275~276쪽.

민학교에서 대학까지 16년 간이면 대부분의 인간은 무의식중에 제어되고 만다. 일본의 기업 조직은 바로 이러한 학교 교육의 연장선상에 있다. 말하자면 오늘날 일본 사회 전체를 뒤덮고 있는 눈에 보이지 않는 공기층은 바로 컨트롤의 층이라고 할 수 있다. 이것은 바로 오랜 세월 지속된 교육에 의한 서브리미널 효과로, '교육이란 문명의 척도에 맞는 인간을 제조하는 공장'이라고 한 스탠퍼드 대학의 교수 엘우드 카바레의 견해와 일치한다."[42]

반면 미국엔 개인적인 권리가 잘 보장돼 있기 때문에 미국 광고계의 서브리미널 전략은 그런 환경을 기반으로 발전해온 게 아니겠느냐는 것이다.[43]

대중음악의 서브리미널 메시지

서브리미널 메시지를 둘러싼 논란은 비단 광고계에서만 벌어지고 있는 건 아니다. 오히려 대중음악 쪽에서의 논란이 더 치열하다.

1985년 미국에선 두 명의 10대 청소년이 엽총으로 동반 자살을 시도한 사건이 벌어졌다. 한 명은 죽고 다른 한 명은 치명상을 입고 얼마 후에 사망했다. 이들은 헤비 메탈 밴드인 주다스 프리스트의 노래를 듣고 자살을 시도했기 때문에, 이는 법정 소송으로 비화되었다. 원고측에 의해 문제의 앨범엔 악마 숭배, 자살 교사의 서브리미널 메시지(subliminal message)가 삽입돼 있었다는 주장이 제기되었다. "악마의 혼을 불러라, 신을 강간하라!"는 역 스피치의 메시지와 "해치워 버려!"라고 명령하는 소리가 의식

---

42) 요코이 신지, 장경환 옮김, 『서브리미널 마케팅: 대중조작의 신기법』(앞선책, 1996), 276~277쪽.
43) 요코이 신지, 장경환 옮김, 위의 책, 277쪽.

적으로는 지각할 수 없는 음량으로 몰래 녹음돼 있다는 것이었다.

제작사인 CBS 레코드는 그런 메시지가 삽입되었다는 걸 인정하지 않으면서도, '언론의 자유'를 들어 서브리미널 메시지의 정당성을 주장했다. 그러나 재판부가 오리지널 마스터 테이프 제출을 명령하자 CBS는 그걸 분실했다고 발뺌했다. 이 재판은 원고측의 패소로 끝나고 말았지만 이와 유사한 소송이 잇달아 제기되었다. [44]

이에 대해 요코이 신지는 "주다스 프리스트의 자살 교사, 마돈나의 헐떡이는 숨소리와 악마의 심벌을 비롯한 서브리미널 메시지의 효과는 비즈니스 현장에서는 이미 충분히 실증되었다"며 다음과 같이 말한다.

"섹스나 폭력을 잠재의식에 투영하면 당장 매출액이 올라간다. 레코드 회사나 아티스트들이 마음속으로 악마 숭배나 무절제한 섹스를 선동하고 있는 것은 아니다. 단지 그들은 상품을 판매하는 수단으로서 서브리미널 메시지의 위력을 믿고 있을 뿐이다. 그들은 대중 심리 조작의 달인이지만 그것이 사회에 어떤 영향을 미치는가에 대해서는 생각하지 않는다." [45]

또 요코이 신지는 사진이나 필름 등의 빠른 장면을 몇 가지 연속해서 삽입하는, 이른바 '메타콘트라스트(meta-contrast)'라는 서브리미널 수법에 대해선 이렇게 말한다.

"이 콜라주는 언뜻 보기에 아무런 의미도 없는 것처럼 느껴진다. 물론 비디오 머신으로 각 프레임을 검증하면 숨겨진 심벌을 찾을 수 있을지도 모른다. 그러나 일반 영화관에서는 이러한 이미지 콜라주의 의미를 관객이 의식적으로 이해하는 것은 불가능하다. …… 메타콘트라스트 또는 백 마스킹(back-masking)은 최근에는 편집 기술의 디지털화로 보다 고도의

---

44) 요코이 신지, 장경환 옮김, 『서브리미널 마케팅: 대중조작의 신기법』(앞선책, 1996), 17~24쪽.
45) 요코이 신지, 장경환 옮김, 위의 책, 35~36쪽.

완성이 기대된다. 그래서 『엑소시스트』와 같이 데스 마스크를 한 컷만 삽입하는 것이 아니라, 수십 컷을 빠른 스피드로 삽입하는 경우가 많아졌다." [46]

한국에서의 '악마주의 파문'

한국에서도 1994년 여름 1년의 공백을 깨고 돌아온 서태지가 〈교실 이데아〉를 필두로 한 제3집을 선보였을 때 '서브리미널 메시지' 파동이 벌어졌다. '악마주의 파문'으로 알려졌던 이 사건은 '백워드 마스킹', 즉 테이프를 거꾸로 돌리면 사탄의 음성이 나온다는 주장 때문에 벌어진 것이었다.

이 노래는 "됐어, 됐어, 이제 그런 가르침은 됐어"로 시작하면서 우리의 교육 현실을 냉소적으로 비판한 것이었는데, 어느 부분에서 테이프를 거꾸로 돌렸더니 "피가 모자라, 피를 줘"라는 사탄의 목소리가 들렸다는 것이다.

가수 신해철은 찬송가를 거꾸로 돌려도 그런 류의 음향은 수없이 발견되며 헨델의 위대한 명곡 〈할렐루야〉를 들어도 그런 현상은 일어난다고 반론을 폈다.[47] 그러나 이 사건은 언론에 크게 보도되었고 일부 기독교계가 총공세를 취하면서 파문은 한동안 계속되었다. 겁에 질린 일부 소녀팬들은 서태지 오빠가 어떻게 그럴 수 있느냐며 울면서 항의했고, 그 여파로 서태지를 떠난 팬들도 많아 서태지에겐 큰 타격을 입힌 사건이 되고 말았다.[48]

이 파문에 대해 이동연은 "소위 '백워드 마스킹'은 연음(reduction)이

---

46) 요코이 신지, 장경환 옮김, 『서브리미널 마케팅: 대중조작의 신기법』(앞선책, 1996), 265쪽.
47) 김현섭, 『서태지 담론: 신화의 부활』(책이있는마을, 2001), 184쪽.
48) 김현섭, 위의 책, 182~183쪽.

적 만드는 사탄설 발원지는 '오리무중'

백워드 매스킹(Backward Masking): 거꾸로 듣기. 카세트테이프의 안쪽면이 헤드에 닿도록 바꿔끼우고 듣거나, 레코드판을 반대방향으로 돌리면서 소리를 듣는다. 어떤 대사를 녹음해 B.M.으로 들은 다음, B.M. 효과음에 가까운 소리를 녹음해 다시 B.M.으로 들어 원래 대사에 특수효과를 내는 '백워드 트래킹' 기법도 있다.

삼계된 것이다.

서태지 사탄찬양설이 급파된 또하나의 경로는 컴퓨터 통신 '하이텔'과 '천리안'의 게시판이다. 7월경 "피…" "사탄…" 운운하는 부분을 직접 들었다는 경험자의 고백과, B.M.하는 방법을 일러주며 한번 들어볼 것을 권하는 글들이 하나둘씩 게시판에 등장하기 시작하더니, 9월에 이르러 하이텔과 천리안은 온통 '서태지 사탄찬양설'의 논쟁에 휘말린다.

소개된 글을 보고, 확인한 사람의 견해가 추가로 등재되고, 이를 비판하고, 다시 비판을 비판하고, 일부 매니어는 이를 과학적으로 분석해 제시(9쪽 딸린기사 참조)하기도 했

'**서**태지와 아이들'(이하 서태지)의 사탄찬양설 논란이 청소년들 사이에 열병처럼 번져가고 있다. 문제의 진원은 백워드 매스킹(사진 옆 설명 참조·이하 B.M.) 기법에 있다. 서태지의 노래를 B.M.으로 들으면 "피가 모자라 배고파"(3집 〈교실 이데아〉)라든가 "마계도사 사탄은 외로워 우릴 사랑해요"(2집 〈하여가〉)라는 기괴한 효과음이 들린다는 것이다.

테이프 뒷면에 숨어 있던 이 효과음이 처음 알려지기 시작한 것은 지난 1월경. 서태지 팬클럽 '아이비' 사무실에 이 내용을 언급한 팬들의 편지가 간간이 날아들기 시작했다. 느리게 번지던 이 이야기가 지난 9월초 서울 혜화동의 한 고등학교 '방송제'를 계기로 순식간에 확산되었다. 방송반 학생들이 교내 방송으로 서태지의 B.M. 효과음을 내보낸 것이다. "피

가 모자라"라는 괴음은 방송제를 구경온 타교 학생들에게 충격적으로 전파되었다. 급기야 이 B.M. 테이프는 각 교회와 종교음악 전문가, 反뉴에이지 운동가, 그리고 국민일보 측에 전해졌고, 이같은 제보를 접한 기독교 관계자 가운데 일부가 마침내 이를 문제

다. 서태지 사탄찬양설 논쟁과 관련해 무려 5천 꼭지 가까운 글들이 하이텔과 천리안을 넘나들었다.

10월 들어 차츰 진정돼가던 '서태지 사탄찬양설'이 지난 10월27일 KBS 2TV 〈연예가 중계〉 프로그램에 소개되면서 다시 폭발했다. 방송을 통해 이 사실을 접한 청소년들이 제차 충격

(「TV저널」 1994년 11월 18일)

1994년 여름, 서태지가 〈교실 이데아〉를 필두로 한 제3집을 선보였을 때 '서브리미널 메시지' 파동이 벌어졌다.

강하게 나타나는 영어 가사에서나 만들어 낼 수 있는 기법이지, 우리말과 같이 비교적 어절과 어절이 분명하게 발음이 되는 언어에서는 사실상 고의적으로 만들어 내기가 극히 어렵다"고 지적하면서 다음과 같이 말한다.

"만일 서태지가 '악마 숭배'를 위해 의도적으로 '백워드 마스킹'을 했다면, 그야말로 그의 음악적인 재능은 천재에 가깝다고 할 수 있다. 실제로 테이프를 거꾸로 돌려서 나는 소리는 시끄러운 류의 음악에서 날 수 있는 연주와 목소리의 거칠은 마찰음 정도로밖에 들리지 않는다. 가령 〈교실 이데아〉 후렴 부분을 백워드 하면 '피가 필요해'라고 들린다거나 〈발해를 꿈

꾸며〉에서는 '나는 사탄을 사랑해요' 라는 소리가 들린다는 것은 빨리 내 뱉는 말을 거꾸로 돌리게 될 경우 나타나는 잡음에 가까운 마찰음을 으레 그렇다고 예상하고 들었을 때 생겨나는 일종의 신념에 대한 '상상적인 환청' 일 수 있다. 사실 보수적인 부르주아들이나 종교계에서 문제를 제기하게 된 근본 동기는 서태지 곡의 백워드된 내용 때문이라기보다는 오히려 그의 곡의 '온워드'(onward)된 상태에서의 내용 때문이다. 교육 모순이나 고정된 가치관을 전도시키려는 그의 정상적인 노래 자체의 내용이 그들에게는 못마땅한 것이다." [49]

의식은 마케팅의 공략 대상

서태지는 억울하게 피해를 본 경우였지만, 일부 외국 그룹들이 음반에 서브리미널 메시지를 집어넣는 건 분명한 사실이다. 잠재의식 광고도 그 존재 자체를 부정하는 사람들도 있지만, 광고계 일각에서 시도되고 있는 것도 분명한 사실인 것 같다. 이는 소비자를 사로잡으려는 시도가 그만큼 집요하게 이루어지고 있다는 증거로 받아들여도 무방할 것이다.

세계를 무대로 뛰는 다국적 기업들도 이미 소비자들의 '무의식' 의 영역에 침투하려는 노력을 강화하고 있다. 아리프 더릭은 "오늘날에는 게릴라 전사가 전투를 통제하려면 전투 지역을 알아야 하듯이, 다국적 기업들도 그래야 한다. 즉, 우리의 전투 지역은 전 세계이다"라고 말하면서 '게릴라식 마케팅' 을 주창한다. 그는 컴퓨터를 활용하면 500여 개에 달하는 '무의식적' 소비 욕구를 세세히 나눈 뒤 이것을 참조해 오늘날의 세계시장을 300여 개의 소비지대로 구분할 수 있다면서 다음과 같이 말한다.

---

49) 이동연, 『서태지는 우리에게 무엇이었나』(문화과학사, 1999), 123쪽.

"이런 지형도를 확장하면 가장 자율적이고 비습관적인 욕구조차도 시장의 확장과 통제에 맞춰 재구성될 것이다. …… 우리는 심적으로나 정신적으로 승리를 거둬야 한다. 이런 임무는 오직 끊임없는 과정이 될 수밖에 없는 욕구의 재구축·재구성 과정을 통해서만 달성될 것이다."[50]

이런 야심에 비추어 볼 때에 소비자의 잠재의식을 파고드는 광고가 시도된다는 것이 결코 놀라운 일은 아닐 것이다. 지금 우리는 우리의 모든 의식이 마케팅의 공략 대상이 되는 그런 세상에 살고 있는 것이다.

---

50) 닉 다이어-위데포드, 신승철·이현 옮김, 『사이버-맑스: 첨단기술 자본주의에서의 투쟁주기와 투쟁 순환』(이후, 2003), 295쪽에서 재인용.

문화공학과 마케팅

'알파 소비자' 마케팅이란 무엇인가

영화 『타이타닉』을 누가 구했나

영화 『타이타닉』은 제작 과정에서 예산 초과로 큰 어려움을 겪었다. 내용도 미국인들이 좋아하지 않는 비극적 결말인데다 대형 스타도 없어 전문가들은 이 영화가 타이타닉호처럼 가라앉을 것이라고 예측했다. 『타임』지는 〈수중 무덤으로 가라앉다〉라는 표지 기사에서 "애석한 판결을 내린다. 이 영화는 익사하고 말 것이다"는 결론을 내리기까지 했다. 그러나 감독 제임스 카메론은 기자들의 냉소적인 질문에 다음과 같이 답했다.

"이 영화는 당신들이 생각하는 그런 종류의 영화가 아니다. 이 영화는 러브 스토리다. 지금까지 만들어진 영화 중 가장 비싼 소녀취향의 영화이다. 당신들은 눈물 없이는 그 영화를 보지 못할 것이다."

카메론의 예측은 맞아떨어졌다. 막상 영화가 개봉되자 10대 소녀들이 구세주로 나타난 것이다. 소녀들은 몇 번씩 이 영화를 보면서 펑펑 울어댔으며 입 소문을 내면서 다른 소녀들을 영화관으로 끌어들였다. [51]

---

[51] Michael J. Wolf, 이기문 역, 『오락의 경제: 상품을 팔 것이 아니라 엔터테인먼트를 팔아라』(리치북스, 1999), 200~203쪽.

소녀들의 열광은 다른 연령대의 사람들에게도 전염되었다. 미국의 경영 컨설턴트 마이클 울프는 다음과 같이 말한다.

"부인들은 남편을 억지로 끌고 극장으로 갔다. 사무직 근로자들은 그 영화를 몇 번 보았는가를 서로 비교하였다. 『타이타닉』은, 관객들은 로맨스 영화를 두 번 다시 관람하지 않는다는 전통적인 블록버스터의 뿌리깊은 신념을 여지없이 깨뜨려버렸다. 사람들은 이 영화를 여러 번 보았다. 10대 소녀들에게 소박하고 깊은 감동적인 열망을 자극함으로써 『타이타닉』은 별 볼일 없는 재난영화에서 히트상품이 되었고 나아가 장르를 뛰어넘는 하나의 현상이 되었다." [52]

'누구에게 말하느냐가 중요하다'

그 결과, 『타이타닉』은 제작비 2억 달러, 마케팅 비용 7천만 달러에 30억 달러를 벌어들이는 대성공을 거두었다. 울프는 이 경우의 10대 소녀들처럼 어떤 유행을 선도하는 사람을 '알파 소비자'라고 부른다. 그는 알파 소비자들이 기업들의 끊임없는 구애의 대상이 되고 있기 때문에 점점 영리해져서 그들을 휘어잡기는 갈수록 어려운 일이 되고 있다면서 이렇게 말한다.

"알파 소비자는 집단마다 다양한 모습으로 존재한다. 주부 알파, 괴짜 컴퓨터 전문가 알파, 스포츠 알파, 어린이 알파 등이 있다. 모든 현상의 배후에서 그것을 시작한 핵심 그룹이 바로 그들이다. 신제품이 나오면 알파 소비자들은 누가 시키지 않아도 그것을 권유하고 다닌다. 나는 최근에 새

---

[52] Michael J. Wolf, 이기문 역, 『오락의 경제: 상품을 팔 것이 아니라 엔터테인먼트를 팔아라』(리치북스, 1999), 203쪽.

로운 노키아 휴대용 전화기를 샀는데, 어느 날 보니 내가 그것을 가지고 다니면서 통화 음질이 좋다는 등, 통화대기, 자동응답, 음성인식 기능이 있다는 등 모든 사람에게 이야기하고 있었다. 나는 단지 그 최신형 핀란드제 장비가 마음에 들었기 때문에 무보수로 대변자 노릇을 한 것이다. 이와 똑같은 일들이 알파 소비자에게 일어난다. 이들은 자신들의 마음에 드는 무언가를 찾아내고 선전을 하게 된다." [53]

세스 고딘은 그 어떤 유행을 전파시키는 매개체를 '아이디어 바이러스'라고 부르면서 그 매개체에 '스니저(sneezer)'라는 이름을 붙인다. [54] 그는 "스니저야말로 아이디어 바이러스의 본질"이며 "스니저란, 그가 10명, 20명, 혹은 100명에게 말을 하면, 그 사람들이 모두 그의 말을 있는 그대로 믿게 만드는 사람"이라고 말한다. [55]

인터넷 기업들은 스니저를 적극 이용한다. 예컨대, 아마존은 새로운 고객을 확보하기 위해서 친구나 친지들에게 자사의 아이디어를 보급시키는 사람에게 보상을 해주겠다고 고객을 유혹하고 있다. [56]

이런 스니저야말로 전형적인 '알파 소비자'임에 틀림없다. 울프는 '알파 소비자' 마케팅의 여러 사례들을 근거로 제시한 후에 현대 광고의 법칙은 "무엇을 말하느냐가 아니라 누구에게 말하느냐가 중요하다"는 데 초점을 맞추게 되었다고 주장한다. [57]

---

53) Michael J. Wolf, 이기문 역, 『오락의 경제: 상품을 팔 것이 아니라 엔터테인먼트를 팔아라』(리치북스, 1999), 199쪽.
54) sneezer는 코 또는 '비범한 사람'을 의미한다.
55) 세스 고딘, 최승민 옮김, 『아이디어 바이러스: 유행을 창조하는 기술』(21세기북스, 2002), 63쪽.
56) 세스 고딘, 최승민 옮김, 위의 책, 64~65쪽.
57) Michael J. Wolf, 이기문 역, 위의 책, 299쪽.

'힙합 마케팅'과 '스쿨 어택'

미국에서 한동안 위세를 떨쳤던 이른바 '힙합(hip hop) 마케팅'이란 것도 일종의 '알파 소비자' 마케팅이었다. 지렛대 효과를 얻기 위해 랩 음반회사들은 '길거리군단'을 고용해 고등학교나 놀이터 근처에서 한바탕 놀자판을 벌이면서 샘플을 제공하는 식의 마케팅 전략을 구사해 큰 성공을 거두었다. 이를 가리켜 '힙합 마케팅'이라 한다. [58)]

가장 성공적인 '힙합 마케팅' 사례로 '마운틴 듀' 마케팅을 빼놓을 순 없을 것이다. 마운틴 듀 브랜드로 새로운 변신을 결정한 펩시콜라는 인기 힙합 잡지인 『소스』와 제휴해서 8대의 밴을 34개 거점에 내보내 전 도시에서 힙합 투어를 시작했는데, 이에 대해 울프는 다음과 같이 말한다.

"대당 15만 달러를 들인 밴은 마치 대중문화의 보물선처럼 마운틴 듀 샘플과 10개 음반회사의 CD, 티셔츠 등 서구문명에 알려진 모든 종류의 판촉물을 싣고 있었다. 그들은 공연장, 학교운동장, 놀이터, 교회 야유회, 대로변에 차를 세우고 그룹 맙 딥 출신의 노리에가와 프로디지 같은 힙합 아티스트들을 내세웠다. 길거리문화를 더 강조하기 위해 마운틴 듀는 젊은이들에게 전원을 켠 뒤 뜨는 마운틴 듀의 광고문구를 읽어야만 사용할 수 있는 50만 개의 호출기를 무료로 나누어주었다. 학교운동장 근처를 배회하고, 무료 샘플을 나누어준다." [59)]

울프는 이런 마케팅 방식에서 "왠지 마약 밀매업자의 냄새가 나지 않는가?"라는 질문을 던진다. 분명 제공되는 상품은 전혀 다르지만 시야를 넓혀 생각해보면, 60억 달러 규모의 엔터테인먼트 산업에 필적할 만한 규모

---

58) Michael J. Wolf, 이기문 역, 『오락의 경제: 상품을 팔 것이 아니라 엔터테인먼트를 팔아라』(리치북스, 1999), 295~296쪽.
59) Michael J. Wolf, 이기문 역, 위의 책, 297~298쪽.

인 50억 달러 수준의 마약산업은 관습적인 광고의 힘을 입지 않고도 상품 분배에 성공한 예를 보여주고 있다는 것이다.

울프는 마운틴 듀 판촉행사가 성공에 성공을 거듭하자 젊은이를 공략할 방법을 찾아 골몰하던 다른 마케터들은 마운틴 듀의 판촉방식을 본뜨기 시작했다며 다음과 같이 말한다.

"마운틴 듀의 로고와 메시지는 ESPN의 젊은이 취향 프로그램 『X-게임』에 하도 많이 등장해서 그것이 스포츠 방송인지 마운틴 듀 정보광고인지 구분이 가지 않을 정도였다. 마운틴 듀가 어떤 청량음료보다도 많은 카페인을 함유하고 있다는 말까지 하위문화를 통하여 교묘히 퍼졌다. 이러한 비전통적인 힙합 마케팅과 전통 광고의 결합은 연간 매출 13% 상승이라는 결과로 나타났으며, 마운틴 듀는 닥터 페퍼, 스프라이트, 심지어 자사의 주력상품 다이어트 펩시마저 앞질렀다." [60]

이런 '힙합 마케팅'의 기본은 한국에도 도입되었다. 가장 대표적인 사례로는 삼성전자가 이동전화단말기 판촉을 위해 인기가수를 동원해 학교까지 찾아가 '깜짝 공연'을 한 걸 들 수 있을 것이다. 이 행사엔 '스쿨 어택(학교 공격)'이란 이름이 붙여졌다. 이에 대해 어느 신문은 "'삼성' 스럽지 못한 마케팅"이라고 비판했지만,[61] 그거야말로 새로운 추세의 마케팅이란 점에서 오히려 지극히 '삼성스러운 마케팅'이라고 보는 게 타당할 것이다.

MTV의 홍보 전략

1981년에 탄생한 MTV의 홍보 전략도 '알파 소비자' 마케팅 정신에 근

---

60) Michael J. Wolf, 이기문 역, 『오락의 경제: 상품을 팔 것이 아니라 엔터테인먼트를 팔아라』(리치북스, 1999), 297~298쪽.
61) 함석진, 〈'삼성' 스럽지 못한 마케팅〉, 『한겨레』, 2003년 7월 3일, 22면.

거한 것으로 볼 수 있을 것이다. 섯 잘리는 "MTV를 설립하는 데 기본 전제가 된 것은 중요한 시장 요소인 14세부터 34세까지의 음악 열광자들이 광고주가 도달하기 매우 어려운 대상이었다는 점"이었다고 지적하면서 이렇게 말한다.

"월터 톰슨 광고 회사의 미디어 감독인 론 카츠는 '사람들이 사는 음반에 광고를 수록할 수도 없고, 이들은 정규 텔레비전 프로그램도 많이 보지 않는다'라고까지 말했다. MTV의 목표는 이런 독특한 시장을 광고주를 위해 포착하고자 했던 것이다. 이런 목적을 위해서 모든 수준에서 광범위하고 방대한 시장 조사를 행했다. 14세부터 34세까지의 인구 가운데 600명을 대상으로 록 비디오만을 방영하는 채널에 흥미를 가질 것인지의 여부에 관한 인터뷰를 하였다. 놀랍게도 85%가 긍정적인 대답을 하였다. 또한 어떤 아티스트가 나와야 하는지, 잠재적 MTV 시청자들의 라이프 스타일, 태도 등을 조사하여 어떤 배경과 복장과 인물이 이를 잘 반영할지 결정하고자 했다." [62]

MTV가 가장 눈독을 들인 주요 시청자는 백인 거주 도시의 10대들이었다. 그래서 초기엔 흑인 아티스트들의 음악을 방영하지 않았는데, 그건 바로 백인 10대들의 취향에 따른 것이었다.[63] 그러나 얼마 후 백인 10대들이 흑인 랩 음악을 수용하자 그들을 집중적으로 겨냥한 마케팅을 구사하였다. 랩 음악 판매량의 절반 이상을 구매한 소비자가 바로 백인 10대 소년들이었다는 건 결코 우연이 아니다.[64]

대부분의 알파 소비자 마케팅은 10대들을 겨냥해 이루어지고 있다. 10대

---

62) 섯 잘리, 윤선희 옮김, 『광고문화: 소비의 정치경제학』(한나래, 1996), 129~130쪽.
63) 섯 잘리, 윤선희 옮김, 위의 책, 131쪽.
64) 더글라스 켈너, 김수정·정종희 옮김, 『미디어문화: 영화, 랩, MTV, 광고, 마돈나, 패션, 사이버펑크』(새물결, 1997), 351쪽.

들의 구매력 못지 않게 변화에 대한 수용력과 전파력이 가장 높다고 보기 때문이다. 바로 이런 알파 소비자 마케팅 덕분에 소비문화 및 대중문화 시장에서 10대의 중요성이 그 실체 이상으로 부각되고 있는 것이다.

소비를 위한 '참여'와 '열정'?

미국에서 수입돼 한동안 유행했던 X세대니 Y세대니 하는 것도 바로 그런 '세대 마케팅' 전략과 밀접한 관련을 맺고 있는 것이었다. 분류는 배타성을 갖는 것이기 때문에 오히려 다른 사람들에게 유혹적인 것이 된다.

미국에서 X세대는 1965년에서 1976년, 즉 비틀즈와 디스코 사이에서 태어난 사람들을 가리킨다. 이들은 약 4천900만 명으로 미국 인구의 18%를 차지하고 있으며, 쌍방향 매체를 처음 접한 세대이고 개인용 컴퓨터가 나오기 전의 생활을 본 마지막 세대이며 인터넷을 받아들인 최초의 세대이다.

Y세대는 1977년에서 1997년 사이에 태어난 사람들이다. 이들은 8천100만 명으로 베이비붐 세대를 능가하는 최대 인구집단을 형성하고 있다.[65] 이들은 기술에 경이로움을 느끼기보다는 당연한 것으로 여긴다.[66] 울프는 "제품 충성도의 면에서 보면 모든 세대의 현대 소비자들이 이 상대 저 상대를 전전하는 바람끼가 있지만, Y세대는 단연 일부다처제의 제왕"이라면서 마케팅의 관점에서 이들에 대해 다음과 같이 말한다.

---

[65] 미국에서 여성인구 대비 아이의 출산율이 가장 높았던 해는 1957년인데, 베이비붐 세대는 1947년부터 1960년 사이에 태어난 세대로 텔레비전에 의해 양육된 첫 번째 세대다. 밴 애거, 김해식 옮김, 『비판이론으로서의 문화연구』(옥토, 1996), 23쪽.

[66] Michael J. Wolf, 이기문 역, 『오락의 경제: 상품을 팔 것이 아니라 엔터테인먼트를 팔아라』(리치북스, 1999), 292~294쪽.

(『스포츠서울』 2003년 6월 26일)

'무엇을 말하느냐가 아니라 누구에게 말하느냐가 중요하다.' 제일기획은 참여(Participation)와 열정(Passion)으로 사회 패러다임 변화(Paradigm-shifter)를 주도하는 세대로 P세대 개념을 제시하고 그 중심축에 대학생을 놓았다.

"내가 이야기한 모든 경향의 주인공들은 바로 이들이다. 소비자 대중의 분열, 이 매체에서 저 매체로 마음대로 옮겨다니는 습성, 상품이나 브랜드 이면의 정서적 메시지를 감지하는 능력이 이 집단에서 관찰할 수 있는 것들이며, 그들의 영향력은 커지기만 하지 작아질 줄을 모른다. 그러나 그들은 외계인이 아니다. 그들은 우리의 막내동생 아니면 우리의 자녀들이다. 그들의 영향으로 그들은 이제 '우리'가 되었다. 기본적으로 우리는 모두 유사하고, 유사한 메시지에 반응을 나타낸다. Y세대(그리고 정도는 덜 하지만 X세대도)는 광고주들이 관심을 끌기 위해 어떻게 경쟁해야 할지를 결정 짓게 하는 대상이다."[67]

한국에선 P세대라는 개념이 등장했다. 삼성 계열의 광고대행사인 제일기획이 2003년 6월에 낸 〈대한민국 변화의 태풍-젊은 그들〉이라는 제목의 보고서에서 내놓은 개념이다. P세대는 참여(Participation)와 열정(Passion)으로 사회 패러다임 변화(Paradigm-shifter)를 주도하는 세대로 그 중심축은 대학생이라는 것이다. 그래서 많은 기업들이 그들을 마케팅의 주공략 대상으로 삼고 있다.[68]

'알파 소비자' 마케팅이건 '베타 소비자' 마케팅이건 간에, 사람들의 '참여'와 '열정'이라고 하는 것이 소비 행위에서까지 발휘된다는 건 결코 아름다운 일은 아닐 것이다. 공공의 목적을 위한 '아이디어 바이러스'를 유포시킬 주체와 동력은 어디에서 찾을 수 있을 것인지 그걸 고민해보는 건 시대착오적인 것일까.

---

67) Michael J. Wolf, 이기문 역, 『오락의 경제: 상품을 팔 것이 아니라 엔터테인먼트를 팔아라』(리치북스, 1999), 294~295쪽.
68) 김진욱, 〈대학생님! 제발 와주세요〉, 『스포츠서울』, 2003년 6월 26일, 29면.

문화공학과 마케팅 | 몸에 대한 숭배인가, 학대인가[69]

'낸시 레이건 효과'

건강은 우리 시대의 새로운 종교가 되었다. 자신의 건강을 지키기 위해 애쓰는 사람들의 노력은 감동마저 자아낸다. 다른 일엔 더할 나위 없이 게을렀던 사람들이 건강을 위해서라면 '지옥 훈련'도 마다하지 않을 기세다.

우리 텔레비전의 아침 프로그램들에 빠지지 않고 등장하는 주제가 바로 건강에 관한 것이다. 현대인들의 건강에 대한 집착은 칭찬을 하면 했지 탓할 건 아니다. 문제는 그 단계를 넘어서 남들의 시선을 의식한 미(美)를 추구하겠다고 할 때에 발생한다.

많은 이론가들이 '아름다움'은 이제 더 이상 자본주의 이전 문화의 기준으로 평가되지 않는다고 말한다. 후기 자본주의의 생산과 소비 장치에 적응하고 예속되는 개념으로 변화되었다는 것이다.[70]

---

[69] 이 글은 『대중문화의 겉과 속』 제1권에 실린 〈현대인은 왜 신체를 못살게 구나〉라는 글을 한 단계 더 발전시킨 것입니다.
[70] 벨 훅스, 김경식 옮김, 〈화끈한 몸 내다 팔기: 대중매체에 재현된 흑인 여성의 성〉, 케티 콘보이 외 엮음, 조애리 외 편역, 『여성의 몸, 어떻게 읽을 것인가?』(한울, 2001), 197쪽.

아닌게 아니라 아름다움이 숭배되면서 체중을 기준으로 하는 신분제도가 완전히 뒤바뀌었다. 과거엔 살이 찐 게 호화와 부의 상징이었으나 오늘날엔 정반대다. 실제로 수많은 조사에서도 최하층 사람들이 상류층 사람들보다 더 뚱뚱하다는 걸 보여주고 있다.

이를 가리켜 '낸시 레이건 효과'라고 말하는 사람도 있다. 전 미국 대통령 로널드 레이건의 날씬한, 아니 보기 흉할 정도로 마른, 아내 낸시 레이건을 두고 나온 말이다. 그 효과의 법칙은 이런 것이다.

"사회적 지위가 높은 남자의 아내일수록 더 날씬하며, 식욕장애 경향이 있다." [71]

식욕장애 문제는 정말 심각하다. 재미있는 이야기인지 슬픈 이야기인지 감상해보시라. 신경성 식욕부진증에 걸린 한 여성이 고급 의상실에 찾아갔을 때 일어난 일이다.

"'주의 깊게 관찰해보세요' 하고 정신치료사가 말문을 열었다. '호화스럽고 비싼 상점일수록 쇼윈도 안에 진열된 마네킹들이 날씬하답니다.' 그녀의 환자 하나가 상점에서 옷 한 벌을 입어본다. 옷이 너무 큰 나머지 상점 주인이 핀으로 줄여서 도와주어야 했다. '모델 일을 하시나 보죠?' 에너벨은 뒤돌아서서 빼빼 마른 상점 주인의 눈을 응시하며 말한다. '아니요. 저는 병이 들었어요. 신경성 식욕부진증이죠.'" [72]

'몸만들기 전쟁'

다이어트는 자신의 몸을 사랑하기 때문에 하는 것일까? 그렇게 생각하

---

71) 발트라우트 포슈, 조원규 옮김, 『몸 숭배와 광기』(여성신문사, 2001), 234~235쪽.
72) 발트라우트 포슈, 조원규 옮김, 위의 책, 235쪽에서 재인용.

기 쉽겠지만, 진실은 결코 그렇지 않다. 자신의 배우자를 사랑한다면서 집요하게 괴롭히는 의처증 또는 의부증 환자의 광기를 사랑이라고 말할 수 없다면, 다이어트에 대해서도 다시 생각해볼 일이다.

"다이어트는 몸의 시장기를 훈련시킨다. 즉 식욕은 늘 감시당하고 철통같은 의지에 의해서 억제되어야만 한다. 음식물을 원하는 유기체의 죄 없는 욕구는 떨칠 수 없을 것이므로, 몸은 훈육적 방침에 방해가 되는 이질적 존재로서 적이 된다." [73]

사회학자 이영자는 "몸만들기의 전쟁은 자신의 몸을 적으로 삼는 전쟁"이라면서 다음과 같이 말한다.

"현재의 몸을 부정하고 거부하여 끊임없이 새로운 육체를 만들어내야 하므로 자신의 몸과의 화해나 동일화를 근원적으로 차단시켜야 한다. 이상화된 몸에 대한 집착은 자신의 육체의 상대적인 불완전성과 취약성에 대한 콤플렉스와 자기불만을 끊임없이 만들어내고 자신의 몸을 비정상으로 보게 만든다." [74]

그러한 '몸만들기 전쟁'에 주로 여성들만 징용의 대상이 된다는 건 너무도 불공평한 일이 아닐 수 없다. 이영자는 몸만들기 전쟁이 여성문화에 파급시키는 여섯 가지 문제점을 지적한다.

"첫째, 몸만들기 경쟁은 남성지배문화가 요구하는 여성의 성적 대상화에 여성들 스스로가 보다 적극적, 노골적으로 동조하게 만든다. …… 둘째, 몸매 가꾸기 경쟁은 여성의 정체성과 자기실현을 왜곡된 방향으로 유도하여 육체의 가치를 인격적 가치보다 우월한 것으로 취급하는 여성문화를 조장한다. 셋째, 외모에 대한 몰입은 여성의 생산적 에너지를 소모하게 하

---

73) 샌드라 리 바트키, 윤효녕 옮김, 〈푸코, 여성성, 가부장적 권력의 근대화〉, 케티 콘보이 외 엮음, 조애리 외 편역, 『여성의 몸, 어떻게 읽을 것인가?』(한울, 2001), 211쪽.
74) 이영자, 『소비자본주의 사회의 여성과 남성』(나남, 2000), 131~132쪽.

거나 잠재능력을 무력화시키는 것으로, 남성에 비해 여성의 경쟁력을 약화시키는 요인으로 작용하게 된다. 넷째, 몸매경쟁의 문화는 소비유행을 통해 여성들을 서로 닮아가게 만드는 회로에 집어넣음으로써 여성들간에 맹목적인 경쟁을 야기하는 소비문화를 조장한다. …… 다섯째, 몸매 가꾸기 경쟁은 소비사회가 여성에게 가하는 육체적, 정신적 억압을 여성의 자기 억압으로 적극 내면화하게 만들며 이것은 여성들끼리의 경쟁을 통해 점점 더 심화된다. …… 여섯째, 몸매 가꾸기는 여성의 성해방이나 성적 자기 표현을 주체적으로 시도하는 진취적인 여성문화로 받아들여질 수 있는 위험을 내포한다." [75]

남자들도 다이어트를 하지 않는 건 아니지만, 대중문화 영역에서 두드러진 건 '근육 만들기' 였다. 공공영역에 여성의 참여가 늘어나면서 남성들의 '근육의 반격' 이 시작되었다고 보는 시각도 있다. 육체 이미지야말로 남성이 자신을 여성과 차별화시킬 수 있는 몇 안 되는 영역 중의 하나이기 때문에, 문화와 미디어에서 남성적인 육체 이미지가 폭발적으로 증가한 것은 정확히 여성의 사회 참여 정도와 비례한다는 것이다. [76]

그러나 동시에 남자들의 '근육 만들기' 도 "자기 부인(否認), 고통, 신체를 별개의 것으로 보는 관념"이라고 하는 점에선 다이어트와 전혀 다를 바 없는 구조를 갖고 있다. [77]

다이어트 · 미용 · 유행 산업의 음모

콜롬비아대학 비즈니스 스쿨에서 1979년에 행해진 한 연구 결과는 서

---

75) 이영자, 〈몸매 가꾸기의 소비문화〉, 『소비자본주의 사회의 여성과 남성』(나남, 2000), 135~136쪽.
76) 크리스 쉴링, 임인숙 옮김, 『몸의 사회학』(나남, 1999), 59~60쪽.
77) 제니퍼 크레이크, 정인희 외 옮김, 『패션의 얼굴』(푸른솔, 2001), 134~135쪽.

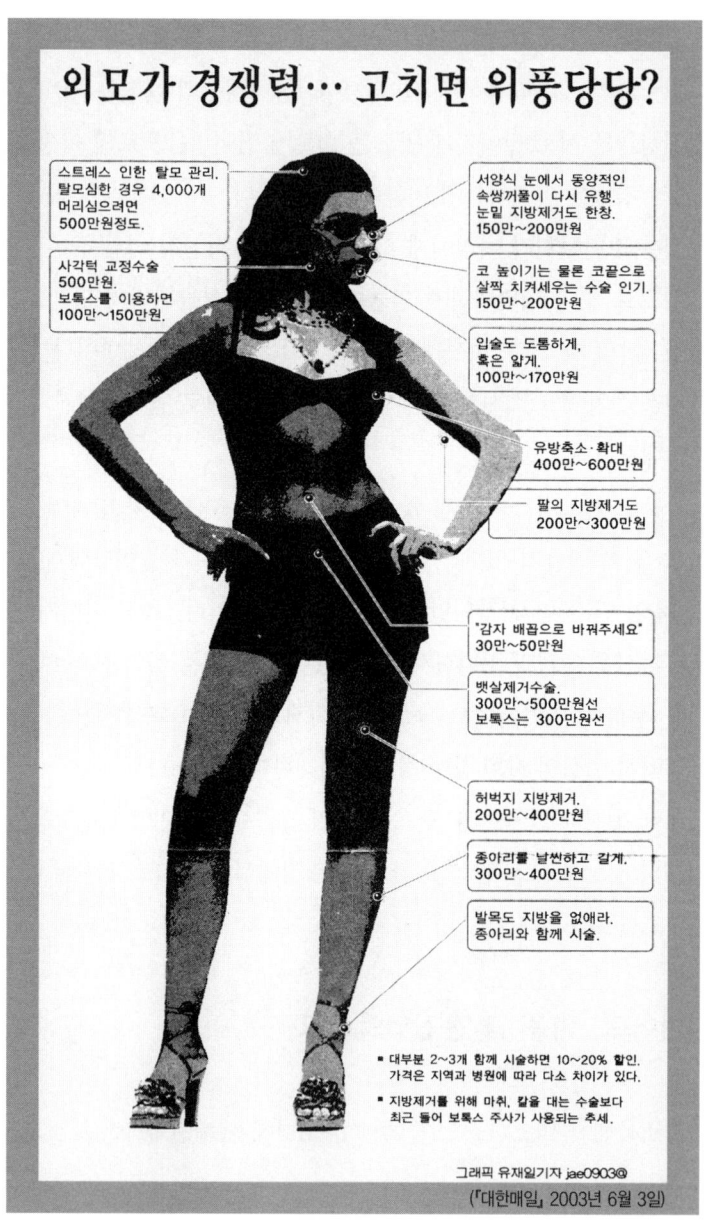

(「대한매일」 2003년 6월 3일)

'몸만들기의 전쟁은 자신의 몸을 적으로 삼는 전쟁'이다. 다이어트·미용·유행 산업의 목적은 '여성들로 하여금 그들이 가진 모든 것에 대해 불만스럽게 생각하도록 만드는 것'이다.

글프다. 좋은 외모가 여자들이 점원직에 취업하는 것은 도와주지만 경영 직종에 취업하는 데엔 반대작용을 한다는 것이다. 이후의 연구들도 인간관계에 대한 기술이 요구되는 직종에서 여자들은 자신의 아름다움에 대한 눈에 띌 만한 보상을 받지만, 긴장감 속에서 일해야 하고 즉각적인 결단을 내려야 하고 다른 이들의 동기를 유발시키는 능력이 요구되는 직종에서는 아름다움에 대한 보상은커녕 심지어 불이익을 당하기도 한다는 걸 보여주었다.[78]

연구자들의 결론은 다음과 같다.

"이 결과는 슬프게도 여자들이 권력 있고 조직적인 지위로 이동함으로써 경력을 발전시키는 데에서 성공하기 위해서는 덜 매력적으로 보이고 또 남성적으로 보이려고 애를 써야만 한다는 것을 암시한다. 분명히 여성스러움을 포기하는 것이 조직적 성공을 위한 필수조건이 되어서는 안 된다."[79]

일부 심리학자들은 여성들이 다이어트를 하는 것은 출산을 통제하기 위한 무의식적인 전략이라고 하지만,[80] 그것보다는 남성 지배의 사회가 우선적인 원인인 것 같고 그 다음으론 다이어트 및 미용산업의 '수요 창출' 마케팅을 들어야 할 것이다.

생각해보라. 지금과 같은 미(美)의 기준이 달라지면 다이어트 · 미용 · 유행 산업이 붕괴되고 엄청나게 많은 실업자들이 양산될 것이다. 그래서 그 산업 종사자들은 그게 바뀌지 않게끔 심혈을 기울인다. 다이어트 · 미용 · 유행 산업의 목적은 "여성들로 하여금 그들이 가진 모든 것에 대해 불만스럽게 생각하도록 만드는 것"이라고 해도 과언이 아니다.[81]

---

78) 낸시 에트코프, 이기문 옮김, 『미(美): 가장 예쁜 유전자만 살아남는다』(살림, 2000), 107쪽.
79) 낸시 에트코프, 이기문 옮김, 위의 책, 107~108쪽에서 재인용.
80) 낸시 에트코프, 이기문 옮김, 위의 책, 243쪽.

삼성경제연구소의 2002년 보고서에 따르면, 한국에서 '외모' 분야의 연간 시장 규모는 7조 원에 이른다. 화장품이 5조5천억 원, 미용 성형이 5천억 원, 다이어트 분야가 1조 원 등이다. 한 시사월간지의 〈섹시입술 150만 원 상궁마마 이마 200만원 왕가슴 800만원: '성형공화국' 대한민국의 미인 견적서〉라는 제목의 기사는 무얼 말해주는가?[82]

다이어트·미용·유행 산업과 이해관계를 같이 하고 있는 언론 및 엔터테인먼트 산업은 당연히 그들 편이다. 2003년 6월 할리우드 여배우 데미 무어가 약 5억 원을 들여 전신 성형수술을 받은 것이 널리 보도되었는데, 외모를 생계 및 인기 수단으로 삼는 연예인들의 이런 눈물겨운 노력도 보통사람들을 자극하고 있다.

『토론토스타』 1995년 5월 21일자는 다음과 같이 보도한 바 있다.

"『플레이보이』의 중간에 접어 넣은 페이지에 등장하는 여자 모델들의 체중은, 1959년에는 연령과 신장이 여성 전체의 평균 체중의 91퍼센트 수준이었던 것이 1978년에는 84퍼센트 수준으로 줄었다. 같은 기간 중에 미스 아메리카 선발대회 참가자들의 체중도 줄어들었다. 이 사회의 오도된 이상 체중에 부합되는 여성은 전체의 5퍼센트에 불과하다. 나머지 95퍼센트 가운데 상당수는 불필요한 불행감에 젖어서, 자기 스스로에게 종신형 선고를 내리고 자신은 육체라는 이름의 지옥 같은 감옥에 갇힌 신세라고 여긴다."[83]

---

81) 엘런 테인 더닝, 구자건 옮김, 『소비사회의 극복: 현대 소비사회와 지구환경 위기』(또 님, 1994), 130쪽.
82) 조희숙, 〈섹시입술 150만원 상궁마마 이마 200만원 왕가슴 800만원: '성형공화국' 대한민국의 미인 견적서〉, 『신동아』, 2003년 8월, 300~307쪽.
83) 리처드 클라인, 원재길 옮김, 『포스트모던 다이어트: 지방질을 먹어라』(황금가지, 1999), 62쪽에서 재인용.

'정신 부재의 몸'을 원하는가

이제 우리는 다이어트 열풍이 광기(狂氣)의 수준에 이르렀다는 걸 인정해야 한다. 미국 코넬대 교수 리처드 클라인은 "대부분의 미국 여성이 다이어트를 행하는 시점에서 날씬함을 미워하기란 어려운 일"이라면서 다음과 같이 말한다.

"이들에게 배고픔은 큰 문제가 아니다. 자신을 굶겨 죽이려고 애쓰고 있는 것이니 말이다. …… 이런 판이니 일부 시사평론가들이 소말리아 난민들에 대해 논평하면서, 호리호리하면서 지방질이 없는 체형을 놓고 우아함 운운했던 것도 무리가 아니다. 해골이나 다름없지만, 그럼에도 우리네 문화권에서 굶주리는 슈퍼모델들이 가장 매혹적인 우상이 된 것처럼, 아름다움의 현대적 이상을 어느 정도 구현하고 있다고 말이다." [84]

클라인은 "지방질은 여성적인 것이며 따라서 아름답다"고 주장한다.[85] 그런가하면 '국제 다이어트 없는 날'(International No Diet Day)을 만든 '5월 5일 연합'이란 그룹은 우리 모두는 자신들의 신체에 귀를 기울이고, 그 몸이 음식 먹기를 원한다면 먹어 주어야 한다면서 매년 5월 5일 체중계를 부숴버리고 돼지처럼 먹자는 제안을 하고 있다.[86]

한국에서도 여성민우회가 '노(NO) 다이어트 데이' 캠페인을 전개한 바 있다. 여성민우회가 2003년 4월 여고생과 여대생 1천여 명을 대상으로 다이어트 및 성형에 대한 인식 실태를 조사한 결과에 따르면, 80%가 자신의 체중에 불만족하고 있으며 정상체중이면서도 만족하지 않는 비율이 83.5%에 이르렀다. 또 여고생의 절반이 성형수술을 고려하고 있는 것으로

---

84) 리처드 클라인, 원재길 옮김, 『포스트모던 다이어트: 지방질을 먹어라』(황금가지, 1999), 61쪽.
85) 리처드 클라인, 원재길 옮김, 위의 책, 62쪽.
86) 페이스 팝콘·리스 마리골드, 조은정·김영신 옮김, 『클릭! 미래속으로』(21세기북스, 1999), 85쪽.

나타났다.[87]

몸을 숭배하건 학대하건 그건 전체주의 사회, 특히 파시스트 국가들에서 발달된 것이었다는 것만큼은 분명히 알아두자. 히틀러의 국가사회주의는 '정신 부재의 몸'(mindless body)을 숭배했으며, 이는 그들의 예술에도 반영되었다.[88] 히틀러 치하에서 7만 명의 장애인 및 노인들이 살해된 것도 바로 그런 몸 숭배와 무관치 않은 것이었다.[89]

몸의 숭배 또는 학대를 히틀러와 연관시키다니 지나친 것 아니냐는 반론이 있을 법하다. 그러나 '차별'과 '학대'라는 점에선 기본적으로 다를 게 없다. 한 나라의 10대 소녀의 80% 이상이 건강상 정상체중을 갖고 있으면서도 자신의 살을 미워하고 10대 소녀의 절반이 성형수술을 고려하고 있다면, 이건 사회병리적 광기(狂氣)로 보는 것이 옳을 것이다.

극단을 배격하고 균형을 취하자

그렇다고 해서 '정신'만 외치는 또다른 극단이 답일 수는 없다. 양 극단 사이의 균형을 취하는 것이 필요하다는 것이다. 아름다움을 추구하고자 하는 여성의 열망도 여성의 정신적 만족도와 성취감을 높일 수 있다는 점에 주목하는 것도 필요할 것이다. 외모에 공들이는 걸 개인적 자유와 권리의 문제로 보는 시각도 존중되어야 할 것이다. 그래서 여성학자 엘레인 쇼월터는 최근의 성형수술의 성장은 "진보이며 민주주의이며 자기성취"라고 말한다. 여성이 아무런 죄책감이나 고통 없이 안전하고 싼값에 성형수술

---

87) 정희정, 〈"잘못된 다이어트 그만" 운동 뜬다: 정상체중 여성 83%가 '불만족'〉, 『문화일보』, 2003년 4월 30일, 30면.
88) 크리스 쉴링, 임인숙 옮김, 『몸의 사회학』(나남, 1999), 55쪽.
89) Richard Thurlow, 『Fascism』(Cambridge: Cambridge University Press, 1999), p.56.

지난 6일 서울 명동에서 한국여성민우회가 연 '노 다이어트, 노 성형' 캠페인에서 날씬한 몸매를 얻는 대가로 마녀에게 목소리를 빼앗긴 여성이 몸짓으로 이야기하는 연기를 하고 있다.
임종진 기자 stepano@hani.co.kr

'바비인형' 되라고? '당당한 나' 될래

커지는 다이어트·성형 반대 목소리

지난 6일 서울 명동 우리은행 앞. 한 여성이 몸짓으로 자신의 뜻을 표현하려 애쓰고 있다. 그는 말을 못한다. 그의 뒤에 서 있는 마녀가 목소리를 가져갔다. 대가는? 이른바 '쭉쭉빵빵'한 외모.

동화 〈인어공주〉를 패러디한 극단 '해'의 퍼포먼스는 이날 '세계 노(No) 다이어트 데이'를 맞아 한국여성민우회가 주최한 '내 몸의 주인은 나 : 노 다이어트, 노 성형' 캠페인의 일환으로 열렸다. 마녀는 외모지상주의를 강요하는 사회를 상징한다. 여성은 날씬한 몸매를 얻기 위해 자신의 다른 능력을 버려야 한다.

"최근 성형수술 후유증에 시달리던 20대 여성 2명의 동반자살은 한국 사회의 성형 열풍에 경종을 울린 사건입니다. 왜 많은 여성들이 예뻐지기 위해 건강과 목숨까지 위협 자들은 자신한테 '가당찮은' 남자들의 사랑을 얻기 위해 별별 음모를 꾸미고 있다"며 "매스미디어는 높은 코와 쌍꺼풀진 눈, 긴 다리와 큰 키 등 한국 여성들이 맞추기 어려운 서구 중심적 기준을 정해 놓고, 그 기준을 모든 여성에게 강요하고 있다"고 말했다.

외모지상주의 미디어가 재생산
다이어트·성형은 강요된 선택
외모차별 광범위하게 이뤄지고
여성 건강마저 해쳐
다양한 아름다움 인정해야

공적인 영역에서도 외모 차별이 광범위하게 이뤄지고 있는 가운데, 다이어트와 성형산업은 날로 팽창하고 있다.

삼성경제연구소의 지난해 보고서를 보면, '외모' 분야의 연간 시장 규모가 무려 7조원에 이른다. 화장품이 5조5천억원, 미용성형이 5천억원, 다이어트 분야가 1조원 등이다. 또 1975년 22명에 불과하던 성형외과 전문의는 2001년 1020명으로 46.4배 늘었다. 전체 전문의 증가율(8.4배)을 크게 앞지른다.

매스미디어와 자본에 의해 확산되는 외모지상주의는 여성의 건강을 해치고 있다. 한림대 조정진 교수는 "다이어트를 하는 여성 가운데 정상체중이 76%, 저체중이 13%나 된다"며 "운동보다 단식, 절식 등 부적절한 방법을 활용해 오히려 건강을 위협하고 있다"고 말했다.

전문가들은 여성에게 능력보다 외모를 요구하는 사회적 풍토를 바꾸려는 노력 없이

(「한겨레」 2003년 5월 12일)

우리가 극구 피해야 할 것은 극단이다. 육체와 정신의 균형이 중요하고, 남녀차별과 다이어트·미용·유행 산업의 과도한 이윤 추구욕에 휘둘리지 않는 것이 필요할 것이다.

을 받을 수 있도록 하는 것이 중요하다는 것이다. [90]

문화평론가 김지룡은 이른바 '미모 마케팅'도 옹호한다. 그는 "이제 우리 나라는 문학상이고 신인상이고 상만 내걸었다 하면 여성 작가들이 독식하는 현상이 지배적"이라며 다음과 같이 말한다.

"어느 출판사는 수상 작가의 빨간 입술에 포인트를 둔 사진을 앞세웠고 어느 출판사는 작가의 날씬한 다리를, 또 어느 출판사는 작가의 눈을 강조한 사진을 표지로 만들었다. 이를 두고 문학성뿐 아니라 미모도 채점한다는 우스개 섞인 풍문이 나돌았고 점점 소녀 취향이 되었다느니 장삿속과 결합한 값싼 감상이 지배하고 있다느니 하는 비판도 많았다. 그러나 이것은 아직도 '이는 본질이 아니다'는 고집 아래 현실 읽기를 거부하는 '눈 가리고 아웅' 식의 발상일지도 모른다." [91]

김지룡은 남성에 대해서도 똑같은 자세를 취한다. 그는 가수 박진영의 춤은 "욕망을 표출하는 방법이고 자신의 성적 매력을 적나라하게 드러내는 일"인데, "이것은 우리 사회에서 터부시되어 왔던 일"이라며 다음과 같이 말한다.

"박진영을 보면서 나는 커다란 남성 해방의 기운을 느꼈다면 여성들이 비웃을까? 아무튼 박진영에겐 터부란 없다. 그는 절대 성을 감추지 않는다. …… 박진영 같은 남자가 좀더 많아져야 한다. 그는 어떤 매체를 통해 공개적으로 이런 메시지를 전했다. '여성들도 남성들을 보고 즐길 권리가 있다!' 여성들은 자신의 남자에게 섹스 어필하려고만 할 것이 아니라 자신의 남자 친구를 섹스 어필한 남자로 만들도록 분위기 조성을 해야 한다. 그리고 신세대 남성이라면 하루빨리 박진영처럼 새로운 시대의 해법을 터득

---

90) 오조영란, 〈페미니즘으로 본 의료와 여성의 건강〉, 오조영란·홍성욱 엮음, 『남성의 과학을 넘어서: 페미니즘의 시각으로 본 과학·기술·의료』(창작과비평사, 1999), 99쪽에서 재인용.
91) 김지룡, 『나는 일본 문화가 재미있다』(명진출판, 1998), 182쪽.

하도록 애써야 한다." [92]

　이는 사람의 취향에 따라 얼마든지 동의하고 수용할 수 있는 주장일 것이다. 다시 말하지만, 우리가 극구 피해야 할 것은 극단이다. 육체와 정신의 균형이 중요하고, 남녀차별과 다이어트·미용·유행 산업의 과도한 이윤 추구욕에 휘둘리지 않는 것이 필요할 것이다.

　국내 가요계에 '외모 지상주의'와는 거리가 먼 '빅 마마' '버블 시스터즈' '김범수' 등이 맹활약하는 걸 희망적인 신호로 보는 사람들도 있다. 대중음악평론가 임진모는 "이들의 대두와 선전(善戰)은 TV의 비주얼 소아병에 대한 반작용이 가요계에서 서서히 일어나고 있음을 보여주는 것"이라고 진단한다. [93]

　제발 계속 그런 쪽으로 나아가면 좋겠다. 유행과 분위기는 만들기 나름이다. 그것들에 너무 순종하는 태도는 버려야 한다. 좋은 외모의 가치를 부정하자는 게 아니다. 누려도 될 만큼 적정 수준의 인정(認定)을 누리고 인정을 해주되, 그것에 목숨 걸지는 말자는 것이다. 그렇게 하는 건 우리가 하기 나름이다. 자꾸 남들이 어떻다고 말하지 말고 나부터 생각을 바꾸면 되는 것이다.

---

92) 김지룡, 『재미있게 사는 사람이 성공한다』(명진출판, 1998), 129~130쪽.
93) 박주연, 〈외모 지상주의 TV에 반기 들다〉, 『뉴스메이커』, 2003년 6월 5일, 80~81면.

문화공학과 마케팅

'맥도널드'는 '신의 축복'인가

쇠고기의 정치학

백인들이 나타나기 전 미국 대평원의 주인공은 버펄로였다. 버펄로는 인디언의 주요 식량이었지만, 버펄로와 인디언은 얼마든지 공존할 수 있었다. 버펄로에게 비극이 닥친 건 백인들의 사나운 총질이 시작되면서부터였다. 1871년에서 1874년 간 백인들에 의해 학살된 버펄로가 400만 마리 이상이었다. 그리하여 1870년대 말 대평원의 버펄로는 멸종되고 말았다.

미국의 역사책에서는 버펄로의 대량 학살을 파괴적인 낭비 행위라고 설명하지만, 그건 "버펄로를 육우로, 인디언을 카우보이로 대체하려는 분명하고도 체계적인 정책"의 산물이었다. 당시 미국 서부군 사령관 필립 쉐리던은 텍사스 입법부에서 버펄로 사냥꾼들이 "골치 아픈 인디언 문제를 해결하는 데 지난 30여 년 동안 전체 정규군이 거둔 성과보다 더 많은 기여를 했"다고 증언했다. [94]

---

94) 제레미 리프킨, 신현승 옮김, 『육식의 종말』(시공사, 2002), 97쪽.

인디언과 버펄로에게 가한 백인들의 잔혹 행위에 대한 고발에서부터 이야기를 시작하고 있는 제레미 리프킨[95]의 『육식의 종말』은 쇠고기를 즐겨 먹는 식생활에 대해 다시 생각해보게 만든다.

이 지구상엔 12억8천 마리의 소가 있는데, 미국에만 1억 마리가 있다. 미국인 2.5명당 소 1마리의 비율인 것이다. 물론 잡아먹자고 키우는 것이다. 그래서 미국에서 매일 도축되는 소가 10만 마리나 된다. 미국 인구는 전 세계 인구의 5%인데도 미국인들은 전 세계 쇠고기 생산량의 23%에 달하는 양을 소비하고 있는 것이다.

쇠고기를 좋아하는 미국인들이 펴는 '쇠고기 예찬론'이 인종차별주의와 제국주의에까지 연결되기도 했다는 게 흥미롭다. 서부극 작가 에머슨 휴그는 미국 카우보이 예찬론을 펴면서 "역사적으로 승리를 거둔 이들은 식물 대신 쇠고기를 주식으로 삼는 민족들이었다"고 주장했으며,[96] 이는 많은 사람들에 의해 받아들여졌다는 것이다.

소는 가축들 중에서 음식물의 에너지 전환이 가장 비효율적이라고 한다. 1파운드의 고기를 얻기 위해 9파운드의 사료가 필요하다는 것이다. 미국에서 생산되는 곡물의 70%가 가축 사육을 위해 소비되고 있다. 지구 한쪽에선 수많은 사람들이 굶어 죽어가고 있는데 다른 한쪽에선 그런 일이 벌어지고 있으니 이거 너무 하지 않은가. 전 세계적으로 보더라도 12억8천마리의 소를 사육하는 면적은 전 세계 토지의 24%를 차지하는데, 이 소들이 13억 명의 굶주리는 사람들을 넉넉히 먹여 살릴 만한 곡식을 먹어치우고 있다니, '소가 사람을 먹는다'는 말이 나오게도 생겼다.

쇠고기는 건강에도 좋지 않다. 리프킨은 쇠고기 때문에 서구인들은 인

---

95) 리프킨에 대해선 강준만, 〈제레미 리프킨: 운동가는 무엇으로 사는가?〉, 『시사인물사전 12』(인물과사상사, 2001), 141~184쪽을 참고하십시오.
96) 제레미 리프킨, 신현승 옮김, 『육식의 종말』(시공사, 2002), 298쪽.

고기 몇 점때문에 종말이 온다면…

육식의 종말
제레미 리프킨 지음, 신현승 옮김
시공사, 1만 3천원

사라져 가는 아마존 열대우림, 사막으로 변하는 아프리카, 갈수록 심해지는 지구 온난화 현상…. 이런 지구 생태계를 위협하는 주범은 다름 아닌 소(牛)다. 빈부 격차를 더욱 넓히고 성차별·인종차별까지 심화시키는 것도 들판에서 한가하게 풀을 뜯어 먹고 있는, 그 순한 눈망울을 가진 소임에 분명하다. 뉴욕 타임스 북리뷰가 '개혁주의 작가(reformist author)'로 분류한 미래학자 제레미 리프킨의 주장에 따르면 그렇다.

리프킨은 『육식의 종말』(원제 Beyond Beef)을 통해 인간과 소의 뿌리 깊은 역사와 서로 얽혀 있는 문화·경제 양상을 다루고 있다.

그러나 육식을 문화인류학적 접근에서 본 것으로 그치지 않는다. 그는 책에서 '쇠고기 합병'이 담고 있는 정치경제학의 역학(力學)을 전방위적으로 조명해 현재의 사회를 바꿔 보려는 의지를 분명히 하고 있다. "고기를 먹지 말아야 지구와 인류가 살 수 있다"

그러나 리프킨은 채식주의자 입장의 권고고기보다 쇠고기를 앞세운 정치·자본 논리에서 탈피해 보자는 운동을 독려하고 있다. 따라서 여기에는 서구 문화에 대한 깊은 반성이 포함되어 있다.

그가 내세우는 예들은 무척이나 충격적이다. 12억 8천만마리로 추산되는 지구상의 소들은 전세계 토지의 24%를 차지하고 있다. 지방이 촘촘히 박힌 깊은 맛의 쇠고기를 만들기 위해 소에 기름진 육수수 등 곡물을 먹이기 시작했는데, 이는 지구에서 생산되는 전체 곡

전세계 육지 24% 소가 차지
한편에선 사람이 굶어 죽지만
곡물 3분의 1은 가축사료용

식의 3분의 1을 가축이 먹어치우고, 반면 사람은 굶어죽는 어이없는 현상을 연출하고 있다.

서양인들은 식민시대 이후 아일랜드·스코틀랜드에 이어 북미·홍미로 축산단지를 늘려 갔다. 비육우를 키우기 위해 북미 대평원을 내달리던 야생들소 버펄로가 무차별 살상되고 버펄

로를 놓고 인간과 싸워야 하는 '발굽 달린 메뚜기'달이다. '살기 위해 먹기를 거부해야 한다'는 역설이 성립되는 순간인지도 모른다. 『소유의 종말』노동의 종말이란 저서 탓에 미래학자로 더 잘 알려진 리프킨이 '쇠고기'를 전작했던 것은 왜일까, 이 책은 1992년 미국에서 출간됐다.

은 심장병·암·당뇨병에 허우적거린다. 이같은 경고에도 여전히 10억의 사람들은 넘치는 지방을 주체못해 다이어트에 열을 올리고 또 다른 10억은 뼈가 앙상해져 가고 있다. 나머지 35억도 '단백질 시대라'의 최상위층에 올라 있는 쇠고기를 더 섭취하려고 아등바등하고 있다.

『육식의 종말』에 나타나는 소는 괴변의 이미지에서 나오는 무시무시한 메뚜기때의 이미지로 다가온다. 식

(『중앙일보』 2002년 1월 19일)

소는 가축들 중에서 음식물의 에너지 전환이 가장 비효율적이다. '소가 사람을 먹는다'고 해도 과언이 아닐 정도로 비효율적이다.

류 역사상 최초로 과다 체중에 시달리고 있으며 여러 질병의 공격을 받고 있다고 말한다. 제1차 세계대전 때 300만 명의 덴마크인들이 봉쇄돼 어쩔 수 없이 감자와 보리 위주로 먹고살았는데, 그런 배급이 실시된 해에 질병으로 인한 사망률이 34%나 감소되었다는 사례도 제시한다.

맥도널드의 종교화

그러나 그런 문제에도 불구하고 미국인들의 '쇠고기 예찬론'은 계속돼

왔으며 오늘날 미국의 상징이 된 햄버거에 이르러 그 극치를 보여주었다. 자동차의 발명과 고속도로 문화의 등장은 미국인들의 교외 생활을 가능케 했으며, 이러한 생활양식은 식품 준비와 소비에서 편리, 효용성, 예측 가능성을 필요로 했다. 햄버거를 앞세운 패스트푸드 체인의 탄생은 바로 그런 요청에 부응한 것이었다.

패스트푸드 체인의 선구자는 단연 맥도널드이다. 데이비드 핼버스탬은 맥도널드의 놀라운 사회적 통찰은 햄버거에 대한 미국인들의 엄청난 식욕을 간파한 것이 아니라, 새로운 고속도로와 자동차에 의해 초래된 이동성의 확산과 먼 거리를 통근하는 노동자들, 그리고 도중에 신속하게 식사를 마쳐야 할 필요성을 이해했다는 데에 있다고 말한다. [97]

아닌게 아니라 맥도널드의 창업주인 레이 크록은 60년대 초 회사 비행기로 미국 전역을 샅샅이 돌아다니면서 맥도널드 매장을 세울 곳을 물색했다. 리프킨은 교회 뾰족탑이 크록의 전략적인 계획에서 긴요한 역할을 했다며 다음과 같이 말한다.

"그는 의도적으로 교회 근처에 레스토랑의 위치를 정했다. 맥도널드 레스토랑과 근처 교회의 순수하고 건전한 이미지가 서로 상승효과를 일으킨다고 계산한 것이다. 일찌감치 주요한 시장 고객으로 교회에 다니는 교외 가족들을 목표로 삼았음은 말할 것도 없다. 심지어 몇몇 사회 논평가들은 맥도널드의 황금빛 아치와 천국의 문의 생생한 이미지가 놀라우리 만치 닮았다는 점을 지적한다. 크록은 배고픈 대중들이 혼란하고 예측 불가능한 세상의 떠들썩함에서 벗어나 편히 쉴 수 있는 그런 신성한 장소의 이미지를 창조하고 싶어했다. …… 크록은 고도의 기술과 기계적 효율의 풍토

---

97) 데니얼 버스타인·데이비드 클라인, 김광전 옮김, 『정보고속도로의 꿈과 악몽』(한국경제신문사, 1996), 342쪽에서 재인용.

에서 성장한 이들에게 '마음의 평화'를 제공했다. 그는 맥도널드에서 '선행'을 '효율성'으로, '영원한 구원'을 '하룻 동안의 휴식'으로 대체시켰다." 98)

맥도널드의 종교화는 소를 숭배하는 진정한 힌두교도가 미국인들이 아닐까 하는 의문을 갖게 만든다. 먹어 없애는 게 숭배냐고 반문할 수도 있겠지만, 소가 없어지면 죽는 건 미국인들이지 소를 숭배하는 정통 힌두교도들일 것 같지는 않아서 해보는 말이다.

효율성-계산가능성-예측가능성-통제

미국 메릴랜드대학 사회학 교수 조지 리처가 쓴 『맥도날드 그리고 맥도날드화: 유토피아인가, 디스토피아인가』99)라는 책은 맥도널드에서 현재 우리가 사는 세상의 작동 방식의 전형까지 찾고 있다. 이 책을 미국의 200여 대학에서 교재로 쓴다고 하니 사회학이라는 학문이 참 재미있다는 생각이 든다. 패스트푸드인 맥도널드가 책의 주제로까지 다뤄지고 또 그 책을 대학생들이 교재로 삼아 열심히 공부한다니 말이다.

그러나 놀랄 일은 아니다. 이 책은 맥도널드를 다루고 있지만 어떤 의미에선 맥도널드에 관한 책이 아니기 때문이다. 이 세상의 작동 방식을 탐구한 책이다. 지은이는 '맥도널드'로 대표되는 패스트푸드점의 원리가 미국 사회와 그 밖의 세계의 더욱더 많은 부문들을 지배하게 되는 과정과 그것이 초래하는 비인간화를 '맥도널드화(McDonaldization)'라고 부르는 것뿐이다.

---

98) 제레미 리프킨, 신현승 옮김, 『육식의 종말』(시공사, 2002), 322~323쪽.
99) 조지 리처, 김종덕 옮김, 『맥도날드 그리고 맥도날드화: 유토피아인가, 디스토피아인가』(시유시, 1999).

맥도널드 모델은 전 세계로 수출되고 있으며 세계 각지에서 큰 성공을 거두고 있다. 왜 그럴까? 리처는 맥도널드가 효율성, 계산가능성, 예측가능성, 그리고 통제를 제공하기 때문이라고 말한다.

맥도널드로 식사를 대신하는 게 효율적이라는 건 굳이 설명을 필요로 하지 않을 것이다. 업주의 입장에선 고객들에게 무보수 노동까지 시키니 얼마나 효율적이겠는가! 판매되는 제품과 제공되는 서비스의 양적인 측면은 물론 고객의 이용 시간까지 모두 계산 가능하다는 것도 큰 매력이다. 또 맥도널드의 제품과 서비스는 언제 어디서나 동일할 것이라는 예측 가능성을 제공하며, 이는 고객들을 편안하게 만들어준다. 맥도널드는 고객이 가능한 한 빨리 먹고 나가게끔 모든 게 고안돼 있으며(특히 그 불편한 의자를 보라!) 종업원에 대한 통제는 이윽고 인력을 무인기술로 대체하고자 하는 경지에까지 이르렀다. 이 또한 업소의 이윤율을 높여주고 고객에게 제품과 서비스가 한결같다는 편안함을 제공해주는 데에 기여한다.

맥도널드의 이런 특성 때문일까? 최근 스위스의 한 투자은행은 맥도널드 햄버거 '빅맥' 1개를 사는 데에 필요한 노동 시간을 세계 나라 및 도시별로 비교하면서 그걸 '빅맥지수'라고 불렀다. 뉴욕에서는 12분, 홍콩에서는 13분, 취리히, 토론토, 몬트리얼 등에서는 14분, 서울에서는 28분, 보고타에선 93분, 나이로비에선 3시간 이상이 걸린다는 것이다. [100]

맥도널드는 미디어 현상

과거 사회주의 국가들에서 빵을 사기 위해 한 시간 넘게 기다리곤 했던 경험을 가진 사람들이 맥도널드의 출현을 '신의 축복'으로까지 찬양하는

---

100) 이숙현, 〈'빅맥' 1개를 사려면?〉, 『내일신문』, 2003년 8월 22일, 4면.

反美시위 표적·비만소송…주가·신용 크게 하락

'美 제국주의' 상징 맥도널드 흔들린다

미국 제국주의의 상징이자 반세계화 및 반미 시위의 표적인 '햄버거 왕국' 맥도널드의 아성이 무너지고 있다. 미국 내의 1만 3,000여 개를 포함해 121개 국에 3만여 개의 점포를 거느리고, 하루 이용 고객이 4,600여 만 명에 달하는 세계 최대 식당 체인인 맥도널드가 매출 급감과 주가 하락, 건강 유해 논란 등으로 창사 이래 최대 위기에 직면했다.

무너지는 골든 아치
세계적인 신용평가회사인 스탠더드 앤드 푸어스(S&P)는 최근 수십 년 간 'A+'였던 맥도널드의 신용등급을 낮출 수 있다고 경고했다. 이는 맥도널드가 11월 초 연간 실적이 예상치(1주당 1.35~1.41 달러)보다 낮은 1.31 달러에 그칠 것이라고 공시한 직후 나온 것이다.

맥도널드의 올 3·4 분기 순이익은 전 분기의 5억 4,550만 달러에서 4억 8,760만 달러로 급감하는 등 7분기째 연속 하락하고 있다. 2·4분기 전세계 점포 매출액은 2.5%나 떨어지는 등 매출도 수분기째 제자리 걸음이다.

이에 따라 지난 3년 동안 맥도널드의 주가는 60%나 곤두박질쳤

미국이 이에 동조하면서 안티 맥도널드 캠페인이 아랍권 전체를 휩쓸고 있다. 요르단, 이집트 등의 맥도널드 매장에는 '당신이 빅맥을 먹기 위해 지불한 돈이 총탄이 되어 팔레스타인 형제들의 가슴에 꽂힌다'는 전단이 뿌려졌다. 맥도널드는 8일 마침내 중동과 중남미 10개 국의 점포 175개를 폐쇄한다고 밝혔다.

생존의 몸부림
위기를 느낀 맥도널드는 이미 쇄신과 사업 다각화를 생존전략으로 내걸었다. 최근 발표한 '사회책임 보고서'에서는 환경보호와 장애인 고용을 약속했으며, 튀김용 기름을 폴레스테롤 수치를 증가시키는 포화 지방산이 적게 든 것으로 바꾸겠다고 밝혔다. 어린이 비만 방지 캠페인도 밟이고 있다.

불매운동등 타격 순익 급감
구조조정 통해 생존 안간힘

"맥도널드에 당신의 입맛을 맞추어라"던 지만도 털어버렸다. 인도에서는 쇠고기를 뺀 햄버거를 시판하고, 사우디 아라비아에서는 남녀 좌석을 구분하는 등 글로벌 라이제이션(글로벌+로컬) 마케팅에도 열을 올리고 있다. 투자 규모도 올 20억 달러에서 내년 19억

121개국 3만여개 점포
한때 '햄버거왕국' 아성

(『한국일보』 2002년 11월 23일)

조지 리처 교수는 전 사회가 맥도널드화되는 것만큼은 저지해야 한다고 역설한다. 맥도널드는 매출액의 15~25%를 광고비로 지출한다는 점에서 미디어 현상이기도 하다.

건 결코 놀라운 일은 아닐 것이다.

그러나 맥도널드가 야기하는 문제도 만만치 않다. 리처는 환경 문제도 심각하지만 사람들이 비인간적인 환경에서 먹거나 일한다는 점을 지적한다. 사람들 사이의 상호 접촉을 최소화하며 미국뿐만 아니라 전 세계를 동질화시키는 것도 문제라고 말한다.

121개국에 2만9천여 매장을 세운 맥도널드의 놀라운 성공은 맥도널드

에게 부메랑이 되고 있다. 한동안 비만(肥滿)의 책임을 묻는 소비자들의 소송이 잇달아 제기되더니 이젠 세계 각국에서 반미(反美) 시위만 벌어졌다 하면 맥도널드가 '미 제국주의의 상징'으로 간주돼 공격 대상이 되고 있기 때문이다.

그러나 리처가 문제삼는 건 맥도널드 그 자체는 아니다. 그는 맥도널드의 원리가 패스트푸드는 물론이고 의료, 교육, 여가, 스포츠, 영화, 기업, 노동, 쇼핑, 마케팅 등 사회 전 분야로 확산되는 '맥도널드화'를 우려하는 것이다.

리처는 자신이 맥도널드에 대해 특별히 적의를 가지고 있지 않다는 걸 강조하면서 전 사회가 맥도널드화되는 것만큼은 저지해야 한다고 역설한다. 물론 저자도 인정했다시피, 그게 가능할 것 같지는 않다. 이미 맥도널드화의 물결은 전 세계를 뒤덮고 있기 때문이다. 어쩔 수 없는 일이라 하더라도 '제대로 알 건 알고 살자'는 뜻으로 이해하면 될 것이다.

그러나 우리가 맥도널드와 관련해 한 가지 잊지 말아야 할 것은 맥도널드가 '세뇌'라고 해도 좋을 정도로 엄청난 광고 공세를 퍼부었으며 지금도 그렇게 하고 있다는 점일 것이다. 월터 레이피버는 농구 스타 마이클 조던을 모델로 쓴 맥도널드 광고의 억척스러움에 대해 다음과 같이 말한다.

"마지막 버저가 울렸을 때, 그러나 조던이 팀 동료와 승리의 기쁨을 나누기도 전에, 맥도널드의 광고 제작팀이 코트에 올라와 광고를 찍었다. 광고상에 나오는 목소리는 '마이클, 당신은 세 번 연속으로 NBA 챔피언을 따냈습니다. 네 번째 우승도 차지하고 싶습니까?'라고 말했다. 조던은 땀을 흘리며 웃으며 대답했다. '빅 맥이 먹고 싶습니다.' 광고 필름에는 조던이 마지막 경기에서 레이업 슛을 하며 골을 향해 날아가는 장면이 덧붙여졌다. 편집은 12시간 만에 완료되었다. 광고는 24시간 만에 비케이블 네트워크뿐만 아니라 위성을 통해 ESPN, MTV 등 케이블 네트워크에 보내졌

다." [101]

맥도널드는 매출액의 15퍼센트를 광고비로 지출하고 있으며, 새로운 햄버거를 선보일 땐 20~25%를 광고비로 지출한다. 브랜드 인지도 제고 차원에서 광고를 하는 게 아니다. "오늘 아침 드셨습니까?"라는 광고 문구가 말해주듯이, '식사=맥도날드'를 추구하겠다는 것이다.[102] 그런 점에서 맥도널드는 미디어 현상이기도 하다.

---

101) 월터 레이피버, 이정엽 옮김, 『마이클 조던, 나이키, 지구 자본주의』(문학과지성사, 2001), 150~151쪽.
102) 에번 I. 슈워츠, 고주미·강병태 옮김, 『웹경제학: 인터넷시장을 지배하는 9가지 법칙』(세종서적, 1999), 203~204쪽.

04 정보기술의 정치학

'인터페이스'란 무엇인가

'엔터테인먼트 경제'란 무엇인가

'데이터 스모그'는 세상을 어떻게 바꾸나

'외로운 분자들의 나라'로 가는가

'업그레이드' 속도는 왜 빨라지나

정보기술의 정치학 '인터페이스'란 무엇인가

인터페이스는 커뮤니케이션이다

"요번에 새로 구입한 워드프로세서는 굉장히 쓰기 어려워."
"하루 종일 모니터를 보면서 일을 했더니, 눈이 가물가물해."
"실수로 지우기를 잘못 눌러, 하루 종일 입력한 데이터가 다 날라 갔어."
"아무리 컴퓨터 책을 읽어봐도, 이 프로그램은 잘 못 쓰겠어."
"매뉴얼을 아무리 봐도 잘 모르겠어." [1]

우리 주변에서 쉽게 들을 수 있는 인터페이스(interface: 컴퓨터 및 소프트웨어 조작방식)에 관한 이야기들이다. 인터페이스는 서로 다른 두 물체 사이에서 상호간 대화하는 방법을 의미한다. 커뮤니케이션인 것이다. 철학자 마이클 하임은 인터페이스의 의미는 경제학에서부터 형이상학에 이르기까지 광범위하게 적용된다며 다음과 같이 말한다.

---

[1] 카이호 히로유키·하라다 에츠코·쿠로스 마사아키, 박영목·이동연 옮김, 『인터페이스란 무엇인가: 사람은 컴퓨터와 어떻게 만나야 하는가』(지호, 1998), 5쪽.

"인터페이스는 둘 이상의 정보원이 직접 대면하는 곳에서 발생한다. …… 인터페이스는 비디오 하드웨어나 우리가 들여다보는 스크린 이상의 것을 의미한다. 인터페이스는 소프트웨어를 지칭하기도 하고, 우리가 능동적으로 컴퓨터의 작동에 변화를 가하고 결과적으로 컴퓨터에 의해서 조절되는 세계를 변경시키는 방식을 지칭하기도 한다. 또한 인터페이스는 소프트웨어가 인간 사용자를 컴퓨터 처리기에 연결 지어주는 접촉 지점을 일컫기도 한다." [2]

오늘날 주로 사용되는 용법은 다음과 같은 것이다.

"'인터페이스'라는 용어는 전자회로를 연결하는 데 사용되었던 평범한 하드웨어 어댑터 플러그에서 유래한다. 그 다음, 그것은 시스템을 들여다보는 데 쓰이는 비디오 하드웨어를 의미하기 시작했다. 마침내 그것은 인간과 기계의 연결, 심지어는 자기 몰입적인 사이버스페이스 속으로 인간이 진입하는 것을 지칭한다. 어떤 의미에서, 인터페이스는 컴퓨터 주변기기와 비디오 스크린을 지칭하기도 한다. 그러나 다른 의미로는, 비디오를 통해 데이터에 연결되는 인간의 활동을 지칭한다. 이런 이중의 의미는 우리를 잠시 머뭇거리게 만든다. 대체 인간은 얼마나 주변적인가? 우리가 사이버스페이스의 문을 열고 들어갔을 때, 우리는 그 시스템의 얼마만큼을 우리 것으로 소유하고 있는가?" [3]

컴퓨터 신비화의 음모

구세대는 "인터넷을 할 줄 아느냐?"는 질문을 던지곤 하는데, 이는 바

---

2) 마이클 하임, 여명숙 옮김, 『가상현실의 철학적 의미』(책세상, 1997), 132쪽.
3) 마이클 하임, 여명숙 옮김, 위의 책, 134쪽.

보 같은 질문이다. 인터넷을 할 줄 아느냐 라는 말이 가능하지 않기 때문이다. 전하진은 다음과 같이 말한다.

"두 시간이면 된다. 주변에 좀 아는 사람을 데리고 인터넷 PC방에 가서 두 시간만 가르쳐 달라고 하라. 끝나고 나면 아마 '이게 내가 그토록 두려워했던 것인가?' 라고 스스로에게 반문하지 않을 수 없을 것이다. …… 더욱 중요한 사실은 컴맹도 인터넷은 할 수 있다는 것이다. 흔히 컴퓨터와 인터넷을 동시에 언급하는데 사실 이 둘은 별개의 관계이다." [4]

사실 일부 사람들에게나마 인터넷이 어려운 것이라고 생각하게끔 만든 데엔 컴퓨터 연구자들의 책임이 크다. 디지털화의 전도사라 할 니콜라스 네그로폰테는 그간 컴퓨터 연구자들이 인터페이스는 무시하고 속도에만 치중해 왔다면서, 다음과 같이 말한다.

"1960년대 말부터 1970년대 내내 인간-컴퓨터 인터페이스를 연구하던 우리들은 컴퓨터 시스터 보이로 취급당하였으며 노골적인 경멸의 눈총을 받았다. …… 나는 승려의 지식 독점이나 중세시대의 기괴한 종교 의식처럼 컴퓨터의 신비를 유지하려는 무의식적인 노력이 있었다고 생각한다." [5]

날카로운 지적이라 아니 할 수 없다. 어찌 무의식적인 노력뿐이겠는가. '음모' 라고 해도 좋을 정도의 의식적인 노력도 있었을 것이다. 네그로폰테는 그로 인한 문제가 만만치 않았다고 개탄하면서 인터페이스에 대해 다음과 같이 말한다.

"인터페이스는 전통적인 산업 디자인 문제로 취급되었다. …… 개인 컴퓨터의 일반적인 인터페이스도 물리적인 디자인 문제로 간주되어 왔다. 그러나 인터페이스는 단순히 컴퓨터가 보고 듣도록 하는 것이 아니다. 그

---

4) 전하진, 『전하진의 e 비즈니스 성공전략』(북마크, 2000), 68~70쪽.
5) 니콜라스 네그로폰테, 백욱인 옮김, 『디지털이다』(박영률출판사, 1995), 87~88쪽.

것은 개성의 창조이며, 지능을 디자인하는 일인 동시에 기계가 인간의 감정을 인식하도록 만드는 일이다." ⁶⁾

인터페이스와 연극의 공통점

인터페이스는 꼭 컴퓨터가 아니라 하더라도 그 어떤 가전제품에서도 매우 중요한 의미를 갖는다. 네그로폰테는 비행기 조종실을 예로 들면서 인터페이스의 중요성을 강조한다.

"비행기 조종실의 디자인은 대단히 위압적이다. 수많은 스위치, 손잡이, 다이얼, 계기판이 있을 뿐만 아니라 유사한 두세 종류의 감각 입력이 상호 방해 작용을 할 수 있다. 1972년에 이스턴 항공사의 L 1011기가 바퀴가 나오지 않아 추락했다. 관제사의 음성과 계기판 컴퓨터의 삑삑 거리는 소리 때문에 승무원이 경고 메시지를 듣지 못한 것이다. 죽음을 부른 인터페이스 디자인이다. …… 나는 점보 여객기 조종사가 '위로, 위로 높이' 라고 노래를 함으로써 비행기를 활주시키고 이륙시키는 것을 기대하지는 않는다. 그러나 비행기 조종실에서 풍부한 말과 제스처를 왜 사용하지 않는지 이해할 수가 없다. 컴퓨터가 어디에 사용되든 가장 효율적인 인터페이스 디자인은 다양한 감각의 활용과 기계의 지능을 한데 결합함으로써 실현될 것이다." ⁷⁾

어찌 비행기뿐이겠는가. 모든 업종의 기업에 다 필요하다. 아니 인간관계에서도 필요할 것이다. 아주 괜찮은 사람인데 인터페이스 능력이 떨어져 제 가치를 인정받지 못하는 사람이 좀 많은가. 인터페이스 문제는 컴퓨

---

6) 니콜라스 네그로폰테, 백욱인 옮김, 『디지털이다』(박영률출판사, 1995), 89~90쪽.
7) 니콜라스 네그로폰테, 백욱인 옮김, 위의 책, 89, 98쪽.

터 영역을 떠나 다양한 분야에서 연구되고 있다. 예컨대, 에번 슈워츠는 "은행가에서의 경쟁은 인터페이스 부문에서 이루어지고 있다"며 다음과 같이 말한다.

"사용자들이 이용하기 편한 웹사이트를 만든 은행은 수백만의 일반 고객과 기업 고객들에게 다양한 서비스를 제공할 수 있다. 반면, 그러한 인터페이스를 만드는 데 실패한 은행은 장기적인 웹 비즈니스의 가망성을 그만큼 잃게 된다." [8]

인터페이스가 예술적인 모방, 즉 의태(mimesis)에 있다며, 연극과의 공통점을 주장하는 사람도 있다. 아리스토텔레스로부터 시작되는 연극론을 인터페이스의 연구에 응용해보자는 것인데, 그 이치는 이렇다.

"연극도 인터페이스도 현실 세계라고 하는 카오스(혼돈)로부터 구조를 가진 전체를 만들어 내어, 처음으로 끝이 있는 유한의 세계로서 관객·사용자에게 제공한다. 그 중에 문제가 생기고, 해결해 나아가는 과정을 통하여 관객의 이성적·감성적인 참가를 얻게 되고, 그 결과로서 쾌감(즐거움)을 관객·사용자에게 제공하는 것이다." [9]

강아지보다 나은 인터페이스?

인터페이스는 제1세대 컴퓨터가 출현한 1940년대 후반 이후 5단계의 발달 과정을 거쳐왔다. 지금의 마우스 사용 방식이 바로 5단계이며, 다음 단계는 아예 화면을 제거하는 가상현실 기술이 될 것이다.[10] 네그로폰테는

---

8) 에번 I. 슈워츠, 고주미·강병태 옮김, 『웹경제학: 인터넷시장을 지배하는 9가지 법칙』(세종서적, 1999), 157쪽.
9) B. K. Laurel의 주장, 카이호 히로유키·하라다 에츠코·쿠로스 마사아키, 박영목·이동연 옮김, 『인터페이스란 무엇인가: 사람은 컴퓨터와 어떻게 만나야 하는가』(지호, 1998), 201쪽에서 재인용.

컴퓨터 없이도 컴퓨팅 … 꿈의 시대 온다

공간의 제약 뛰어넘은 '유비쿼터스 컴퓨팅' 주목 … 물건 통해서도 정보교환 가능

어느 곳에서나 컴퓨팅 환경을 만들 수 있고, 언제나 인터넷에 접속할 수 있다면 우리의 삶은 어떻게 변할까? 아직까지 컴퓨팅 환경은 공간의 제약을 받는다. 그러나 유비쿼터스 컴퓨팅(Ubiquitous Computing)으로 상징되는 기술적 진보는 가까운 시일 내에 컴퓨팅 환경의 공간적 한계를 무한대로 확장해줄 것이다.

유비쿼터스 컴퓨팅이란 컴퓨터와 인터넷을 마치 물이나 공기처럼 사용할 수 있다는 의미다. 유비쿼터스는 '어디에나 존재한다'는 라틴어에서 따온 말로 인터넷이라는 가상공간과 실재하는 물리공간의 결합을 뜻한다. 이런 환경에선 어떤 기기(Any device)로든 언제(Anytime) 어디서나(Anywhere) 사용자가 PC를 활용할 수 있다. 옷처럼 입는 것에서 한 걸음 더 나아가 이에 몸에 이식하는 형태의 컴퓨터가 개발되거나 이와 유사한 방식의 기기가 등장할 것이다.

칩 통해 건강 체크 … 병원에 자동 통보

유비쿼터스 컴퓨팅은 미국 제록스사 팰러앨토연구소의 마크 와이저 연구원이 처음 주창했다. 그의 정의를 빌리자면 유비쿼터스 컴퓨팅은 이용자 눈에 보이지 않지만, 모든 컴퓨터가 서로 연결되어 있어 언제 어디서나 이용 가능하고, 현실세계의 사물과 환경 속으로 스며들어 일상생활에 통합된다. 이제까지의 정보화가 문명의 기반인 현실공간에서 벗어나려는 것이었다면 유비쿼터스 컴퓨팅은 정보화가 현실공간과 결합한다는 완전히 새로운 패러다임이다.

이제까지 우리가 알고 있는 컴퓨터는 데스크톱 PC나 노트북 PC, 즉 개인용 컴퓨터 정도였다. 하지만 유비쿼터스 컴퓨팅 환경에선 모든 가전기기를 비롯해 자동차나 빌딩, 심지어 가방이나 옷에 이르기까지 모든 사물과 기기에 컴퓨팅이 가능한 기기가 장착되고, 이들이 서로 정보를 주고받는다. 모든 일상생활이 컴퓨팅 환경 속에 노출되는, PC나 휴대전화 없이도 다양한 물건을 통해 언제 어디서나 정보를 교환할 수 있는 시대가 도래하는 것이다.

유비쿼터스 컴퓨팅은 국방, 환경, 비즈니스, 행정, 의료 등 다양한 영역에 활용될 수 있다. 유비쿼터스 컴퓨팅과 네트워크 기술이 군사적으로 활용되면 전술적 감지 및 추적 능력이 확대되고 고도의 정보교류가 가능하다. 대기오염이나 폐기물 문제, 생태계 보호 등에도 광범위하게 활용할 수 있다.

유비쿼터스 컴퓨팅은 우리의 일상생활에도 다양하게 활용된다. 유비쿼터스

(「주간동아」 2003년 7월 3일)

인터페이스의 잠정적인 목적은 기계가 인간의 감정을 인식하도록 만드는 것이다. 내 생각을 읽어주는 컴퓨터는 나에게 행복을 안겨다줄까?

신체를 지역 네트워크같이 이용하는 바디넷과 같은 착용 컴퓨터(wearable computer) 개발에 몰두하고 있다.

"기본 아이디어는 사물에 컴퓨터가 내장되어 있어 사람들이 그것을 컴퓨터라고 생각하지 못하도록 하는 것이다. 이러한 '생각하는 사물들'을 상호 연결함으로써 이들 기계들의 협동 결과를 통하여 오늘날의 한 개인이 가지고 있는 지능보다 높은 지능을 발휘할 수 있는 기계들의 집합체를 창조하려 하고 있다."[11]

인터페이스가 물리적 디자인의 문제로만 간주되는 것이 마땅치 않다는 네그로폰테의 불만엔 얼마든지 동의하더라도, 그가 컴퓨터 인터페이스의 현 수준이 강아지보다 못한 수준이라고 비판하는 데에 이르러선 동의하지 않을 사람도 있을 것이다.

"인터페이스는 단순히 컴퓨터가 보고 듣도록 하는 것이 아니다. 그것은 개성의 창조이며, 지능을 디자인하는 일인 동시에 기계가 인간의 감정을 인식하도록 만드는 일이다. 강아지는 100야드나 떨어진 곳에서 걸음걸이만 보고도 당신을 알아차린다. 그런데 컴퓨터는 당신이 바로 앞에 있어도 모른다. 애완 동물은 당신이 화났다는 것을 알아차리지만 컴퓨터는 그 낌새조차 모른다. 강아지도 자기가 무엇을 잘못했는지 알지만 컴퓨터는 모른다."[12]

그러나 컴퓨터가 자신을 강아지처럼 알아보는 걸 좋아하지 않을 사람도 있을 것이기에, 앞으로 인터페이스를 둘러싼 사회적 갈등이 만만치 않을 것이라는 걸 예감케 한다. 비단 네그로폰테만 강아지보다 나은 인터페

---

10) 홍성태, 『사이버사회의 문화와 정치』(문화과학사, 2000), 35쪽.
11) 토머스 바스, 〈빙 니콜라스〉, 이구형 고르고 옮김, 『네그로폰테이다』(커뮤이케이션북스, 1997), 33쪽. 착용 컴퓨터는 곧 현실화될 것으로 보인다. 김준술, 〈'입는 PC' 대중화 눈앞에〉, 『중앙일보』, 2000년 4월 17일, 52면.
12) 니콜라스 네그로폰테, 백욱인 옮김, 『디지털이다』(박영률출판사, 1995), 89~90쪽.

이스를 꿈꾸고 있는 건 아니기 때문이다.

마크 포스터는 인터넷이 광범위한 호소력을 얻기 위해서는 단순히 효율적이고 유용하며 즐거운 것이기만 해서는 안 되며 그 자체가 적절한 방식으로 제시되어야 한다며 다음과 같이 말한다.

"인터페이스 디자인에 관련된 가장 큰 문제는 기계에 대한, 또는 공간의 공유와 상호 의존성이라는 기계들과 인간의 변화하는 관계에 대한 희미한 인식이 가져오는 인간들의 공포와 적대감이다. 인터넷 인터페이스는 어쨌든 '투명하게', 즉 인터페이스가 아닌 것처럼, 서로 낯선 떨어진 두 존재 사이에 끼여들지 않는 것처럼 보여야 하며, 게다가 매혹적인 것으로 보이며 자신의 새로움을 드러내고 기계적인 것과 자신의 차이를 인식할 수 있도록 해야 한다. 그렇다면 인터넷의 문제는 '테크놀로지적인 것'이 아니고 중간 기계적인 것, 즉 인간을 테크놀로지로 이끌며, 테크놀로지를 '사용 장비'로, 인간을 기계와 섞여 있는 존재인 '사이보그'로 변형시키면서 인간과 기계 사이의 경계를 구축하는 것이다." [13]

몸에까지 기계를 집어넣어야 하나?

사이보그는 바디넷보다 한 걸음 더 나아간 것으로 인간의 몸에 직접 기계를 주입하는 임플란트 기술(implant technology)의 산물이다. 임플란트 기술 연구를 하는 미국 캘리포니아대학(샌디에이고)의 인지과학부 교수 돈 노만은 1998년에 다음과 같이 불평했다.

"기본적으로 PC는 구제불능입니다. 그걸 고칠 수 있는 방법이 없어요. 너무 복잡해요. 정말 마귀 같은 물건입니다." [14]

---

13) 마크 포스터, 이미옥·김준기 옮김, 『제2미디어시대』(민음사, 1998), 67~68쪽.

지금 많은 연구자들이 단백질은 금속과 결합될 수 있다며, 두뇌 속으로 이식될 바이오칩(biochip) 개발 연구를 하고 있다.[15] 그런 연구의 일환으로 영국 레딩대학교의 인공두뇌학 교수인 케빈 워익은 1998년 자신의 팔에 실리콘 칩을 삽입하는 실험을 하였다. 그 칩을 이용하여 자동적으로 컴퓨터를 작동하곤 했는데, 인간의 두뇌와 컴퓨터를 연결시키는 방법을 찾고자 하는 게 그의 목적이었다. 그는 '인간의 생각'에 장치를 달아서 컴퓨터를 통제하고 싶어한다. 즉, 컴퓨터가 그의 생각을 읽어주기 바란다. 이는 인터넷이 인간의 두뇌에 직접 연결된다는 걸 의미하는 것이다.[16]

인터페이스의 혁신은 꼭 필요하겠지만, 인터페이스에 대한 무한대의 집착은 꼬리가 강아지를 흔드는 결과를 낳을 수도 있겠다는 생각이 든다. 우리 몸에 기계를 집어넣어 두뇌의 생각 능력만으로 컴퓨터를 작동시켜 뭘 어쩌자는 걸까? 그렇게 해서 얼마나 행복해질 수 있다는 걸까? 이는 시대착오적인 생각인가?

---

14) 토니 더럼, 〈돈 노만〉, 사이언 그리피스 엮음, 이종인 옮김, 『미래는 어떻게 오는가?: 세계 최고 석학 30인과의 대화』(가야넷, 2000), 283~297쪽.
15) 노르베르트 볼츠, 윤종석 옮김, 『구텐베르크-은하계의 끝에서: 새로운 커뮤니케이션 상황들』(문학과지성사, 2000), 156쪽.
16) 해리엇 스웨인, 〈케빈 워윅〉, 사이언 그리피스 엮음, 이종인 옮김, 『미래는 어떻게 오는가?: 세계 최고 석학 30인과의 대화』(가야넷, 2000), 105~113쪽.

정보기술의 정치학 **'엔터테인먼트 경제'란 무엇인가**

세상을 점령한 엔터테인먼트

엔터테인먼트(entertainment)라는 단어가 수많은 합성어를 만들어내고 있다. 그만큼 엔터테인먼트(오락)의 가치가 치솟고 있기 때문일 것이다.

정보와 오락의 결합을 가리켜 인포테인먼트(information+entertainment)라고 하고, 교육과 오락의 결합을 가리켜 에듀테인먼트(education+entertainment)라고 한다. 폴리테인먼트(politics+entertainment)도 있고 도큐테인먼트(documentary+entertainment)도 있다. 판매와 오락을 결합시킨 마켓테인먼트(market+entertainment), 레스토랑과 오락을 결합시킨 이터테인먼트(eatertainment)도 생겨났다.[17]

팝송 스타일의 새로운 성가를 따라 부르기 좋게 하려고 대형 스크린 TV를 설치하는가 하면 예배에 록 밴드와 댄서들까지 동원하는 교회들이 많이 생겨나자 처치테인먼트(churchtainment)라는 말도 등장했다.[18] 이젠

---

17) 다비트 보스하르트, 박종대 옮김, 『소비의 미래: 21세기 시장 트렌드』(생각의나무, 2001), 202쪽.
18) 페이스 팝콘·리스 마리골드, 조은정·김영신 옮김, 『클릭! 미래속으로』(21세기북스, 1999), 109쪽.

워크테인먼트(work+entertainment)라는 말이 나오지 말란 법도 없지 않느냐는 주장도 제기되고 있다. [19]

왜 이렇게 엔터테인먼트의 인기가 높은 걸까? 더글러스 러슈코프는 "'오락(entertainment)'이란 단어는 문자 그대로 '그 속에 붙잡아 두다'라는 의미를 갖는다"며 다음과 같이 말한다.

"이야기가 재미있으면 있을수록 우리는 더욱 이야기꾼에게 사로잡히고, 그의 영향력에 취약해진다. 텔레비전, 연극, 영화 등이 오락성이 강할 수밖에 없는 것은 그것에 사로잡히는 관객만이 끝까지 자리에 앉아 이야기 전개에 따라 점증하는 긴장감을 받아들일 수 있기 때문이다." [20]

미국의 세계적 패권도 엔터테인먼트 덕을 크게 보았다. 디즈니사의 회장인 마이클 아이스너는 다음과 같이 말한다.

"미국의 오락산업이 역사를 바꾸는 데 일익을 담당해왔다는 것은 그다지 과장이 아니다. 베를린 장벽은 서구의 무기에 의해서 무너진 것이 아니라 서구식의 사고에 의해서 무너진 것이다. 그런 사고를 전달한 수단은 무엇이었는가? 다름 아닌 미국의 오락이 전적으로 그 역할을 담당했다는 사실을 인정해야 한다." [21]

엔터테인먼트의 그런 가공할 힘을 다른 분야에 적용할 수 있다면 누가 엔터테인먼트와의 결혼을 마다하겠는가. 아니 이 세상 자체가 곧 엔터테인먼트는 아닐까? 뉴욕의 금융투자가 펠릭스 로하틴은 그렇게 믿는 사람이다. 그는 이렇게 선언했다.

---

19) 플로리안 뢰처, 박진희 옮김, 『거대기계지식: 사이버시대의 올바른 지식사회 구축을 위한 비전』(생각의나무, 2000), 98쪽.
20) 더글라스 러슈코프, 홍욱희 옮김, 『당신의 지갑이 텅 빈 데는 이유가 있다: 디지털 시대에도 예외가 아닌 대기업의 교묘한 마케팅 전략』(중앙M&B, 2000), 301쪽.
21) 헨리 지루, 성기완 옮김, 『디즈니 순수함과 거짓말』(아침이슬, 2001), 37쪽에서 재인용.

"크라이슬러 자동차는 쇼비즈니스이다. 스포츠도 쇼비즈니스이고, 헨리 키신저도 쇼비즈니스이다. 이것이 시장의 현실이다. 언젠가 내가 말했듯이 이 세계의 모든 것이 쇼비즈니스로 바뀌어가고 있다." [22]

모든 경계를 무너뜨리는 오락화 현상

한국은행 집계에 따르면, 1999년 엔터테인먼트에 대한 한국의 가계 지출은 18조8천억 원이었으며, 엔터테인먼트에 대한 지출은 계속 크게 늘고 있다. 2003년 9월 한양대에 '엔터테인먼트 최고과정'이라는 게 생겨난 것도 바로 그런 추세를 반영해주는 것에 다름 아닐 것이다.

미국에선 1990년대 중반에 이르러 오락산업은 매년 4천800억 달러가 넘는 매출을 올렸는데, 이는 공사립 초중등학교 교육비로 지출되는 금액보다 많은 액수였다.[23] 미국의 경영 컨설턴트인 마이클 울프는 1999년에 쓴 『The Entertainment Economy』라는 책에서 현대의 경제활동은 모든 분야에서 오락(엔터테인먼트)의 요소를 갖게 되었다고 주장했다. 울프는 이것을 E-Factor라고 명명하고 유통, 음식, 패션, 항공, 호텔, 금융 등 업종의 경계를 뛰어넘는 경제의 오락화 현상이 진행되고 있다면서 "실제 비즈니스와 오락 사이의 경계는 이미 사라졌다"고까지 단언했다.[24]

그렇다면, 왜 이 같은 오락의 팽창 현상이 나타나는 걸까? 그건 다른 산업으로의 수평적 확장뿐만 아니라 수직통합이 가속화되고 있기 때문이다. 경제구조의 축이 제조업에서 서비스 산업으로 옮겨가고 있는 가운데 컨텐

---

22) 다비트 보스하르트, 박종대 옮김, 『소비의 미래: 21세기 시장 트렌드』(생각의나무, 2001), 202쪽에서 재인용.
23) 제러미 리프킨, 이희재 옮김, 『소유의 종말(The Age of Access)』(민음사, 2001), 237쪽.
24) 다키야마 스스무, 곽해선 옮김, 『할리우드 거대미디어의 세계전략』(중심, 2001), 36~37쪽.

엔터테인먼트 통합
세계적 추세

한국에서는 사이버상의 엔터테인먼트 통합이 활발한 반면 엔터테인먼트산업의 본산지인 미국에서는 하드웨어와 유망 콘텐츠를 중심으로 엔터테인먼트 통합이 실현되고 있다.

과거에는 영화와 음악이 밀접하게 결합했지만 이제는 게임이 주류로 등극했다.

최근 개봉한 할리우드 블록버스터 '매트릭스 2-리로디드'는 기획 단계에서부터 영화감독이 관여하면서 영화에서 공개되지 않은 1시간 분량의 장면을 끼워넣어 게임이 핵심요소로 등장했음을 잘 보여준다.

매트릭스 이전에 나온 할리우드 대작 영화 '반지의 제왕'이나 '해리포터' 등에서 강력한 영화콘텐츠에 힘입어 게임도 성공하는 상승(시너지)효과가 증명된 바 있다. 최근 개봉되는 '헐크'나 'X맨2' 등 영화들은 게임과 함께 선보이는 사례가 늘고 있다.

'레드핫칠리페퍼스'와 같은 미국 음악그룹이 뮤직 비디오를 게임화면처럼 만드는 등 게임이 엔터테인먼트의 주류로 진입한 엔터테인먼트 결합은 가속되고 있다.

이 같은 추세는 홈엔터테인먼트를 표방한 가전제품 등 하드웨어 영역에서도 마찬가지다.

기기 하나로 영화도 보고 음악도 듣고 컴퓨터도 할 수 있는 가전기기의 발전은 주요 정보기술(IT)업체들의 화두로 떠오르고 있다.

홈엔터테인먼트 시장을 두고 미래의 안방을 차지하기 위한 마이크로소프트(MS)와 소니의 경쟁이 치열하다.

뒤늦게 게임기시장에 뛰어든 마이크로소프트가 엄청난 적자를 감수하고도 X박스 확산에 사활을 걸고 있는 것도 미래에 대한 투자다.

최근 E3에서 공개된 마이크로소프트의 '뮤직믹서'는 X박스에 설치해 노래방 기능을 설치하는 제품으로 안방 가운데 자리잡아 가족 오락생활의 중심에 서겠다는 MS의 야심을 대변했다.

홈시어터 구축의 핵심으로 꼽혔던 소니도 최근 소니의 히트작 플레이스테이션2(PS2)에 TV튜너와 하드드라이브, DVD 녹화장치를 장착한 홈서버 제품 'PSX'를 발표하면서 엔터테인먼트가 결합된 미래의 안방을 차지할 꿈을 키우고 있다.

이한나기자

(『매일경제』 2003년 6월 3일)

경제의 오락화 현상 : 다른 산업으로의 수평적 확장뿐만 아니라 수직통합이 가속화되면서 현대의 경제활동은 모든 분야에서 오락(엔터테인먼트)의 요소를 갖게 되었다.

츠(contents)[25]의 중요성은 더욱 커지는데, 오락이 그 지점을 파고 든 것이다. 오락의 본질은 컨텐츠이고, 컨텐츠의 특징은 그 형태를 자유자재로 바꿀 수 있다는 점이 아닌가.[26]

멀티미디어 산업은 통신, 컴퓨터와 엔터테인먼트 산업의 수렴으로 형성되고 있다.[27] 또 인터넷에서는 비즈니스와 엔터테인먼트가 최종적으로 하나로 수렴되고 있다. 울프는 그런 수렴 현상을 지적하면서 다음과 같이 말한다.

"TV의 디자인, 음향, 화면, 등장인물은 모두 시청자의 엄지손가락이 리모콘의 채널 전환 버튼을 누르지 않게 하기 위하여 갖은 애를 다 쓰고 있다. 마우스의 클릭 속도도 TV 리모콘만큼이나 빠르다. 시청자들은 TV에 익숙한 만큼 인터넷에서도 컨텐트를 얻기를 기대한다. 그러므로 인터넷에 뛰어들기로 결정한 기업은 또한 엔터테인먼트 기업이 될 것도 결정해야 한다. …… 이게 광고인가, 오락인가? 그 무엇이든, 그건 그리 중요하지 않다."[28]

이젠 은행도 멋있어야 한다

과거엔 '멋있는 은행'이라는 말은 어색하게 들렸겠지만, 이젠 그렇지 않다. '멋있는 은행'이 되어야만 한다. 울프는 다음과 같이 말한다.

---

25) 컨텐츠(contents)란 "그 장르가 영화든 문학이든 학습이든 뉴스든 오락이든 간에 기획이나 창작, 혹은 가공이나 개발을 누가 했는지가 분명하게 나타나서 추후에 저작권을 주장할 수 있는 모든 종류의 원작"을 의미한다. 심상민, 『미디어는 콘텐츠다: 미디어 & 콘텐츠 비즈니스 전략』(김영사, 2002), 19쪽.
26) 다키야마 스스무, 곽해선 옮김, 『할리우드 거대미디어의 세계전략』(중심, 2001), 37쪽.
27) P. 윌리엄 베인 외, 〈통신, 컴퓨팅과 오락산업의 수렴〉, 스테펀 P. 브래들리 · 리처드 L. 놀란 공편, 『네트워크 시대의 생존전략』(미디어퓨전, 1998), 43~76쪽.
28) Michael J. Wolf, 이기문 역, 『오락의 경제: 상품을 팔 것이 아니라 엔터테인먼트를 팔아라』(리치북스, 1999), 224~225쪽.

"전에는 엔터테인먼트와 정반대의 업종을 고르라면 은행업과 투자업이 었을 것이다. 하지만 은행들이 지점들을 없애기 시작하면서 그들은 컨텐트, 즉 정보와 엔터테인먼트를 제공해야 거래를 트고 그 관계를 유지할 수 있게 되었다. 그리고 고객들이 돈을 관리하는 데 있어 편리하고 이용하기 쉬우며 친근한 환경을 추구하면서 중개회사와 뮤추얼 펀드들은 엔터테인먼트에 의존하기 시작했다."[29]

울프는 그 성공 사례로 씨티은행을 들고 있다. 엘튼 존을 자기 은행을 대표하는 가수로 내세워 노래 〈베니와 젯츠〉에 맞추어 사람들이 현금출납기 앞에서 춤을 추는 광고는 처음 보기에는 부자연스러울 수도 있었지만, 씨티은행에겐 나름대로 깊은 뜻이 있었다는 것이다.

"'은행이 록큰롤을 할 수 없다고 누가 그랬어?' 하는 맺음말 카피는 은행업이라는 딱딱한 사업에 흥미와 개성을 부여하려는 의도가 있었다. 씨티은행과 엔터테인먼트의 연결은 광고차원을 넘는 것이다. 씨티은행은 최근 소니와 합작으로 '여가를 위한 공식화폐'라는 개념의 신용카드를 내놓았다. 이것은 카드 소지자들이 카드를 사용할 때마다 누적되는 포인트를 영화, 음악, 전자제품, 게임으로 전환할 수 있게 한 것이다. 더 중요한 것은, 씨티은행은 십억 명의 고객이라는 야심만만한 목표를 달성하려는 노력을 경주하는 가운데 점점 더 엔터테인먼트 회사처럼 되어가고 있다는 사실이다."[30]

한국에서도 은행 객장 안에 커피전문점을 운영하고 스타벅스와 같은 커피전문점과 공동마케팅을 하는 은행이 늘고 있다.

---

29) Michael J. Wolf, 이기문 역, 『오락의 경제: 상품을 팔 것이 아니라 엔터테인먼트를 팔아라』(리치북스, 1999), 94~95쪽.
30) Michael J. Wolf, 이기문 역, 위의 책, 95쪽.

소유의 종말
제러미 리프킨 지음·민음사 발행

감동까지 돈으로 계산된다고?

'고객 감동'

요즘의 모든 기업들이 내세우는 이 감동적(?) 광고가 카피에 들어있는 자본주의의 무한한 욕심을 어떻게 할 것인가. 이제 자본주의는 상품을 파는 것이 아니라 인간의 감동까지 팔려고 한다. 세상 만사, 가만히 있으려는 모든 것까지도 자본은 돈으로 환산해 '평생 만족'을 주겠다고 한다. 모든 인간활동을

제러미 리프킨

돈으로 거래되는 세상이다.

제러미 리프킨(56)은 이러한 자본주의의 새로운 면모를 보고 "소유의 시대는 종말을 고했다"고 통찰한다. 그가 보이는 새로운 사회를 '정보화 사회'라고 부르는 것은 산업시대를 '인쇄 사회'라고 부르는 것만큼이나 '접속된' 개념이다. 대신 미래는 '접속의 시대'라고 분석한다. '노동의 종말' (1995) 바이오테크 혁명(1998)에 이어 세계경제의 거시적 흐름을 조망한 그의 세번째 저작 '소유의 종말'의 원제목은 바로 '접속의 시대(Age of Access)'이다.

산업시대는 소유의 시대였다. 기업은 더 많은 상품을 팔아 시장 점유율을 높이고, 소비자는 보다 많은 상품을 시장에서 사들여 소유하는 것으로 자신의 존재를 확인해야 했다. 그러나 이제 기업들은 소유를 부추기지 않는다. 대신 그들은 고객의 관심, 체험, 감동에 접속해 그들의 시간을 장악하는 데 혈안이 되어있다. '상품 교환'이 아닌 '경험 접속'으로, 자본주의 완전히 새로운 단계에 접어들었다고 리프킨은 해석한다.

기업의 변화부터 그는 고찰했다. 모든 기업들은 공장을 소유하지 않고 브랜드만으로 운영되는 나이키 같은 회사가 되고 싶어 한다. 포드는 굳이 자동차를 팔려고 하지 않고 임대해 고객과 지속적 관계를 맺으려 한다. 맥도날드 체인점 주인은 브랜드에 잠시 접속할 수 있는 권리를 사는 것뿐이다. 시장 점유율보다, 고객의 '시간 점유율'을 높이려는 것이 기업들의 전략이다. 타인의 시간, 타인의 배려와 애정, 타인의 관심과 공감을 때매와 직결시키에 이런 전략은 '휴식'을 패키지로 제공해 성공한 유럽의 여행사 클럽 메드에서도 확실하게 적중하였다는 것이 그의 결론이다.

리프킨의 조망과 글쓰기는 단연 거시적이다. 같은 시대를 논하면서도 그는 마이크로소프트의 빌 게이츠나 미래학자 존 네이스빗과는 다른 방식으로 이야기한다. 그들이 하드웨어와 소프트웨

를 상품화하는 접속의 자본주의가 사실은 자본주의 자체의 토대를 무너뜨리고 있다고 주장한다. 감동은 바로 문화적 요소다. 이제 자본주의는 인류가 수천 년간 발전시켜온 오지의 문화적 다양성까지 샅샅이 발굴해 상품화하고 있다. 토착음악과 현대음악을 결합한 이른바 '퓨전 음악'이 그 한 예다. 라틴 아메리카 민중의 연대와 자부심을 나타냈던 살사 음악은 제3세계 음악 팬의 입맛에 길들여지는 과정에서 김빠진 감상적 음악으로 변질됐다.

인간 가치의 마지막 보루라 할 수 있

現자본주의는 상품교환아닌 경험접속 단계
"문화마저 상업화 재료" 위기의식 드러내

는 문화마저 상업화를 위한 재료의 공급원으로 전락했다는 사실, 이것이야말로 자본주의 시민사회의 기반을 허무는 것이라는 주장이다. 정보화사회라고 사람들이 컴맹에서 벗어나고, 사이버스페이스를 누빈다고 해서 접속의 시대가 지난 문제가 해결되는 것이 아니라는 말이다. 감동까지 포함하는 존재의 모든 측면이 유료활동으로 바뀔 때, 인간 체험의 풍부한 다양성이 상실될 때, 인류는 생물 다양성을 잃는 것보다 더한 위험에 직면하리라는 것이 그의 결론이다.

'접속'은 새로운 시대의 키워드다. 자본주의는 이제 쇼핑몰이라는 광장에서보다는, 고객의 시간과 감동에의 접속을 통해 인간생활의 모든 측면을 상품으로 변질시키고 있다.

어둡 역설할 때, 리프킨은 인문·사회과학과 자연과학을 종횡하며 문명의 조류를 짚어내고 비판하며 대안적 전망을 역설한다. '노동의 종말'로 세계적으로 폭발적 반향을 불러일으키며 노동시간 감축 운동의 기폭제 역할을 했고 유전자 변형식품 반대운동으로 '식품 테러

리스트' 과학계에서 가장 증오받는 인물로 꼽히기도 한 그의 실천적 공부가 이번 저서에서도 드러난다. "지리적 공간에 뿌리를 둔 문화적 다양성을 지켜나가는 것만이 인간의 문명을 유지할 수 있는 길이다."

／하종오기자 joho@hk.co.kr

(『한국일보』 2001년 5월 25일)

고객의 체험을 이해하고 제품과 서비스를 고객의 체험과 연결짓는 체험 마케팅은 엔터테인먼트의 가치를 더욱 높여주고 있다.

'체험 마케팅' 이란 무엇인가

최근 유행하고 있는 이른바 '체험 마케팅(experiential marketing)' 이란 것도 엔터테인먼트를 그 한 축으로 삼고 있다. 체험 마케팅은 고객에게 서비스를 베푸는 수준을 넘어서 고객의 체험을 이해하고 제품과 서비스를 고객의 체험과 연결짓는 마케팅을 의미한다.[31]

---

31) 번트 H. 슈미트, 박성연 외 옮김, 『체험마케팅』(세종서적, 2002), 65, 93쪽.

서비스와 체험은 어떻게 다른가? 그 구별이 쉽지 않다.

"'체험'은 거래 과정에서 받은 서비스에 대한 인식에 의해 형성된다. …… 서비스란 결국 거래를 하고 난 다음의 그 기업에 대한 느낌이며, 체험은 그 거래 자체에 대한 자기 자신의 느낌이라 할 수 있다. 어떤 기업이 소비자를 존중하고 소비자의 요구에 맞추어 제품이나 서비스를 제공한다면, 소비자는 서비스에 대해 긍정적인 인상을 갖는다. 이와 달리 체험은 보다 내적인 것이며 계량화가 훨씬 어렵다. 체험은 내가 정당한 대우를 받았는지 여부, 그 회사가 진정으로 나에 대해 신경을 썼는지 여부, 그 회사가 충분한 정도의 친절을 보여주어 특별한 느낌을 가지게 하였는지 여부에 대한 나의 개인적인 인식이 중요하기 때문이다." [32]

엔터테인먼트는 고객의 체험에 기여하는 중요한 요소이긴 하지만 그게 곧 체험은 아니다. 굳이 따지자면 엔터테인먼트는 '외적 체험'이 된다. 크로포드와 매튜스는 체험엔 두 가지 종류가 있다며 다음과 같이 말한다.

"우선 외적 체험, 즉 엔터테인먼트 요소가 있는데, 매장에서 피아노를 연주하거나 요리법을 시연하는 것 등이 바로 외적 체험이다. 내적 체험은 소비자가 특정 회사와의 관계에서 느끼는 감정으로서 보다 개인적인 체험이다. 소비자가 차별성을 느끼는 방식은 이렇다. '중요한 것은 그 매장과 관련한 체험이 아니다. 내가 그 매장에 있을 때 어떤 느낌이 드는가? 내가 존중받으며 정중하게 대접받고 있는가? 가치 있는 고객으로 대우받고 있는가? 나의 문제를 적극적으로 처리해 주는가?'" [33]

체험까지 상품화한다고 비판하는 사람들도 있지만, 체험 마케팅의 확산은 계속되고 있으며 이는 엔터테인먼트의 가치를 더욱 높여주고 있다.

---

32) 프레드 크로포드·라이언 매튜스, 김세중 옮김, 『소비자 코드를 제대로 읽어라』(뜨인돌, 2001), 230~231쪽.
33) 프레드 크로포드·라이언 매튜스, 김세중 옮김, 위의 책, 229쪽.

'에듀테인먼트' 와 '공익 마케팅'

이와 같은 엔터테인먼트 폭발의 시대에 에듀테인먼트의 필요성을 부정하긴 쉽지 않은 일일 것이다. 발명왕 토마스 에디슨이 최초의 영화로 평가되는 『대열차 강도』를 만들었을 때, 그는 영화의 장래는 엔터테인먼트보다는 교육에 달려 있을 것이라고 희망성 예측을 했다. 울프는 이 일화를 거론하면서 이렇게 말한다.

"천재들도 미래를 예측하는 데는 항상 옳을 수 없다는 것을 입증하는 일화이지만, 나는 에디슨의 생각이 시대를 앞선 것이었다고 말하고 싶다. …… 교육에 포함되는 엔터테인먼트가 점점 늘어나는 추세이다. 영화 『메리 포핀스』에서 한 구절을 빌리자면, 엔터테인먼트 한 스푼이면 교육이 쉬워진다." [34]

미국에선 박물관마저 관람객을 끌기 위해 연예오락 시설을 갖추기 시작했고, 미술전시회에서조차 컴퓨터 퀴즈놀이를 하는 등 몸부림을 치고 있다.[35] 사람들이 편의점이나 대형 마트 같은 소비문화 공간을 즐겨 찾기 때문에 그 공간을 이용하려는 여러 시도도 이루어지고 있다.

일본에선 4만여 개에 이르는 편의점에서의 잡지 판매가 증가하고 있다. 1997년 잡지와 서적의 전체 유통량의 18%를 편의점이 차지했다.[36]

영국에선 앞으로 대형 마트에서 투표를 하는 일이 벌어질지도 모른다. 1997년 지방선거 투표율이 28.5%라는 형편없는 결과를 보인 이유를 밝혀

---

34) Michael J. Wolf, 이기문 역, 『오락의 경제: 상품을 팔 것이 아니라 엔터테인먼트를 팔아라』(리치북스, 1999), 319쪽.
35) 필립 코틀러, 〈미래시장을 파악하자〉, 로언 깁슨 대담·정리, 손병두 옮김, 『미래의 경영』(21세기북스, 2000), 258쪽.
36) 구니야스 도쿠마루, 김재봉 역, 『디지털 혁명과 매스디미어』(나남, 2000), 139쪽.

내기 위해 실시한 여론조사 결과 때문이다. 지방선거에 참가하지 않은 국민들은 총선에도 참여하지 않을 가능성이 크기 때문에 그 원인을 찾기 위해 환경부, 교통부, 그리고 지방 리서치센터가 공동으로 조사에 나섰는데, "왜 투표를 하지 않았는가?"라는 질문에, 대부분의 국민들은 정부에서는 생각하지도 못했던 뜻밖의 답변을 했다는 것이다.

"그것은 '투표 장소가 마음에 들지 않아서'였다는 것이다. …… 즉, 투표를 하기 위해 관공서에 가야 하는 것 자체가 싫다는 것이다. 그러나 이와는 대조적으로 세이프웨이(대형 마트) 매장에서 투표를 하면 어떻겠느냐는 제안은 매우 긍정적인 것으로 받아들여져 주민들의 선거참여율을 높이기 위해서는 다른 방안의 모색이 불가피한 실정이다."[37]

생각해보자. 투표 안 하면 민주시민의 자격이 없다고 욕하는 것과 투표하는 데에 편리하고 쾌적한 환경을 조성해주는 것 가운데 어떤 게 더 효과적일까? 이런 발상을 공공적 목적에 적용하는 걸 가리켜 '공익 마케팅'이라고 한다. '공익 마케팅'을 위한 엔터테인먼트 요소의 도입은 엔터테인먼트 요소를 바탕에 깔고 있는 소비 문화가 공공 영역마저 점령했다는 걸 말해주는 것인지도 모르겠다.

---

37) 해미쉬 프링글·마조리 톰슨, 김민주·송희령 옮김, 『공익마케팅: 영혼이 있는 브랜드 만들기』(미래의 창, 2003), 75~76쪽.

정보기술의 정치학 — '데이터 스모그'는 세상을 어떻게 바꾸나

대중을 사로잡으려는 욕망

오늘날 미국 『뉴욕타임스』의 평일판은 17세기경 보통 수준의 영국인이 평생 접했던 것보다 더 많은 정보를 포함하고 있다고 추산되고 있다. [38]

미국의 미디어비평가 데이비드 셍크가 쓴 『데이터 스모그』라는 책은 바로 그런 '정보 폭발' 또는 '정보 홍수'의 문제를 다루고 있다. 정보가 주체할 수 없을 정도로 과잉으로 흘러 넘치다 보니 '쓰레기'가 발생하지 않을 수 없다. 개인의 프라이버시 영역을 함부로 침투해 들어오는 정보들도 많다. 셍크는 그런 쓰레기 정보를 '데이터 스모그'라고 부르겠다면서 다음과 같이 말한다.

"데이터 스모그는 단지 우리의 가정이나 전자 우편함에 날마다 배달되는 쓸데없는 광고지와 정보 쓰레기 더미뿐만이 아니다. 그것에는 또한 우리가 상당한 돈을 지불하는 정보, 우리가 '갈망하는' 정보도 포함된다. 그것은 매혹적이고 매료시키는 빠른 장면의 텔레비전 광고들과 24시간 최신

---

38) 데이비드 셍크, 정태석·유홍림 옮김, 『데이터 스모그』(민음사, 2000), 28쪽.

의 뉴스 속보들이다. 그것은 요청하지 않은 것은 물론 요청한 팩스들, 저녁 시간 동안 잘못 걸려온 전화들, 저녁식사 시간에 걸려오는 애처로울 정도로 호소하는 판촉 전화들이다. 또한 그것은 저녁식사 시간을 전후하여 우리가 열심히 방문했던 웹사이트이며, 매달 탐독하는 잡지더미이며, 자유 시간이 생길 때마다 손끝으로 돌려대는 수많은 채널들이다."[39]

가장 공격적인 자세로 우리의 일상적 삶에 침투해 들어오는 데이터 스모그는 뭐니뭐니 해도 광고일 것이다. 광고의 편재성은 실로 감탄마저 자아내게 만든다. 아름다운 감탄은 아니다. 그 집요함에 대한 감탄이다.

솅크는 오늘날 상업적 메시지의 대부분은 미학적으로 호소하며 각각은 비교적 해가 없는 것으로 생각될 수 있음에도 불구하고, 집합적으로 보면 그들은 우리 삶의 모든 구석구석과 틈새들로 소리없이 스며들고 있다고 말한다.

"우리의 윗저고리, 넥타이, 모자, 내의, 팔목 밴드 위에, 자전거, 벤치, 자동차, 트럭, 심지어는 테니스 네트 위에도 스며든다. 광고 현수막들은 비행기 뒤에서 길게 나부끼기도 하며, 운동 경기와 연주회 현장에 걸려 있고 이제는 웹 페이지들의 둘레에도 스며든다. 그리고 하늘을 떠다니는 광고용 비행선들의 옆면에도 스며든다. 잡지 광고는 이제 단지 색깔과 문구들을 통해서뿐만 아니라 향기와 심지어 소리를 통해서도 커뮤니케이션을 할 수 있다. 스모그는 '기사 형식의 광고'(advertorials)와 상품 배치에 있어 기사 내용과 상업적 메시지들 간의 경계가 교묘하게 흐려짐으로써 더욱 짙어진다."[40]

광고는 소비자의 관심을 끌어야만 살아남을 수 있다. 그런데 그게 결코

---

[39] 데이비드 솅크, 정태석·유홍림 옮김, 『데이터 스모그』(민음사, 2000), 34쪽.
[40] 데이비드 솅크, 정태석·유홍림 옮김, 위의 책, 35~36쪽.

쉬운 일이 아니다. 미국의 한 여론조사는 1930년부터 1990년까지 1인당 광고비 지출이 22배나 증가하였지만, 광고 내용에 대한 기억 능력은 현저히 감소하였음을 보여주고 있다. 미국인은 하루 평균 3천여 개의 광고 메시지를 접한다는데 도대체 무슨 수로 그걸 기억할 수 있겠는가. 그래서 소비자의 시선을 붙잡으려는 광고계의 눈물겨운 노력이 전개되고 있다. [41]

소비자의 시선 붙잡기 경쟁은 '집요'한 수준을 넘어서 '극악'스러운 면마저 보이고 있다. 미국의 툼스톤 피자 광고는 사형 당하기 직전의 사형수에게 묻는다. "당신은 당신의 묘석에 무엇이 있으면 좋겠는가?" 답은 페퍼로니 피자다. [42]

미디어들까지 그런 극악스러운 경쟁에 가세했다. 샌프란시스코의 어느 라디오 방송은 청취율을 높이기 위해 금문교에서 떨어져 자살하는 천 번째 사람의 가족에게 한 상자의 과일 주스를 제공하겠다고 나섰다. [43]

보수주의자들은 이런 현상이 타락한 도덕 때문에 발생하는 것이라고 주장하지만 그렇게 볼 건 아니다. '데이터 스모그'가 흘러 넘치는 세상에서 살아남기 위해 대중을 사로잡으려는 욕망 때문에 일어난 일로 보는 것이 옳을 것이다.

'스팸메일과의 전쟁'

이제 가장 극성스러운 공세는 사이버 공간에서 펼쳐지고 있다. 그 어느 곳보다 더 경쟁이 치열하기 때문이다. 더글러스 러슈코프는 자신이 광고

---

41) 데이비드 솅크, 정태석·유홍림 옮김, 『데이터 스모그』(민음사, 2000), 130~131쪽: 에번 I. 슈워츠, 고주미·강병태 옮김, 『웹경제학: 인터넷시장을 지배하는 9가지 법칙』(세종서적, 1999), 78~79쪽.
42) 데이비드 솅크, 정태석·유홍림 옮김, 위의 책, 127쪽.
43) 데이비드 솅크, 정태석·유홍림 옮김, 위의 책, 127~128쪽.

전문가이면서도 사이버 공간의 광고 공세에 지쳤다며 다음과 같이 한탄한다.

"대략 1986년부터 1994년까지는, 온라인에 접속했다가 나올 때면 나는 언제나 상쾌함과 즐거움을 느끼곤 했다. 그러나 요즘 온라인에 들어갔다 나오면 완전히 진이 빠져버린 느낌이다." [44)]

최근에 가장 극성을 부리는 건 '스팸' 메일이다. '스팸'(Spam: spiced pork and ham)은 1937년 미국의 식품업체 호멜푸즈가 훈연한 햄을 깡통에 담은 새 제품을 소개하면서 이름을 공모해 탄생된 것인데, 호멜푸즈는 엄청난 광고로 스팸을 홍보하는 바람에 '광고 공해'를 불러일으킨다는 비판을 받게 되었다. [45)]

그 후 '스팸'은 부조리주의(不條理主義) 극단 몬티 파이슨이 연출한 코미디 풍자극에까지 등장했다. 이 풍자극에서 한 식당 손님은 종업원으로부터 레스토랑 메뉴가 "계란과 베이컨, 계란 소시지와 베이컨, 계란과 스팸, 계란 베이컨과 스팸, 계란 베이컨 소시지와 스팸, 스팸 베이컨 소시지와 스팸 …… 등등"이라는 얘기를 듣게 된다. [46)]

1990년대 초 일부 사람들이 쓸모가 없고 관련이 없는 허튼 소리로 텍스트에 기반하는 통신망 대화를 방해하는 것을 즐긴다는 사실을 알게 되었는데, 스팸에 들러붙은 그런 이미지 때문에 그 현상을 스팸이라고 부르게 된 것이다. 오늘날엔 스팸은 요구하지 않은 전자 메시지들을 제멋대로 대량 전달하는 것을 의미한다. [47)]

---

44) 김상현, 『인터넷의 거품을 걷어라: 인터넷, 사이버 세상에서 살아남기』(미래M&B, 2000), 73쪽에서 재인용.
45) 허두영, 〈사이버 쓰레기 재활용 '공공의 이익'〉, 『주간동아』, 2003년 9월 4일, 70면.
46) 데이비드 솅크, 정태석·유홍림 옮김, 『데이터 스모그』(민음사, 2000), 25쪽.
47) 데이비드 솅크, 정태석·유홍림 옮김, 위의 책, 25쪽.

> # 스팸 하루 8억 통… IT강국 '신음'
>
> ### 코넷 메일의 90%가 스팸
> ### 제재는 과태료 1000만 원 뿐
>
> '잘 닦여진 길'(초고속 인터넷망) 위의 훼방꾼인 불법 스팸메일. '무차별적으로 대량 전송되는 전자우편'인 스팸메일은 사회적 심각성을 넘어 경제적 손실, 국가적 낭비로 인해 '스팸 망국론'까지 거론된다.
>
> 스팸메일이 계속 늘어나는 이유는 초고속 인터넷망이 발달된 만큼 대량 메일을 발송할 수 있는 환경이 좋기 때문이다. 최근에는 메일 발송기, 웹에서의 메일주소 추출기 등도 보편화되고 있다. 게다가 영세한 업체들에게는 스팸만큼 싸고 효과적인 광고 수단이 없다.
>
> 정부는 스팸메일과의 전쟁선포 등 요란한 대책을 내놓고 있지만 현재는 최고 1000만원의 과태료를 물리는 것이 전부이다. KT 등 인터넷 서비스 사업자(ISP)들과 다음 등 웹메일 서비스 업체는 나름의 기술과 대책으로 날마다 스팸과 '사투'를 벌이고 있다. 이들은 스팸에 대한 법적 처벌이나 벌금액으로 스팸으로 인한 이익저가 약소하다고 입을 모은다.
>
> ● 음란물등 불법 콘텐츠 광고가 90% 넘어
> 29일 정보통신부와 관련업계에 따르면 현재 우리나라에서 하루에 오가는 이메일의 양은 약 12억통, 이중 스팸은 8억통으로 추산된다. 전세계 스팸 유통량의 15%에 이르는 수치다. 스팸 가운데는 음란물, 무단복제물 등 불법 콘텐츠 광고가 90%를 넘는다.
>
> 한국정보보호진흥원(KISA) 조사에서도 한 사람이 하루에 받는 스팸메일은 2001년 5통, 2002년 35통, 2003년 40통으로 계속 증가세다. KISA의 불법스팸 대응센터에 신고된 상담 건수는 2001년 2699건, 2002년 1
>
> 더의 위 · 변조쯤은 고전 기술에 속한다.
>
> 현재 스팸의 주 발원지로 지목되는 곳은 초고속 인터넷인 ADSL망을 이용한 유동IP와 웹메일 업체다. 가정이나 PC방에서는 접속할 때마다 IP가 바뀌는 유동IP를 쓰게 되는데 이럴 경우 누가 스팸을 보냈는지 확인하기 어려워 처벌이 곤란하다. 웹메일의 경우 자동으로 회원 가입을 해주는 프로그램에다 게시판에 광고성 글을 무한정 올리는 프로그램까지 등장, 웹메일 제공 업체가 법적 소송까지 벌이는 등 골치를 앓고 있다.
>
> 최근에는 인공지능을 이용한 스팸 차단 엔진이 스팸 판별 기준을 스스로 학습하고 갱신하는 기법 등이 등장하고 있다. 하지만 정상메일을 스팸으로 오인하는 등의 부작
>
> 수 제한을 확정하는 방안을 논의중이다.
>
> 요즘 횡행하는 해외서버를 이용하는 스팸머의 경우는 국제공조가 없으면 처벌이 불가능한데 현재 국제적 협력은 전혀 이뤄지지 않고 있다. 해외서버를 이용하는 비용도 비싸지 않아 대행업체가 생겨나는 등 해외로 전송되는 스팸의 양은 빠르게 늘고 있다.
>
> ● 사이버 범죄 · 마케팅 수단
> 12명의 자원봉사자가 상시 근무하는 KISA의 불법스팸 대응센터에서 사실 조사에 나서면 '실수로 한번 보냈다.' '먹고 살기 힘든데 이메일 마케팅도 못하게 하면 어떡하느냐.'는 반응이 돌아온다.
>
> 정보통신부는 광고메일 수신을 동의한 사람에게만 메일을 보내는 '옵트 인' 방식

일러스트 김정택화백 taxi@

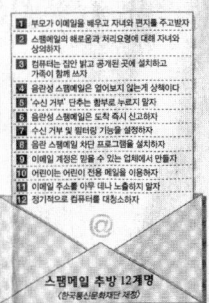

스팸메일 추방 12계명
1. 부모가 이메일을 배우고 자녀와 편지를 주고받자
2. 스팸메일의 해로움과 처리요령에 대해 잘 지내고 상의하자
3. 컴퓨터는 집안 밝고 공개된 곳에 설치하고 가족이 함께 쓰자
4. 음란성 스팸메일은 열어보지 않는게 상책이다
5. '수신 거부' 단추는 함부로 누르지 말자
6. 음란성 스팸메일은 즉각 신고하자
7. 수신 거부 및 필터링 기능을 설정하자
8. 음란 스팸메일 차단 프로그램을 설치하자
9. 이메일 계정은 믿을 수 있는 업체에서 만들자
10. 어린이 전용 메일을 이용하자
11. 이메일 주소를 아무데나 노출하지 말자
12. 정기적으로 컴퓨터를 대청소하자

(한국정보통신윤리위원회 제정)

(『대한매일』 2003년 6월 30일)

'데이터 스모그' 현상은 이제 사이버 공간에서 가장 극성스럽게 벌어지고 있다. 그 어느 곳보다 경쟁이 더 치열하기 때문이다.

정보보호진흥원에 따르면 국내 스팸메일 유통건수는 2001년 1인당 하루 4.7통에서 2003년 4월 현재 39.4통으로 10배 가까이 늘었다. 특히 음란 스팸메일 비중이 18.5%에서 63%로 증가했다. 네티즌 한 사람당 스팸메일 때문에 1년에 13만 원의 피해를 본다는 계산까지 나왔다.[48]

우리나라에서 하루에 오가는 이메일의 양은 약 12억 통인데, 이 중 8억 통이 스팸으로 추산되고 있다. 스팸 가운데는 음란물, 무단 복제물 등 불법 콘텐츠 광고가 90%를 넘는다. 정보통신부는 계속 '스팸메일과의 전쟁'을 선포하고 있지만, 최고 1천만 원의 과태료를 물리는 게 전부라 별 승산이 없는 '전쟁'이 되고 있다. [49]

'과잉의 역설'과 '자아 추출'

앞서 지적했듯이, 정보의 과잉은 관심의 빈곤을 가져온다. 눈이 어지러울 정도로 정보가 흘러 넘치는데 관심을 어디에 둬야할지 헷갈리지 않겠는가. 조지프 나이는 이를 가리켜 '과잉의 역설(paradox of plenty)'이라 부르면서 그 의미에 대해 이렇게 말한다.

"이쯤 되면 부족한 것은 정보가 아니라 관심이 되는 셈이다. 이제 값진 시그널과 단순한 소음을 분명하게 구별할 줄 아는 사람이 파워를 갖게 된다. 그에 따라 선별하고 편집하는 사람이나 큐 사인을 내리는 사람들의 수요가 늘어나게 된다. 사람들에게 관심을 집중시킬 대상을 알려주는 사람에게는 이런 작업이 파워의 원천이 된다." [50]

그러나 그걸 상업화하겠다고 나선 사람들이 있다. 정보 홍수에 대해 컴퓨터업계는 협력적 필터링(collaborative filtering) 기술 개발로 대처해왔다. 컴퓨터 이용자의 모든 사용 및 소비 기록을 입력시켜 그걸 근거로 불필요한 정보를 필터링해주겠다는 것이다. [51]

---

48) 이상철, 〈스팸메일 피해 1인 1년에 13만원〉, 『한겨레』, 2003년 7월 8일, 36면.
49) 윤창수, 〈스팸 하루 8억통 … IT 강국 '신음'〉, 『대한매일』, 2003년 6월 30일, 23면.
50) 조지프 나이, 홍수원 옮김, 『제국의 패러독스: 외교전문가 조지프 나이의 미국 진단』(세종연구원, 2002), 114쪽.
51) 심슨 가핀켈, 한국데이터베이스진흥센터 옮김, 『데이터베이스 제국』(한빛미디어, 2001), 397~398쪽.

그게 널리 사용된다면 이젠 '자아 추출(extraction of self)'의 단계로까지 나아가는 게 될 것이다. '나보다 나를 더 잘 아는 컴퓨터'라는 말이 괜한 말이 아니다. 이에 대해 심슨 가핀켈은 다음과 같이 말한다.

"자아 추출은 컴퓨터가 개인 사생활과 인간의 정체성에 행사하는 가장 큰 위협 중 하나이다. 프로파일에는 여러분이 읽은 문서, 알고 있는 사람, 가본 적이 있는 곳, 여러분이 말한 단어가 모두 포함되어 있다. 당신의 정체성은 당신 안에만 존재하는 것이 아니라 자아추출 모델 안에도 존재하게 된다."[52]

'주목의 경제'에서의 생존술

소비자가 늘 소비자의 입장에만 머무르는 건 아니다. 예컨대, 일자리를 얻기 위해 자기를 널리 알릴 필요가 있을 때 어떻게 할 것인가? 그땐 데이터 스모그를 방어하던 입장에서 그걸 생산해내는 입장으로 바뀔 수 있다. 나에겐 더할 나위 없이 소중한 정보일망정 나를 필요로 하지 않는 사람들에겐 데이터 스모그에 지나지 않을 것이 분명하다.

미국의 경제학자 로버트 라이시는 지금과 같은 신경제 시대에 자신의 이름을 알리는 것이 얼마나 중요한가에 대해 다음과 같이 말한다.

"많은 사람들이 인터넷을 통해 새로운 시장에 쉽게 진입할 수 있으므로 이름을 알릴 필요성이 줄어든다고 잘못 생각하고 있다. 그리고 상품이나 서비스가 뛰어나면 고객을 자동적으로 끌어모을 수 있다는 것도 잘못된 생각이다. 유명 작가 스티븐 킹이 웹을 통해 베스트셀러를 발표해 큰 인기를 얻고 있는데 나라고 안 될까 하고 생각할 수도 있다. 완성은 오래 전에

---

[52] 심슨 가핀켈, 한국데이터베이스진흥센터 옮김, 『데이터베이스 제국』(한빛미디어, 2001), 406쪽.

됐지만 아직 출판되지 않은 당신의 책을 꺼내어 인터넷에 올리고 직접 판매 방식으로 수백만 부를 팔 수 있지 않을까 생각할 것이다. 당신 자신을 바보로 만들지 마라. 당신의 작품이 훌륭하다 할지라도 여러 소음과 구호 속에 파묻혀 그 존재는 사라질 것이다." [53]

20세기 중반, 미국의 저명한 사회학자 데이비드 리스먼은 '타인 지향적인' 성격이라는 용어를 만들어냈는데, 이는 동료들에게 인정받는 것을 최고의 목표로 추구하는 사람들을 가리키는 것이었다. 그런데 라이시는 이젠 세상이 달라졌다며 다음과 같이 말한다.

"리스먼의 타인 지향적인 미국은 자신의 정체성을 단체에(조직에) 잃을지도 모를 위험 속에 있었다. 신경제의 출발점에 있는 시장 지향적인 사람은 자신의 정체성을 팔아야 하는 위험 속에 있다. 어떤 것이 더 위험할까? 과거만 해도 어떤 사람에 대한 최악의 말은 자신을 팔았다는 것이었다. 그러나 이제는 자신을 팔지 못한다는 것이 최악의 말이 될 것이다." [54]

자신을 팔기 위해 남들의 주목을 받아야만 살 수 있다는 점에서 우리가 질적으로 전혀 새로운 '주목의 경제(attention economy)'로 진입했다고 주장하는 사람들도 있다. 이런 환경에서 가장 중요한 상품은 '생각의 공유(mindshare)'인데, 인터넷 전문가들의 예측은 이렇다.

"우리 생활이 점점 더 '인터넷 중심적인' 것으로 변모함에 따라 우리는 1년 365일 중 깨어 있는 모든 시간을, 어쩌면 잠자는 시간까지, '신(新) 가상경제'(New Virtual Economy)의 유지에 필요한 '비트 상품'들을 소비하고 생산하는 데 쓰게 될 것이다." [55]

---

53) 로버트 라이시, 오성호 옮김, 『부유한 노예』(김영사, 2001), 198쪽.
54) 로버트 라이시, 오성호 옮김, 위의 책, 221쪽.
55) 김상현, 『인터넷의 거품을 걷어라: 인터넷, 사이버 세상에서 살아남기』(미래M&B, 2000), 73~74쪽.

'민주주의의 위기'인가

세인의 관심을 끌어야만 살아남는 건 비단 광고나 미디어에만 국한된 게 아니다. 유명해지고 싶은 사람들도 마찬가지다. 그들이 주로 의존하는 건 기상천외한 언행이다. 솅크는 "선정주의적 관심 유도자들의 명단은 실로 끝이 없는데, 왜냐하면 그러한 짓은 지금 우리가 생계를 위해 할 수 있는 일 중에서 가장 뛰어나고 가장 총명한 짓이기 때문"이라고 개탄하면서 다음과 같이 말한다.

"역사적으로 무례함과 천박함은 늘 세련됨의 결핍을 의미했다. 그리고 야함은 비속하고 창피스러운 것으로 생각되었다. 그러나 오늘날 주의력 결핍 사회에서 사람들은 야비한 행동이 머릿기사, 이윤, 권력을 위한 핵심이 된다는 것을 배웠다. 이러한 괴상한 사람들과 많은 재능 있는 선정주의자들 덕분에, 우리 사회는 커뮤니케이션 학자 캐슬린 홀 재미슨이 '과장의 정상화'라고 부르는 현상을 경험하고 있다. 입들은 확성기가 되고, 광고는 눈이 튀어나오게 하고 내장을 비트는 드라마가 된다. 주의를 끌기 위한 극단적인 수단들은 단지 묵과되는 것에 그치지 않고 찬양된다. 개인들의 난폭한 행동은 부와 영향력을 얻게 해준다."[56]

'과장의 정상화'를 비판하는 솅크의 위와 같은 글도 다소 과장을 범하고 있다는 게 흥미롭지만 좋은 쪽으로 생각해주자. '과장의 정상화'가 일상적으로 일어나는 영역으로 정치를 빼놓을 순 없을 것이다. 정치 광고나 선거 유세는 과장 그 자체라 해도 좋을 정도다. 정치인들은 미디어의 관심을 끌기 위해 '튀는' 행태를 보인다. 미디어의 가장 큰 고민도 사람들의 눈길을 사로잡는 것인지라 정치의 그런 과장에 적극적으로 화답한다.

---

56) 데이비드 솅크, 정태석·유홍림 옮김, 『데이터 스모그』(민음사, 2000), 128~129쪽.

그러나 그런 '과장의 정상화' 보다 더욱 근본적인 문제는 '정보 폭발' 자체가 민주주의의 근본적인 위기마저 초래하고 있다는 점일 것이다. 다음과 같은 이유 때문이다.

"우리는 풍부함에서 기인된 기억력 상실이라는 모순에 직면하고 있다. 우리가 접하게 되는 정보가 많으면 많을수록 우리들의 초점은 더욱 좁아진다. 우리가 더 많이 알수록 우리는 더 적게 안다. 이 악순환은 다른 지식 영역에 있는 사람들간의 분열을 촉진시킨다." [57]

이러한 분열의 문제는 민주주의의 근본적인 위기는 물론 우리의 일상적 삶의 토대까지 뒤흔들 수 있는 것이라 좀더 깊이 본격적으로 다뤄볼 필요가 있겠다. 다음에 실린 〈'외로운 분자들의 나라' 로 가는가〉라는 글에서 논의해 보도록 하자.

---

57) 데이비드 솅크, 정태석·유홍림 옮김, 『데이터 스모그』(민음사, 2000), 155쪽.

정보기술의 정치학 ― '외로운 분자들의 나라'로 가는가

'인포세이지'는 축복인가

　인터넷을 비롯한 정보 테크놀로지는 '전문화'의 문화를 가속화시키고 있다. 좋은 점도 많지만 그 결과를 불길하게 생각하는 사람들도 있다. 얼 쇼리스는 『세일즈맨의 나라』라는 책에서 다음과 같은 음울한 시나리오까지 제시했다.

　"전문화는 우리 모두를 몽유병자로 만든다. 1960년대의 예언자들에 의해 제시되었던 지구촌은 고립된 몽상가들로 채워진 전자적 별장들에 의해 대체되고 있다. 우리는 이웃들을 알지 못한다. 만약 우리가 금융 전문가라면, 우리는 화학자 앞에서는 말문이 막힌다. 만약 우리가 학자라면, 우리는 상인들의 찌푸린 얼굴을 이해할 수 없다. 우리는 외로운 분자들의 나라이다."[58]

　그러나 그렇게까지 음울하게 생각하는 사람은 많지 않다. 아직까지는 많은 사람들이 기술적 진보의 축복에 더 매료돼 있는 듯하다. 예컨대, IBM

---

58) 데이비드 솅크, 정태석·유흥림 옮김, 『데이터 스모그』(민음사, 2000), 155~156쪽에서 재인용.

의 '인포세이지'(InfoSage)는 소비자들을 이렇게 유혹한다.

"당신이 읽고자 원하는 뉴스와 정보만을 곧바로 당신의 데스크탑으로 가져다준다. 당신이 만든 개인적 개략 정보에 기반을 두어 우리의 정교한 검색 기술은 2,200개의 출처를 탐색하여 단지 당신의 주제와 관련된 논문들만을 배달해준다." [59]

지금 그런 서비스는 과잉이라고 해도 좋을 정도로 다양하게 이루어지고 있다. 정말 편리한 세상이라고 감탄하는 것도 좋겠지만, 그로 인한 위험은 없는지 한번쯤 생각해볼 일이다. 데이비드 솅크는 여과 메커니즘들이 정보화 사회에서 점차 삶의 필수적인 부분이 되어가는 반면에, '인포세이지' 같은 자동화된 영리한 대행자들은 더 큰 위험을 낳고 있다고 말한다. 그 이유는 엄밀히 말해 그것들이 원하지 않는 정보들을 추려내는 데 너무 효과적이기 때문이라는 것이다.

"사전에 작성된 명단에 없는 전화 송신자와 방문자들을 모두 통제하도록 엄격히 교육받은 관리자를 두고 있다고 상상해보자. 당신은 사람들과의 접촉을 제한하는 데에는 성공할 것이지만 어떤 새로운 만남도 결코 만들 수 없다는 대가를 치러야 한다. 유사한 방식으로, 영리한 대행자들은 우리의 삶으로부터 뜻하지 않은 발견을 할 수 있게 해주는 능력을 지닌 정보를 제거함으로써 정보의 홍수를 관리한다. 전통적인 도서관에서 흔히 발생되는 전적으로 새롭고 흥미로운 주제와의 우연한 마주침은 주문 정보 환경에서는 훨씬 적게 일어나게 된다. 이것은 공유된 이념과 경험이 매우 중요시되는 자유롭고 편견이 없는 사회에서의 인간으로서의 삶을 심각히 제한하고 있다. 그러한 제한은 스스로 자신의 정보 감옥을 구축하는 것과 같은 것이다." [60]

---

59) 데이비드 솅크, 정태석·유흥림 옮김, 『데이터 스모그』(민음사, 2000), 156쪽에서 재인용.
60) 데이비드 솅크, 정태석·유흥림 옮김, 위의 책, 156~157쪽.

다양성인가, 분열인가

솅크는 그런 '정보 감옥'에서 탈출하기 위해 '인포세이지' 같은 여과 장치들을 제거하려고 노력해야 하며 우리 스스로 우리의 고유한 결정들을 내려야 한다고 역설한다. 그러나 솅크의 주장은 옳을망정 실효성은 매우 낮을 것 같다는 생각이 든다. 사회적 차원에선 그런 문제가 있을 수 있겠다는 것에 얼마든지 동의할 수 있지만, 개개인은 그렇게 했다간 생존경쟁에서 뒤처지게 된다고 생각하지 않을까?

그렇다. 문제는 바로 여기에 있다. 우리는 치열한 경쟁체제에 갇혀 있기 때문에 전체적으론 반(反) 사회적인 일일지라도 개인 차원에선 어쩔 수 없이 받아들일 수밖에 없는 삶을 살고 있는 것이다.

경영학에서 '시장 세분화'라고 불려져왔던 마케팅 전략은 이제 모든 매체에까지 파급되었다. 라디오와 케이블 텔레비전은 그런 세분화 또는 전문화에 아주 적합한 매체로 기능해왔으며, 매체의 수용에 있어서도 개별화가 이루어져 왔다. 가전업체들은 새로운 수요 창출을 위해 각종 제품의 이용 단위를 가족에서 개인으로 바꾸는 마케팅 전략을 구사해온 것이다. 그래서 이제 더 이상 '가전(家電) 제품'이 아니라 '개전(個電)'이라는 말도 나오고 있으며, '싱글 가전(家電)'이라는 말까지 사용되고 있다. [61]

그러나 그런 개별화 또는 파편화에 관한 한 감히 그 어떤 것도 인터넷을 능가할 순 없을 것이다. 바로 그런 특성을 인터넷의 부작용으로 보는 시각도 있다. 즉, 인터넷은 공동체를 촉진시키는 것이 아니라 오히려 훨씬 제한된 미시 문화들을 촉진시킨다는 것이다.

"적소(適所)의 라디오와 케이블TV처럼, 인터넷은 물리적 공동체들이

---

61) 박희정, 〈싱글 가전(家電) '싱글병글'〉, 『한국일보』, 2002년 8월 19일, 18면.

싱글家電 '싱글벙글'

15인치 TV등 소형제품 틈새시장 공략
젊은층 "공간절약·디자인 세련" 큰 인기

국내 가전시장이 대형·디지털 쪽으로 무게중심을 이동하고 있는 가운데 신혼 부부와 신세대 젊은층을 겨냥한 '싱글(Single)가전'이 새로운 틈새시장을 형성하며 인기몰이를 하고 있다. 독립된 공간을 추구하는 젊은 세대를 중심으로 특화된 기능과 세련된 디자인의 중·소형 제품의 판매가 증가하고 있는 것.

싱글가전은 온 가족이 함께 사용하는 대형제품과는 달리 좁은 공간에서도 사용할 수 있도록 개발된 것으로 일반 가정에선 메인(main)제품과 함께 사용하는 세컨드(second)가전이기도 하다.

18일 업계에 따르면 TV의 경우 20인치 이하의 부부 침실용이나 학습용 소형이 새로운 제품군을 형성하며 시장을 파고들고 있다. LG전자의 축구공TV(모델명 RN-20CB10·20인치)는 N세대 감각의 디자인에 100% 채용해온 대표적인 싱글제품으로 젊은층의 인기를 끌고 있다. 삼성전자의 15인치 완전평면TV(모델명 CT-15K8N)도 고급화와 함께 신세대 구미에 맞춰 크기를 줄임으로 월 2,000여대가 판매되는 등 성공을 거두고 있다.

대형 에어컨과는 달리 방안이나 좁은 오피스텔 등에서 사용하기에 적합한 초슬림형 에어컨도 인기다. 고광택 나무무늬결(삼성전자 AS-F411B)과 실제 거울(LG전자 LS-087CR) 등 마감재를 사용해 고급화하면서 크기와 두께를 대폭 줄여 액자 및 벽걸이형으로 제작, 인테리어를 강화했다.

냉장고 시장에서는 기능을 특화시킨 아이디어 상품들이 인기다. 가장 눈길을 끄는 제품은 화장품 냉장고. 삼성전자는 6월 피부특성과 제품의 기능에 따라 온도를 설정할 수 있고 세균번식을 예방하는 '시엘(She'el)'을 출시했다. LG전자는 독신자용, 침실용으로 적합한 팬시(Fancy) 냉장고 '뉴펜'을 선보였으며, 반찬 전용 냉장고, 와인 냉장고 등도 인기를 끌고 있다.

세탁기의 경우 초소형 제품의 틈새시장을 형성하고 있다. 삼성전자가 내놓은 아기사랑 세탁기는 유아용으로 출시됐으나 용량이 3kg로 빨래양이 적은 독신자용으로도 활용되고 있다.

이 밖에 차 안이나 한정된 장소의 먼지를 간단히 제거할 수 있는 핸디형 충전식 청소기(삼성전자 VC-H41)와 토스트기와 전자레인지로 겸용할 수 있는 LG전자의 LG M-M270TB도 신세대들에게서 인기다.

싱글가전이 인기를 끌자 가전 유통업체들은 아예 이를 제품들을 한곳에 모아 기획전을 마련할 정도다. 17~25일 'TM 싱글가전 세일전'을 마련중인 복합전자유통업체 테크노마트 관계자는 "독립된 생활을 추구하는 독신자 계층이 증가하면서 공간을 절약할 수 있도록 작고 세련된 디자인을 앞세운 싱글가전의 인기는 점차 높아질 것으로 예상된다"고 말했다.

/박희정기자 hjpark@hk.co.kr

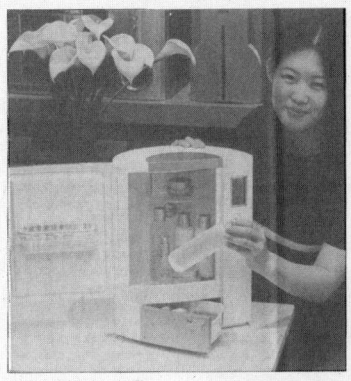

삼성전자 화장품 냉장고 '시엘'

LG전자 축구공TV

(『한국일보』 2002년 8월 19일)

가전업체들은 새로운 수요 창출을 위해 각종 제품의 이용 단위를 가족에서 개인으로 바꾸는 마케팅 전략을 구사해왔다.

관계를 덜 맺고 살아가도록 하고 또 사람들이 그들의 고유한 편견, 가설, 타고난 사고방식들에서 벗어나려고 전전긍긍해야 하는 것에서 벗어나게 해주어 문화적 분열을 조장한다." [62]

그러나 각자의 '개성 추구'와 '다양성 진작'으로 좋게 볼 수 있는 걸 꼭 그렇게 부정적으로 봐야 하느냐는 항변이 있을 수 있다. 이런 논란에 대해

---

62) 데이비드 솅크, 정태석·유홍림 옮김, 『데이터 스모그』(민음사, 2000), 156쪽.

셍크는 다음과 같이 말한다.

"몇몇 월드 와이드 웹 신봉자들은 이러한 해석에 강한 이의를 제기하면서, 하이퍼링크 구조를 지닌 웹은 실제로 학제적 사고와 폭넓고 다문화적 커뮤니케이션을 장려한다고 주장한다. 결국 어떤 웹 검색가도 몇 번의 마우스 클릭으로 미국과의 약정서에서 엔젤 애덤스의 사건들로 또 세계 2차대전사로 옮겨갈 수 있다. 웹 탐색은 극도로 다양한 정보 경험을 허용하는 것이 사실이지만, 그 최종 결과는 여전히 대부분 웹 검색가들이 그들의 개인적 관심 범위에 한정되어 탐색하도록 고무되고 또 그러한 관심들에 대한 아주 특수한 정보들 - 뿐만 아니라 그러한 관심들을 공유하는 사람들과의 전자적 상호작용 - 로 보답을 받는 극단적 적소화의 상황들일 뿐이다." [63]

분열 시대의 리더십

인터넷 예찬론자들의 주장은 초기 효과만을 말하고 있는 건 아닐까? 즉 가능성만을 말하고 있을 뿐 실제로 일어나고 있는 건 그들의 주장과 다른 면도 있지 않느냐는 것이다. '외로운 분자들의 나라'라는 테마는 과장된 것일망정, 그것이 비교적 완화된 다른 형태의 담론으로 왕성하게 역설되고 있는 건 분명한 사실이다. 적어도 미국에서는 그렇다. 인터넷을 위시한 각종 미디어의 폭발로 세분화와 전문화에 탐닉하게 된 미국인들은 공통의 주제에서 점점 멀어지고 있다.

이를 수용자 극화현상(audience polarization)이라고 이름 붙인 사람들도 있다. 수용자 극화현상이란 수용자들이 특정 프로그램 유형이나 특정 주제에 극도로 치우치거나 혹은 그것을 배제함으로써 지적 편식과 취향의

---

63) 데이비드 셍크, 정태석·유홍림 옮김, 『데이터 스모그』(민음사, 2000), 160쪽.

편식에 빠지게 되는 걸 말한다. 그만큼 사회의 공통적 경험, 인식, 가치관의 기반이 약화되고, 사회적 합의나 통합이 어려워진다고 보는 것이다.[64]

그 결과 예측 불가능한 정치적 결과와 통제 불능의 세상이 대두될 수도 있다고 우려하는 목소리도 있다.[65]

당연히 국가적 차원의 지도력도 큰 타격을 받을 것이다. 로버트 라이트는 지도력은 분산된 매체의 시대에 더 어려워진다며 이렇게 말한다.

"지난날 대통령은 세 가지 주요 네트워크 모두에서 시청률이 가장 높은 시간대에 연설을 할 수 있었으며, 그가 모든 사람의 관심을 받았다는 걸 알 수 있었다. 그러나 이런 종류의 포럼은 보수주의자들이 내셔널 임파워먼트 텔레비전을 보고, 자연광들이 디스커버리 채널을 보고, 스포츠 팬들이 ESPN을 볼 수 있게 됨에 따라 사라졌다."[66]

그렇게 자신의 작은 관심 분야에만 몰두하는 '극소화', 그래서 전체 국민의 동시적 경험의 가능성이 축소되는 '비동시성'이 심각한 사회적 문제로 대두되고 있는 것이다. 솅크는 이렇게 말한다.

"이러한 방식으로 극소화와 '비동시성'은 현대 미국을 괴롭히는 사회적 극단화를 근심스러운 수준에까지 이르게 하였고, 중요한 쟁점에 대한 의견 불일치, 그리고 합의 도출을 위해 국민을 끌어 모으지 못하는 무능함에 대한 근본적인 원인이 되고 있다. '당신이 다른 인종의 사람과 인종 문제에 관해 마지막으로 얘기해 본 것이 언제였는가?' 빌 브래들리는 그의 연설에서 시민집단들에게 이렇게 즐겨 묻는다. '만약 얘기해 본 적이 없다면, 당신도 그 문제의 한 부분이다.' 우리가 서로 접촉을 잃어버린다는 것,

---

64) 김영석, 『디지털미디어와 사회』(나남, 2000), 586쪽.
65) 언론학자 Gladys Ganley의 주장, 권기헌, 『정보사회의 논리: 지식정보사회와 국가경영논리』(나남, 2000), 151쪽.
66) 데이비드 솅크, 정태석·유홍림 옮김, 『데이터 스모그』(민음사, 2000), 161~162쪽에서 재인용.

그리고 그것이 우리의 다원주의적 사회를 실패로 몰아갈 것이라는 그의 주장에 담긴 함의는 부분적으로 정보화 기술의 기능이다." [67]

분할주의와 심리적 고립

미국인들은 미디어 이용에 있어서 필사적이라 해도 좋을 정도로 '분할'을 향해 치닫고 있으면서도 '통합'에 대한 미련은 버리지 못한다. 그래서 자신은 '분할'을 향해 가고 있으면서 정치만큼은 '통합'으로 가주기를 바란다. 이에 대해 솅크는 다음과 같이 말한다.

"이러한 문화적 분할주의(balkanization)에 의해 야기된 불안으로 사람들은 백마를 탄 기사가 나타나 백악관으로 달려가 우리를 다시 하나로 만들어주기를 바라게 된다. 우리는 필사적으로 우리 가족, 지역 공동체, 그리고 직업 집단보다 더 큰 어떤 것에 속하기를 원하게 된다. 우리는 본능적으로 하나의 국가에 속하는 것을 필요로 한다. 그리고, 지금 많은 사람들이 그렇듯이, 우리가 유리(遊離)되었다고 느낄 때 매우 당혹스러울 것이다." [68]

그 점을 간파한 정치인들은 그런 요청에 부응하려고 애쓰고 있다. 그래서 위에서 언급된 브래들리의 경우처럼 대통령직을 위해 뛰는 정치인들치고 '사회통합'의 필요성을 역설하지 않는 사람이 없다. 지지자들도 그 점을 가장 높게 평가한다. 1996년 콜린 파월이 흑인임에도 불구하고 대통령 후보로까지 거론되었던 것도 바로 그런 이유 때문이었다. 당시 콜린 파월 추대위원회의 노스캐롤라이나 지회의 지도자 어니스트 왓슨은 다음과 같이 주장했다.

---

67) 데이비드 솅크, 정태석 · 유흥림 옮김, 『데이터 스모그』(민음사, 2000), 160쪽.
68) 데이비드 솅크, 정태석 · 유흥림 옮김, 위의 책, 161쪽.

간밤엔 또 누가…
'자살 증후군' 전염병처럼 확산

자살이 잇따르고 있다. 정몽헌 현대아산 이사회 회장의 충격적인 투신자살이 온 나라를 뒤흔드는 가운데 실향민의 독극물 자살, 생계형 자살, 신병비관 자살 등이 이어지고 있다. 일각에서는 이들의 자살은 '사회적 타살'이나 다름없다며 근본적인 대책마련이 시급하다고 지적한다.

정몽헌 회장의 투신자살 소식에 충격을 받은 80대 실향민이 4일 경기 동두천시에서 독극물을 마시고 스스로 목숨을 끊었다.
함경북도가 고향인 김모(83)씨는 북에 있는 형제들을 만나기 위해 이산가족 상봉 신청을 했지만 계속 무산되자 상심한 상태였다. 김씨는 정 회장 자살 소식을 들은 뒤 "이북에 있는 형제들을 영영 만나지 못할 것 같다"고 탄식한 뒤 이날 오후 독극물을 마셨다.
생활고를 비관한 자살 사건도 꼬리를 물고 있다. 서울 구로구 구로동에 사는 신모(37·여)씨는 4일 오후 자신이 살던 R빌라 5층에서 투신했다.
남편의 사업 부진에 따른 생활고와 주택구입자금 상환 압박에 시달렸던 신씨는 은행의 차압에 이어 전화까지 끊어지자 여섯 살 짜리 딸을 남겨둔 채 목숨을 끊고 말았다. 같은 날 대구에서는 우울증을 앓던 20대 대학생이 아파트 12층에서 투신 자살했고, 서울에서는 파킨슨씨병으로 고생하던 80대 노인이 스스로 죽음을 선택했다.

자살 사건 급증 추세
경찰청이 최근 발표한 통계에 따르면 지난해 국내에서는 하루 평균 36명, 매시간 1.5명 꼴로 스스로 목숨을 끊었다. 총 자살 건수에서도 역대 최고인 1만3,055건으로 2001년의 1만2,277건에 비해 6.3%가 늘었다. 1992년 7,401명이 자살했던 것에 비하면 10년 사이에 두 배 가까이 늘어난 수치다.

생활고에… 신병 비관에…
10년새 2배나 급속증가
사회안전망 구축 서둘때

IMF(국제통화기금) 외환위기로 경제상태가 최악에 이르렀던 98년 1만2,458건에 이르렀던 자살 건수는 경기가 회복된 99년 1만1,713건으로 줄었다가 2000년 이후 다시 늘어나는 추세다.
주요 자살 동기는 실업, 신용불량자 전락, 사업 실패 등 경제적 이유. 한신대 사회학과 김종엽 교수는 "호황이든 불황이든 변동기에는 자살자 수가 크게 늘어나게 마련"이라고 분석했다.

자살 방지 대책은 없나
생명의 전화 자살예방센터 하상훈 원장은 "빈부격차가 커지면서 이를 따라잡지 못하는 사람들은 자신을 비하하며 자살하는 경우가 많다"며 "결국 대부분의 자살은 '사회의 타살'로 볼 수밖에 없다"고 말했다.
하지만 사회와 정부 차원의 근본 대책은 부족한 상태다. 고대안암병원 김인 신경정신과장은 "고립감 속에서 자살 충동을 느끼는 사람들을 구하기 위해서는 지역 단위의 자살예방 기구가 필요하다"고 지적했다. 서강대 사회학과 김영수 교수는 "개인과 사회의 연결고리가 끊어지지 않도록 정부와 사회가 나서 상담센터 활성화, 사회안전망 확충 등을 꾀해야 한다"고 주장했다.

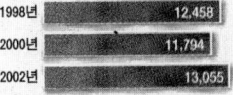

(『한국일보』 2003년 8월 6일)

'자살 신드롬'은 미디어의 폭발과 인터넷의 분열주의로 인한 분할과 고립의 문제와 전혀 무관한 걸까? 자신이 '외로운 분자'로 고립돼 있다는 심리적 상황이 그 바탕에 깔려 있었던 건 아닐까?

"나는 그가 우리로 하여금 다시 한번 시도하게 하여 우리나라를 통합시키고 또 이러한 모든 극단화, 분열, 파편화를 중단시킬 유일한 사람이라고 생각한다."[69]

실제로 1996년 선거 유세 기간 동안 모든 대통령 후보들이 통합의 중요성에 대해 열변을 토하였다. 클린턴은 "만약 우리가 미국 국민들을 서로 밀접하게 만드는 어떤 방식을 찾을 수 없다면 미국의 꿈을 복구할 수 없다"고 말했다. 밥 돌은 "우리가 함께 하도록 돕기 위해서 언어라는 접착제가 필요하다"며 영어제일주의라는 정강을 채택하기도 했다.[70]

한국에서 정치 지도자들이 '국민통합'을 외치는 건 미국과는 좀 다른 이유 때문이기는 하지만, 우리 역시 미디어의 폭발과 인터넷의 분열주의로 인한 '분할'의 위험으로부터 자유롭지 못하다는 건 분명한 사실이다. 과연 앞으로 이 문제를 어떻게 해결해 나갈 것인가?

최근 큰 사회적 문제로 대두되고 있는 이른바 '자살 신드롬'은 그런 분할과 고립의 문제와 전혀 무관한 걸까? 2002년 한국에선 1만3천여 명이 자살했는데, 이는 하루 평균 36명꼴로 자살자가 나왔다는 걸 의미한다. 이 수치는 10년 전에 비해 두 배로 늘어난 것이다.

다 그만한 현실적인 이유가 있었겠지만 자신이 '외로운 분자'로 고립돼 있다는 심리적 상황이 그 바탕에 깔려 있었던 건 아닐까? 일본의 경우엔 2002년 자살자가 3만2천여 명으로 5년 연속 3만 명이 넘었다는 걸 보더라도 자살을 단지 먹고사는 문제 때문이라고 보기는 어려울 것이다. 경제적 풍요가 몰고 오는 '외로운 분자' 신드롬이 작은 고통마저도 견디지 못하고 죽음을 택하게 만드는 데에 일조하고 있는 건 아닌지 모르겠다.

---

69) 데이비드 솅크, 정태석·유홍림 옮김, 『데이터 스모그』(민음사, 2000), 161쪽에서 재인용.
70) 데이비드 솅크, 정태석·유홍림 옮김, 위의 책, 161쪽.

정보기술의 정치학 — '업그레이드' 속도는 왜 빨라지나

'선더버드 문제'

처음 1.0에서 시작해 수차례 업그레이드를 걸친 다음에 마이크로소프트 워드 6.0이 출시되었다. 과연 그걸 반긴 사람의 수는 얼마나 될까? 대다수 사람들에겐 불필요한 기능들만이 추가되었을 뿐, 정작 자신에게 필요한 기능은 오히려 퇴보한 건 아닐까? 데이비드 솅크의 증언을 들어보자.

"나는 워드 6.0이 고통스러울 정도로 느리고 성가시다는 것을 알았다. …… 기본적 문서작업만을 해온 나에게는 새로 추가된 특수 기능들을 익히는 일은 무척이나 어려웠으며, 심지어 파일을 열고 인쇄하는 것과 같은 가장 기본적인 기능들까지 너무나 느려져 고통을 느끼게 되었다." [71]

그래서 솅크는 업그레이드에 대해 근본적인 의문을 갖게 되었고, 그것이 정보산업의 핏줄과도 같다는 걸 깨달았다고 말한다. 그걸 이제야 알았느냐고 흉볼 일은 아니다. 그의 깨달음엔 깊이가 있기 때문이다.

솅크는 업그레이드의 문제를 이른바 '선더버드 문제'와 연결시킨다. 선

---

[71] 데이비드 솅크, 정태석·유홍림 옮김, 『데이터 스모그』(민음사, 2000), 99쪽.

더버드는 포드사가 1950년대 중반에 생산한 전설적인 자동차 이름인데, 포드사가 수십 년 간 선더버드를 자꾸 새로운 모델로 변형시켜 내놓자 제반 산업에서 나타나는 업그레이드 현상의 부정적인 측면에 대해 '선더버드 문제'라는 이름이 붙게 되었다. 과연 무엇이 문제였던가? 솅크는 다음과 같이 말한다.

"미국 자동차 산업의 본성은 어떠한 디자인도 지속하지 못하게 하는 것이므로, 각각의 차종들에 매년 상당한 변화를 주어 소비자들에게 '최신'으로 느끼게 하기 위해서는 '교체하지' 않을 수 없다는 생각을 하게 만들었다. 이러한 '계획된 구식화' 전략은 성능 개선에 초점을 맞춘 것이 아니라 외양 변화에 초점을 맞춘 것이었다. 판매 증진을 위해 품질이 희생되었다. 모든 사람들이 운송 수단 자체의 완전성을 추구하지 않게 됨으로써, 많은 차들은 조금씩 최초의 매력과 우아함을 잃게 되었다. 선더버드도 예외가 아니며, 오히려 그러한 문제에 대한 대표적인 예가 되었다." [72]

물론 자동차 모델만 그런 게 아니다. 모든 제품이 다 그런 운명에 처하게 되며, 컴퓨터 하드웨어와 소프트웨어 분야도 마찬가지다.

"최초의 제품은 적절하리만큼 단순하면서 기본 기능을 다 갖추어 출시된다. 그러나 소비자들에게 업그레이드시킨 제품들을 구매하도록 설득하려는 과정 속에서, 원래 가지고 있던 제품의 미학과 성능 모두가 종종 상실되는 지경에 이를 때까지 매년 수많은 부가적 기능들이 추가된다." [73]

'속도의 경제'와 '무어의 법칙'

거시적인 차원에서 보자면 그런 '업그레이드 열풍'은 경제 자체의 성격

---

72) 데이비드 솅크, 정태석·유홍림 옮김, 『데이터 스모그』(민음사, 2000), 99~101쪽.
73) 데이비드 솅크, 정태석·유홍림 옮김, 위의 책, 101쪽.

변화에서 기인하는 것임에 틀림없을 것이다. 제레미 리프킨은 『소유의 종말(The Age of Access)』이라는 책에서 다음과 같은 진단을 내린다.

"과학 기술이 급속히 발전하고 경제활동이 어지러울 만큼 빠르게 진행되는 세상에서 소유에 집착하는 것은 곧 자멸하는 길이다. 주문 생산이 일반화되고 끊임없는 혁신과 업그레이드가 이루어지며 제품의 수명이 점점 단축되는 세상에서는 모든 것이 하루아침에 퇴물이 된다. 변화하지 않는 것이라고는 변화밖에 없는 세상에서, 소유하고 보유하고 축적하는 태도는 점점 설득력을 잃어간다." [74]

리프킨은 "규모의 경제가 속도의 경제로 바뀌고 있다"는 토플러 부부의 견해에 동의하면서, 제품의 수명이 짧아지는 반면 복잡한 첨단 기술에 들어가는 연구개발비는 갈수록 늘어난다고 말한다. [75]

컴퓨터에 국한시켜 말하자면, '무어의 법칙'이 업그레이드를 촉진시키는 원동력으로 작용하고 있다. 무어의 법칙은 인텔의 공동 설립자인 고든 무어가 처음 주장한 것으로 컴퓨터의 파워가 18개월마다 두 배씩 증가한다는 법칙이다. 이 법칙은 18개월마다 같은 값으로 두 배로 성능이 좋은 컴퓨터를 살 수 있다거나, 18개월마다 컴퓨터 가격이 절반으로 떨어진다는 식으로도 해석될 수 있는데, 지금까지 대략 맞아떨어진 것으로 평가받고 있다. [76]

『마이크로프로세서 리포트』의 설립자이자 편집장인 마이클 슬레이터처럼, 앞으로 갈수록 더 빠른 프로세서의 개발이 어려워질 것이기 때문에 무어의 법칙에서 '18개월마다'라는 말을 더 길게 잡아야 할 것이라는 전망을 내놓는 사람들도 있다. [77]

---

74) 제레미 리프킨, 이희재 옮김, 『소유의 종말(The Age of Access)』(민음사, 2001), 13~14쪽.
75) 제레미 리프킨, 이희재 옮김, 위의 책, 37~38쪽.
76) 홍성욱, 『네트워크 혁명, 그 열림과 닫힘: 지식기반사회의 비판과 대안』(들녘, 2002), 31쪽.

무어의 법칙은 더 상위인 수확체감의 법칙 때문에 더 이상 먹혀들지 않으며 앞으로는 멧캐프의 법칙이 지배할 것이라고 주장하는 사람들도 있다. [78]

멧캐프의 법칙은 1980년대에 근거리통신망 이더넷(Ethernet)의 창시자인 멧캐프에 의해 제창된 것으로 "네트워크의 가치는 사용자 수의 제곱에 비례한다"는 것이다. 이 법칙은 LAN으로 연결된 기업체 안의 컴퓨터 네트워크에 초점을 맞추고 있지만, 인터넷은 이 법칙을 전혀 새로운 수준으로 올려놓음으로써 이젠 많은 사람이 연결되어 있는 네트워크를 형성하는 것이 기업의 성패를 가늠하는 잣대가 된다는 걸 시사하고 있다. [79]

어찌됐건 무어의 법칙이 지금까지 업그레이드를 자극해온 건 분명한 사실이다. 제레미 리프킨은 무어의 법칙은 제품 주기에 치명타를 먹였으며, 그래서 업그레이드의 압력은 더욱 거세진다고 말한다. [80]

갈망의 자극과 공포심 조성

업그레이드는 우선적으로 경제적인 현상임에 틀림없지만 그건 그 목적을 관철시키기 위해 심리적인 마케팅을 수반한다. 그런 의미에서 업그레

---

77) 김상현, 『인터넷의 거품을 걷어라: 인터넷, 사이버 세상에서 살아남기』(미래M&B, 2000), 123쪽.
78) 로빈 블루어, 형선호 옮김, 『일렉트로닉 바자』(한길사, 2000), 85~86쪽.
79) 앤서니 퍼킨스·마이클 퍼킨스, 형선호 옮김, 『인터넷 거품: 거품을 알면 전략이 보인다』(김영사, 2000), 27쪽. 과학사학자 홍성욱은 정보통신 네트워크 혁명의 특성을 잘 나타내는 세 가지 법칙으로 무어의 법칙과 멧캐프의 법칙 외에 카오의 법칙을 들고 있다. "카오의 법칙: 창조성은 네트워크에 접속되어 있는 다양성에 지수함수로 비례한다는 법칙으로 경영 컨설턴트 존 카오가 제창한 법칙이다. 이는 지금까지 무어의 법칙이나 메트칼피의 법칙에 비해 덜 주목받았지만, 창조적인 지식 생산이 사회와 경제의 각 영역에서 점차 중요하게 되면서 앞으로 지식기반사회를 관통하는 중요한 법칙으로 부상할 것이다." 홍성욱, 『네트워크 혁명, 그 열림과 닫힘: 지식기반사회의 비판과 대안』(들녘, 2002), 31쪽.
80) 제레미 리프킨, 이희재 옮김, 『소유의 종말(The Age of Access)』(민음사, 2001), 34쪽.

이드는 심리적인 현상이기도 하다. 솅크는 "선더버드 문제는 고도 풍요 시대의 일종의 풍토병"이라는 진단을 내리면서 다음과 같이 말한다.

"우리는 너무나 쉽게 할 수 있다는 이유만으로 업그레이드를 한다. 우리는 차후의 신비스러운 단계에 대한 지나친 추구 때문에, 원래의 목적을 놓쳐버린다. 우리는 어느 날 쓸데없는 것으로 가득 찬 가방을 잔뜩 실어 배가 물 속으로 가라앉고 있음을 알아차릴 때까지 계속해서 싣고 또 실을 것이다. 대개 이러한 끔찍한 상황은 엄청난 이득이 있기 때문에 계속된다. 계획된 컴퓨터의 구식화는 프로그래머들, 제작자들, 시장 관리자들, 홍보 전문가들에게 매년 수십 억 달러를 벌어다준다." [81]

그렇게 하기 위해 그들은 소비자들에게 마법을 건다.

"다른 모두들처럼 마이크로소프트도 그 이윤의 대부분을 업그레이드에서 창출하기 때문에, 실제 제품은 하드웨어나 소프트웨어가 아니라 바로 '정보갈망'(information anxiety)이다. 월가(Wall Street)의 단기 전망을 만족시키기 위해서, 그 기업의 도전은 소비자들로 하여금 가능한 한 자주 업그레이드를 위해 돈을 지불하도록 납득시키는 것이다." [82]

어떻게 납득시킬까? 갈망을 넘어서 불안과 근심을 느끼게끔 만든다. "너, 다른 사람에게 뒤져도 좋니?" 첨단을 걷고 싶기 때문에, 죽어도 남에게 뒤지고 싶어하지 않는 사람들의 심리를 자극하는 것이다. 그 누구에게도 뒤떨어져서는 안 된다는 공포감을 조성하면 판매는 쉽게 이루어진다.

솅크는 소비자들이 무엇을 가지고 있든 그것은 충분하지 않다는 점을 납득시키고자 하는 정보산업의 목표는 효과를 발휘하고 있다며 이렇게 말한다.

---

81) 데이비드 솅크, 정태석·유홍림 옮김, 『데이터 스모그』(민음사, 2000), 101~102쪽.
82) 데이비드 솅크, 정태석·유홍림 옮김, 위의 책, 103쪽.

"우리는 단지 기술적 성능을 위해서 기계를 구입하는 것처럼 말하지만, 각각의 구매에는 숨겨져 있는 강력한 사회적 구성 요소가 명백히 존재한다. 즉 세상 사람들에게 뒤떨어지지 않으려는 것이다. 이것은 단지 몇 년밖에 되지 않은 기계들에 대한 불가해한 경멸 배후에 존재하는 그 무엇이다. '나는 이 286 컴퓨터를 벽장에 넣어 두었다. 그것은 공룡이다.' 2년 전만 하더라도 절실히 필요했던 기계 부품이었던 것이 지금은 쓸모없는 플라스틱처럼 여겨진다. 우리는 마치 그 기계가 실제로 그 기술적 능력을 잃어버린 것처럼 행동하지만, 변한 것은 기계가 아니라 우리 자신들이다. 효과적인 판매 행위와 강한 사회적 압력이 아니고야 그 무엇이 그렇게 짧은 시간에 우리 자신의 인식을 그렇게까지 흔들어놓을 수 있겠는가?"[83]

디지털 폐기물의 환경파괴

제조 및 판매업자들은 좋겠지만, 업그레이드의 사회적 비용은 만만치 않다. 아마도 가장 큰 문제는 디지털 폐기물로 인한 환경파괴일 것이다.

미국인들은 1990년대 초엔 컴퓨터를 5년마다 교체했지만, 그 속도는 더욱 빨라져 1995년에 이르러선 2년 만에 컴퓨터를 교체하고 있다.[84] 미국에선 2004년까지 약 3억여 대의 컴퓨터가 쓰레기 신세로 전락할 것으로 추정하고 있는데, 가장 큰 문제는 컴퓨터엔 강한 독성을 갖고 있는 화학 물질이 많아 환경재앙을 가져올 수 있다는 것이다.[85]

프린터의 문제도 심각하다. 한국의 경우를 보자. 부품 호환이 안 돼 매년 1백만 대 이상 쓰레기로 내버려지고 있는데, 프린터의 인쇄회로기판엔

---

83) 데이비드 솅크, 정태석·유흥림 옮김, 『데이터 스모그』(민음사, 2000), 104~105쪽.
84) 데이비드 솅크, 정태석·유흥림 옮김, 위의 책, 104~105쪽.
85) 김상현, 〈e-많은 e-쓰레기 환경 재앙 부를라〉, 『시사저널』, 2003년 7월 3일, 68~69면.

토론토·김상현 (자유 기고가)

같은 컴퓨터를 10년 이상 쓰는 사람이 있을까? 아마 없을 것이다. 부지런히 업그레이드 한다면 불가능한 일도 아니지만, 그러기에는 너무 번거롭고 힘들고 비싸다. 그렇게 일 삼아 업그레이드하는 것보다 차라리 새 컴퓨터를 사는 편이 더 쉽고, 더 현실적이고, 때로는 더 경제적이기까지 하다. 그런데 구닥다리 컴퓨터는 어떻게 한다?

컴퓨터 쓰레기, 전자 쓰레기, 디지털 폐기물, e-쓰레기…. 그것을 어떻게 부르든 용도 폐기된 컴퓨터 '유물'은 걷잡을 수 없이 빠른 속도로 늘고 있다. 18개월마다 컴퓨터 칩의 속도가 두 배로 빨라진다는 무어의 법칙이 무색할 지경이다. 소비자들은 불과 몇 년 사이에 애물로 둔갑한 구닥다리 컴퓨터를 어떻게 처치해야 할지 몰라 난감해 한다. 컴퓨터가 가장 많이 소비되고 버려지는 미국의 경우, 지금까지 팔린 컴퓨터의 4분의 3 이상이 이미 쓸모 없는 천덕꾸러기로 전락해 다락방이나 지하실, 창고 같은 곳에 처박혀 있는 것으로 추정된다.

만약 사람들이 이 '전자 유물'들을 한꺼번에 내다버린다면 어떻게 될까? 실로 엄청난 쓰레기 재난이 일어날 것이다. 실리콘밸리 독성물질 연대(SVTC)의 테드 스미스 대표는 "컴퓨터와 관련된 e-쓰레기는 다른 어떤 종류의 쓰레기보다도 더 큰 문제와 폭발성을 안고 있다"라고 강조한다. SVTC는 컴퓨터가 초래하는 여러 환경 피해를 널리 알리고 이를 최소화하기 위해 미국 실리콘밸리 지역을 중심으로 활동하는

2005년께면 컴퓨터가 '첨단'에서 '퇴물'로 전락하는 데 2년도 안 걸릴 것으로 추정된다.

e-많은 e-쓰레기 환경 재앙 부를라

디지털 폐기물 급증…컴퓨터 기업들은 '나 몰라라'

비영리 민간 단체다. 이 단체에 따르면, e-쓰레기는 이를 처리할 수 있는 기반 시설의 수용 범위를 이미 훌쩍 넘어섰다. 미국환경보호국(EPA)도 2004년까지 약 3억1천5백만 대의 컴퓨터가 쓰레기 신세로 전락할 것이라며 정부와 업계에 적극적인 대응을 주문하고 있다.

폐기량 엄청난 데다 독성까지 강해

e-쓰레기 문제는 'e'만이 지닌 독특한 특성 때문에 더욱 심각하게 여겨진다. e가 상징하는 여러 전자제품들의 수명은 매우 짧다. 컴퓨터의 연한은 그 중에서도 표나게 짧다 덮었다. '첨단'에서 '퇴물'로, 다시 '쓰레기'로 전락하

는 데 채 몇 년이 걸리지 않는다. 게다가 이 기간은 갈수록 짧아지고 있다. 1997년 무렵만 해도 각각 4~6년과 6~7년 수준이던 컴퓨터와 컴퓨터 모니터의 수명이 최근 3년 안팎으로 줄었다. 2005년 무렵에는 2년 정도가 될 것으로 추정된다. 새 컴퓨터 한 대가 시장에 나올 때마다 다른 컴퓨터 한 대가 쓰레기로 전락하는 시대가 올 날이 멀지 않다.

재활용률이 현저히 낮다는 점도 e-쓰레기 문제의 골을 더욱 깊게 만드는 한 요인이다. 미국의 경우 1999년 말 현재, 용도 폐기된 컴퓨터 2천4백만 대 가운데 겨우 14% 정도(3백30만 대)만이 재활용되거나 다른 기관에 기증되었다. 나머지는 쓰레기장에 버려져 매립되거나 소각되었고, 일부는 중국·인도·파키스탄 같은 개발도상국에 수출되었다. 그러나 절대 다수인 2천여만 대는 다락방이나 지하실 구석에 잠들어 있는 신세다. 컴퓨터 모니터 재활용 실태도 그보다 나을 것이 없다. 1980년 이후 3억대 이상의 모니터가 미국 시장에서 팔린 것으로 추정되지만, 이중 1백70만여 대만이 재활용되었다. 그 '재활용'의 50~80%는 후진국으로 수출되는 형태이다.

e-쓰레기의 문제는 실로 심각하다. 미국 카네기 멜론 대학의 연구 결과에 따르면, 2005년까지 '적어도' 1억5천만 대의 컴퓨터가 미국의 쓰레기장에 매립될 것으로 보인다. 이를 한데 모은다면 넓이 3천6백평, 높이 1천2백m에 이르는 거대한 '쓰레기 탑'이 될 것이다.

(『시사저널』 2003년 7월 3일)

컴퓨터의 업그레이드 열풍은 환경 재앙의 우려를 낳고 있다. 그러나 그 업그레이드 열풍에 떠밀린 오늘날 우리들의 삶의 격렬한 속도는 그 재앙의 형태조차 모르고 있는 게 아닐까?

납, 카드뮴 등의 중금속, 잉크와 카본블랙에는 발암물질이 함유돼 있어, 이 또한 새로운 공해로 대두되고 있다. [86)]

김상현이 잘 지적한 대로, "효과적인 e-쓰레기 처리 방안이 하루빨리 나오지 않는 한 '컴퓨터가 20세기 말의 정보혁명을 이끌었다'는 말은 '컴퓨터가 21세기 지구의 환경 재앙을 몰고 왔다'는 말로 대치될지도 모를 일"이다. [87)]

'삶의 격렬한 속도'

업그레이드의 사회적 비용은 환경파괴에만 그치지 않는다. 솅크는 '업그레이드 열광(upgrade mania)'이 초래하는, 달러로는 환산할 수 없는 사회적 비용의 하나로 "기술과 효율성을 개선하라는 기업의 정언명령에 떠밀린, 오늘날 삶의 격렬한 속도"를 들면서 다음과 같이 말한다.

"이 회합에서 저 회합, 이 호출에서 저 호출, 이 임무에서 저 임무로 앞을 향해 가게 되면서, 우리는 종종 삶이 우리가 원하는 것보다 훨씬 더 빨리 나아가는 것을 느낀다. …… 업그레이드 훈련은 미래의 성장 산업이 될 것이지만, 늘 가속화되는 변화 속도로 인한 심적인 고통까지 치유해 줄 수는 없을 것이다. 이러한 격렬한 속도로 인한 심리적 증상은 뚜렷하다. 실제로 미국인들은 자신들이 삶의 기본적인 구조에 대한 통제력을 잃어가는 것으로 느끼고 있다고 여론 조사원들이나 치료사들에게 말하고 있다. 우리들 주변 곳곳에 있는 기계들의 엄청난 성능 개선은 우리의 안전성 및 연속성의 감각을 손상시키고 있다." [88)]

---

86) 김선우, 〈프린터의 재앙?: 부품 호환 안돼 연 100만대 이상 쓰레기로〉, 『동아일보』, 2003년 2월 6일, A31면.
87) 김상현, 〈e-많은 e-쓰레기 환경 재앙 부를라〉, 『시사저널』, 2003년 7월 3일, 68~69면.

업그레이드 열광이 낳는 또 하나의 문제가 있다. 그건 역사에 대한 기술적 파악을 손상시킨다는 점이다. 솅크는 워싱턴 D.C.의 외곽에 있는 국립 문서보존소(National Archives)에는 겁이 날 정도로 거대한 양의 정부 자료들이 전자적 형태로 축적되어 있다며 이렇게 말한다.

　"온도와 습도가 통제된 방에서 안전하게 저장되어 있다면, 그 자료들은 수천 년은 아니더라도 수백 년 동안은 손상되지 않을 것이다. 그러나 우리의 후손들이 그 자료들에 접근할 수 있을 것인가? 전자 창고의 문서 관리자 케니스 티보듀는 현대의 모든 문서 관리자들이 직면하고 있는 딜레마에 관해 다음과 같이 말한다. '당신은 수백 년 동안 존속할 수 있는 광학 디스크를 얻을 수는 있다. 그러나 십년 만에 당신은 그걸 읽을 수 있는 드라이브를 발견할 수 없을 것이다.' 기술은 너무 빨리 변화해서, 도서관 사서들, 문서 관리자들, 그리고 법인체 관리자들은 수많은 노력과 비용을 들이면서 격차 해소에 끊임없이 애쓰게 될 것이다." [89]

　사이버 전문 저널리스트 김상현도 현재 대부분의 문서들은 CD롬이나 마그네틱 테이프 같은 컴퓨터 디스크의 형태로 바뀌고 있다며 이렇게 우려한다.

　"그러나 우리가 흔히 쓰는 플로피디스크나 마그네틱 테이프의 경우, 채 10년을 버티지 못한다. 몇 백 년이나 몇 천 년은 언감생심이다. 미 국립 미디어연구소의 실험에 따르면 고급 VHS 테이프를 상온에 보관할 경우 10년 정도 정보를 지탱한다. 평균적인 품질의 CD 롬은 더욱 미덥지 않아서, 어떤 것은 읽을 수 없는 경우도 있었다. 그러나 제대로 보관된 경우라 하더라도 요즘처럼 빠른 속도로 컴퓨터 기술이 변화하는 상황에서는 10년 뒤에

---

88) 데이비드 솅크, 정태석·유홍림 옮김, 『데이터 스모그』(민음사, 2000), 107~108쪽.
89) 데이비드 솅크, 정태석·유홍림 옮김, 위의 책, 108쪽.

어떤 운영체제가 등장할지, 어떤 포맷의 소프트웨어가 나타날지 예측할 수 없다. 애써 저장해둔 자료를 읽지 못하는 사태가 생길지도 모른다는 말이다." [90]

잦은 업그레이드가 아니라 하더라도 문제는 여전히 심각하다. 컴퓨터 모니터 위에 화려하게 떠오르는 정보들은 다음날 새로운 정보로 바뀌며 어제의 정보는 흔적조차 남기지 않고 사라져버리기 때문이다.

"정보제공업체가 자료를 서버에 저장해두기도 하지만 대개 몇 달을 넘기지 않고 지워버린다(언론사나 출판사 같은 경우는 그나마 예외에 든다). 한 조사 결과에 따르면 웹 페이지의 평균 수명은 70일이다. 그 이후에 그 자료는 사라져버린다. 홈페이지 운영자가 삭제해버리는 것이다." [91]

그렇다. 흔히 인터넷은 '디지털 도서관'으로 비유되지만 그건 괜한 소리다. 인터넷에는 보관과 관리 기능이 없다. 적어도 현 상황에서는 인터넷은 문명을 보존하고 유지하는 좋은 방법이 못 된다는 것이다.[92] 이젠 문명의 유지와 보존이 불필요하다는 게 아니라면, 이 점에 대해서도 고민해봐야 할 것이다.

---

90) 김상현, 『인터넷의 거품을 걷어라: 인터넷, 사이버 세상에서 살아남기』(미래M&B, 2000), 96~97쪽.
91) 김상현, 위의 책, 97쪽.
92) 김상현, 위의 책, 97쪽.

05 인터넷의 사회학

'인터넷 중독'은 과장된 표현인가

'다중인격'을 어떻게 볼 것인가

'인터넷 패러독스'는 타당한가

사이버 공간은 보수적인가

인터넷은 권력구조를 어떻게 바꾸나

인터넷의 사회학 | '인터넷 중독'은 과장된 표현인가

컴퓨터 앞에서 무얼 하는가

1995년 뉴욕의 정신과 의사인 골드버그는 '인터넷 중독(IAD: Internet Addiction Disorder)'이라는 개념을 '반 농담'으로 제안하였다. 이후 '인터넷 중독'을 인정한 피츠버그대학교의 심리학자 킴벌리 영의 연구가 미디어에 의해 경쟁적으로 보도되면서 '인터넷 중독'은 세계 각국에서 일상의 용어로까지 자리잡게 되었다.[1]

2003년 7월 EBS TV가 전국의 중고생 300명을 대상으로 조사한 바에 따르면, "자신이 인터넷에 중독됐다고 생각하느냐"는 질문에 11.0%와 0.7%가 각각 '중독된 편이다' '매우 중독됐다'고 답했다. 하루 평균 인터넷 이용 시간은 2시간 이상 4시간 미만은 42.3%, 1시간 이상 2시간 미만은 34.3%, 1시간 미만은 18.3%인 것으로 나타났다. 또 학생들은 게임(31.5%), e메일(23.7%), 정보검색(18.0%), 채팅(12.7%), 동호회·카페(11.7%), 온라인쇼핑(1.7%) 등의 순서로 인터넷을 많이 이용하고 있다고 대

---

1) 홍성욱, 『네트워크 혁명, 그 열림과 닫힘: 지식기반사회의 비판과 대안』(들녘, 2002), 156~157쪽.

답했다.[2]

한국정보문화진흥원 연구원 이수진은 "안타까운 것은 많은 청소년에게 인터넷은 '내가 제일 좋아하는 것, 가장 잘할 수 있는 것' 이기보다 '유일하게 내가 좋아하는 것, 유일하게 잘할 수 있는 것' 이 되어버리는 현상"이라고 말한다.[3]

미국 뉴욕에 있는 알프레드 대학교에선 유급 학생이 두 배로 늘어 조사에 착수했는데, 조사 대상 신입생의 43%가 인터넷 남용으로 유급되었다는 것이 밝혀졌다. 학장인 리챠드 오트는 이 소식을 듣고 "우리는 교육 목적으로 모든 자금을 이 기기에 투자하고 있지만, 일부 학생들은 자기를 파멸시키는 데 활용하고 있다"며 개탄했다.[4]

세계 곳곳에서 거론되고 있는 이른바 '인터넷 중독' 이 낳는 폐해의 한 사례다. 킴벌리 영은 다음과 같이 말한다.

"인터넷 중독이 캠퍼스를 짓밟고 있는 동안, 학생들로 가득 찬 컴퓨터실을 들여다 본 대학 당국의 눈에는 열정적인 학생들과 신기술의 수혜자들밖에 보이지 않는다. 신기술을 이용하여 주당 60시간 이상씩 인터넷을 하면서 공부를 게을리 하고 중독성 행동에 의해 학문과 심리적 건강을 훼손하고 있는 학생들이 보이지 않는 것이다. 대학 당국에서는 컴퓨터 앞에 앉아 있는 학생들은 모두 열심히 연구 논문을 찾고 있다고 믿는다. 학생들이 사용하는 컴퓨터 화면을 조금만 주의 깊게 들여다보면 완전히 다른 그림을 볼 수 있는데도 그렇다."[5]

---

2) 〈중·고생 11.7% "나는 인터넷 중독"〉, 『문화일보』, 2003년 7월 28일, 23면.
3) 이수진, 〈인터넷 중독의 원인과 책임〉, 『국민일보』, 2003년 7월 28일, 18면.
4) 킴벌리 S. 영, 김현수 옮김, 『인터넷 중독증』(나눔의집, 2000), 247쪽에서 재인용.
5) 킴벌리 S. 영, 김현수 옮김, 위의 책, 259쪽.

'난 레벨 낮으니 그만 살아도 되잖아'

더욱 심각한 건 인터넷 게임에 목숨까지 거는 태도일 것이다. 머드 게임에 중독된 미국의 대학 2학년생은 다음과 같이 말한다.

"게임을 그만둔다는 것은 상상할 수 없는 일이에요. 게임을 하지 못하게 되면 저는 죽어버릴지도 모릅니다." [6)

또 다른 머드 중독자의 증언이다.

"머드는 나에게 종교 같은 것입니다. 그 곳에서 나는 신입니다. 모든 게이머들이 나를 존경합니다. 뛰어난 사람들과도 게임을 하며, 작전을 잘 짜고 게임에서 더 강해지면 아주 기분이 좋아집니다. 게임을 하지 않을 때에도 그 날 밤에 죽일 만한 초보자들이 얼마나 될지, 어떤 녀석들이 게임을 하고 있을까 하는 생각만 합니다. 나의 캐릭터와 그 세계에서 내 운명을 마음대로 할 수 있습니다. 내 캐릭터인 카멜레온은 전설적 영웅입니다. 내가 바로 그입니다. …… 나의 현실 세계는 실패작입니다. 하지만 머드에서의 삶은 굉장합니다. 머드를 하고 있으면 외롭거나 우울하지 않습니다. 내 문제는 생각하지 않죠. 모두 잊어버립니다. 할 수만 있다면 머드에 영원히 살고 싶습니다." [7)

게임 중독자들의 이런 과격한 발언은 그들이 그만큼 자기 정체성에 굶주려 있다는 걸 말해주는 게 아닐까? 전 세계적으로 자살을 택하는 게임 중독자들의 수는 계속 늘고 있다. 한국의 한 대학생이 자살을 택하면서 남긴 다음과 같은 말은 과연 무얼 의미하는 걸까?

"난 레벨 낮으니 그만 살아도 되잖아." [8)

---

6) 킴벌리 S. 영, 김현수 옮김, 『인터넷 중독증』(나눔의집, 2000), 97쪽에서 재인용.
7) 킴벌리 S. 영, 김현수 옮김, 위의 책, 111쪽.
8) 이영표 외, 〈게임 자살: "난 레벨 낮으니 그만 살아도 되잖아"〉, 『대한매일』, 2003년 7월 24일, 1면.

"컴퓨터밖 세상은 우리에게 좌절만…"
백수 네티즌 '閉人'이 는다

서울의 명문 A대 대학원생 이모(29)씨는 최근 열흘이 넘도록 집 밖으로 나가지 않았다. 취업에 실패하고 대학원에 진학했지만 학업에는 뜻이 없어 두평 남짓한 옥탑방 자신만의 공간에 숨어든지 오래됐다.

매일 오후 눈을 뜨면 인터넷 게임과 채팅을 하거나 컴퓨터로 TV를 보는 것이 이씨 일과의 전부다. 아래층에 사는 가족들은 이씨가 그저 식사시간에라도 함께했으면 좋겠다는 바람뿐이라고 한다.

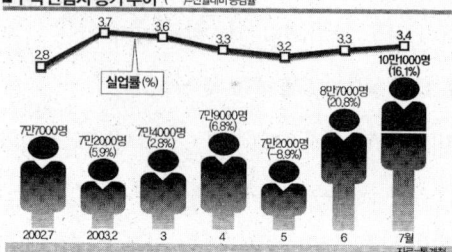

최근 장기 불황으로 수년째 계속된 취업난 속에 스스로를 '폐인(閉人)'이라며 아예 구직을 포기한 채 온라인 세상으로만 빠져드는 고학력자가 늘고 있다. '폐인'이란 과거 미취업자를 '백수'로 부른데 비해 종일 컴퓨터 앞에 앉아 빈둥대는 '백수 네티즌'을 뜻하는 신조어. 이들이 백수와 다른 점은 장기 실업으로 구직 의욕 자체를 잃고 무기력하게 가상세계에 집착한다는 것으로, 스스로 '닫힐 폐(閉)'자를 쓰고 있다. 구직난과 인터넷 문화가 어우러져 빚어낸 우리 사회의 우울한 자화상이라는 게 전문가들의 진단이다.

인터넷 포털사이트 '다음'의 한 카페에는 현실세계와 단절돼 살아가는 자칭 폐인들의 글이 올라있다. 글 중에는 "9시간 동안 게임을 했다"는 한 네티즌의 자랑에 "20시간 넘어간 뒤에나 자랑하라"는 타박성 댓글이 뒤따랐다. 심각한 경우 게임 채팅 등으로 이를 꼬박 컴퓨터를 하고 하루종일 깨지 않고 잠에 빠져드는 폐인도 있을 정도다.

종일 가상세계 집착… 廢人으로 발전 가능성 높아
취업난-인터넷문화가 빚어낸 '우울한 자화상'

폐인들은 밤 늦게까지 집안에서 온라인 게임과 채팅에 몰두하다 다음날 늦잠을 자기 일쑤여서 이력서를 작성하거나 제출할 시간마저 놓친 채 또 다시 게임에 몰두하게 된다. 이씨는 "컴퓨터 밖의 세상은 우리에게 좌절만 안겨줬는데 컴퓨터 속 게임 세상은 그래도 노력한 만큼 '정직한' 성취감을 준다"고 말했다.

지난 22일 서울 B대학을 후기 졸업한 황모(30)씨는 졸업식에 나가지 않았다. 거의 1주일을 자취방에서 컴퓨터 게임과 답배에 파묻혀 지냈다는 황씨는 "졸업까지 한학기 늦추며 얻은 것은 조그마한 회사의 서류전형조차 통과하지 못했다는 모멸감과 좌절감뿐이다"며 "인터넷의 내 아바타(인터넷 이용자가 가상세계에서 사용하는 분신)는 게임 기록에서 승승장구하고 있다"고 말했다.

이같은 현상에 대해 고려대 권정혜(심리학과) 교수는 "취업 등에서 무력감과 우울함을 느낀 이들이 '자기도피성향'을 보이는 것"이라고 진단하고 "가상공간은 현실의 무기력한 자신을 유능하고 매력적인 모습으로 변신시킬 수 있으나 괴리감이 심해지면 자살이나 마약까지 접하게 돼 '자기파괴'에 이를 수 있다"고 덧붙였다.

전문가들은 특히 이같은 현상이 심각해지면 의학적으로 점차 몸과 마음이 망가지는 '폐인(廢人)'으로 발전할 가능성이 높다고 경고한다. 한양대 의대 황환식(가정의학과) 교수는 "오랫동안 움직이지 않으면 어깨 팔꿈치 손목 허리 등에 통증을 동반한 컴퓨터 관련 증후군이 오거나 종아리 혈전증이 폐혈전증으로까지 악화될 수 있다"며 "영원한 사회 부적응층으로 떨어지지 않기 위해서는 일단 실현 가능한 목표를 설정해야 하고 가족들도 적극적으로 정신과 치료를 권해야 한다"고 강조했다.

/나기천기자 na@segye.com

(『세계일보』 2003년 8월 25일)

"나의 현실 세계는 실패작입니다. 하지만 머드에서의 삶은 굉장합니다. 머드를 하고 있으면 외롭거나 우울하지 않습니다. 할 수만 있다면 머드에 영원히 살고 싶습니다."

게임에서의 자기 레벨을 바로 자기 정체성과 인감 됨됨이의 레벨로 본 건 아니었을까?

인터넷 중독은 '행위중독'

2003년 8월 6일에 방영된 KBS 『수요기획』 〈인터넷 중독 그 오해와 진실〉은 세간에 떠도는 '인터넷 중독'의 문제점을 실감나게 보여주었다. 이 프로그램은 인터넷 중독을 '행위중독'이나 '충동조절 장애', 심지어 '정신병'으로까지 분류하는 전문가들의 의견을 들려주었다. 신경계의 도파민 성분은 마약, 도박에서 나타나는데 인터넷 중독의 경우에도 그 성분이 검출된다는 주장도 제기되었다.

인터넷이 갖는 최대의 강점은 쌍방향성과 그 덕분에 갖게 되는 남들의 인정과 사랑이다. 이는 다른 데에선 얻을 수 없는 것이기 때문에 고지식한 성격으로 현실에서 대인관계가 좋지 못하거나 현실에서 좌절한 경험이 있거나 자존감이 약하고 우울증을 갖고 있는 사람들이 인터넷에 중독되기 쉽다는 것이다.

킴벌리 영은 알코올 중독자나 약물 중독자들처럼, 인터넷 중독자들도 계속 인터넷을 하기 위해 자신의 문제를 숨기려 한다고 말한다. 인터넷은 우리의 몸에 침투하는 어떤 물리적 성분이 아닌 것으로 받아들여지기 때문에 중독자들은 자신이 중독되어 있다는 사실을 인정하지 않거나 혹은 받아들이지 않으려 한다는 것이다. 영은 이런 생각이 잘못된 것이라고 주장한다.

"지난 20년 사이에, 많은 심리학자와 상담원들은 물리적 성분 이외의 것도 중독될 수 있다는 점을 인정하기 시작했다. 이들은 강박적 도박, 만성적 과식, 성적 강박증, 지나친 텔레비전 시청 등과 같은 습관에서도 '중독성 행위'가 보편적으로 나타난다는 점을 강조한다. 행동-지향적 중독 (behavior-oriented addiction)의 경우, 어떤 일에 빠져든 사람은 자신이 '하고' 있는 것, 그리고 그것을 할 때 경험하는 '느낌'에 중독된다. 바로 이 점이 인터넷 중독에도 마찬가지로 작용된다." [9]

영은 인터넷 중독 기준에 해당되는 사람의 평균 주당 인터넷 사용 시간은 대략 38시간 정도였다고 말한다. 인터넷 사용 시간이 이 정도가 되면, 은폐나 거짓말 같은 중독성 행동을 보이면서 현실 세계에서의 문제를 야기시키는 수준이라고 단정할 수 있다는 것이다. [10]

영은 중독자들이 자신의 중독 상태를 부정하고자 하는 일종의 심리적 방어 기제로 이들이 인터넷의 힘과 혁신성에 찬사를 보내는 경향이 강하다고 말한다. 중독 행위에 대한 명백한 증거를 제시해도, 인터넷 중독자들은 "인터넷은 위대하다"고 교양 있는 말투로 말하면서 자신을 방어한다는 것이다. [11]

'인터넷 중독'에 대한 반론

그러나 '인터넷 중독'이라는 용어 자체를 인정하지 않는 사람들도 많다. 킴벌리 영의 연구 결과에 대해서도 비판적인 견해가 쏟아져 나왔는데, 이에 대해 홍성욱은 다음과 같이 말한다.

"그렇다면 골프광, 마라톤광, 테니스광, 독서광도 모두 골프 중독, 마라톤 중독, 테니스 중독, 독서 중독으로 불러야 한다는 것이 비판의 요지였다. 즉 어떤 대상에 빠진다고 그것이 병적인 중독일 수만은 없다는 얘기였

---

9) 킴벌리 S. 영, 김현수 옮김, 『인터넷 중독증』(나눔의집, 2000), 38~40쪽.
10) 킴벌리 S. 영, 김현수 옮김, 위의 책, 88쪽.
11) 킴벌리 S. 영, 김현수 옮김, 위의 책, 104쪽.

다. 칼라 수렛은 인터넷 중독이 농담에 불과했던 골드버그 박사의 연구를 미디어가 사실로 발표하면서 '조작된' 병이라고 혹평했다. 이에 대해 영은, 인터넷 중독 같은 경우에는 치료를 호소하는 환자들이 줄을 잇고 있다는 점을 들어 맞대응했다. 1997년 영은 미국심리학회에서 인터넷 중독을 새로운 정신장애로 인정받는 데 성공했다. 그렇지만 미국 정신과의사협회는 아직도 인터넷 중독을 인정하지 않고 있는 상태다."[12]

홍성욱은 최근의 연구는 인터넷 중독이라는 범주가 너무 성급한 것이었음을 시사하는 것이 많다고 말한다. 특히 인터넷에 처음 접했을 때 종종 '집착적인 황홀경'에 빠지곤 하던 사람들도 시간이 지나면서 자연스럽게 환상이 깨지고 인터넷 사용이 줄어드는 상태로 접어들기 때문이라는 것이다.[13]

돈 탭스콧은 인터넷과 관련하여 '중독'이란 용어는 때로 다소 심각하게 그 본질적 의미를 넘어서 확장되어 왔다고 불평하면서 다음과 같이 말한다.

"로버트 팔머는 이제는 고전이 되어버린 그의 히트곡에서 사랑에 중독되었다고 노래한다. 사람들은 치즈케익이나 초콜렛에 중독되었다고 얘기하기도 한다. 그러나 어찌된 일인지 우리가 인터넷 중독에 대하여 논의할 때에는 심각한 방향으로 전개되는 것 같다. …… 중독이라는 용어를 사용하기 위해서는 사용하지 않고는 못 견디는 충동적 징후와 끊었을 때 보이는 심각한 금단 징후 모두를 입증해야 하며, 인터넷 사용이 해가 된다는 점을 사용자 스스로 인식해야 한다. …… 당신은 '책 중독'이란 말을 들어본 적이 없을 것이다. 예를 들면 우리는 긍정적인 용어로서 '책벌레' 또는 '책

---

12) 홍성욱, 『네트워크 혁명, 그 열림과 닫힘: 지식기반사회의 비판과 대안』(들녘, 2002), 157쪽.
13) 홍성욱, 위의 책, 157쪽.

읽기를 사랑하는 아이'라는 용어를 사용한다. …… 문제는 균형이다." [14]

MIT 심리학자 쉐리 터클도 다음과 같이 말한다.

"나는 컴퓨터 중독이란 말을 싫어합니다. 컴퓨터 중독이란 말은 이 복잡한 현상을 논하는 우리 성인들을 필요 이상으로 우매한 존재로 만드는 경향이 있습니다. 현실을 제대로 보지 못하게 하는 거죠." [15]

이런 반대자들은 중독이란 말을 사용함으로써 인터넷에 대한 수많은 흥미로운 주제에 대해 관심을 갖지 못하게 될 수 있다고 우려한다.

성인과 10대를 구분해서 보자

그러나 '인터넷 중독' 이라는 게 있다거나 없다거나 하는 식으로 싸잡아 이야기하는 건 무리일 것이다. '인터넷 중독' 이라는 개념에 대해 비판적인 홍성욱도 "그렇지만 인터넷 중독을 호소하는 사람들처럼 왜 어떤 사람들은 인터넷에 '중독' 되는가를 분석해보는 것은 의미 있는 일"이라고 말하는데,[16] 바로 이런 자세가 필요하지 않나 생각한다.

한국에선 인터넷에 중독돼 있다 하더라도 인터넷을 긍정적으로 활용하는 사람들을 가리켜 '사이버 폐인' 이라고 부른다. 이들은 현실 세계에선 게으르고 무능하지만 인터넷에선 부지런하고 유능하다. 현실 세계에서의 의식주(衣食住)는 거의 거지처럼 하고 살더라도 컴퓨터 시스템만큼은 최고급을 고집하며 사회적으로 긍정적인 기능을 수행한다.[17]

---

14) 돈 탭스콧, 허운나·유영만 옮김, 『N세대의 무서운 아이들: 디지털·지식혁명의 신물결』(물푸레, 1999), 200~202쪽.
15) 돈 탭스콧, 허운나·유영만 옮김, 위의 책, 201쪽에서 재인용.
16) 홍성욱, 『네트워크 혁명, 그 열림과 닫힘: 지식기반사회의 비판과 대안』(들녘, 2002), 157~158쪽.
17) 고재열, 〈사이버 폐인을 아시나요〉, 『시사저널』, 2002년 8월 29일, 72~75면.

어린 목숨 앗아간 인터넷 게임 중독

지난 24일 오후 수원 모 초등학교 5학년 K양(11)이 자신의 방에서 목을 매 자살했다.

지난해 12월부터 지난달까지 아바타에 옷을 사 입히는 온라인 게임을 하다 이용요금이 170만 원이나 나와 부모에게 자주 혼이 난 K양은 그날도 지난달 인터넷 게임요금이 20만원 이상이 나와 어머니에게 심하게 꾸중을 듣자 방에 들어가 죽음을 선택했다.

서울 강남구 대치동에 사는 주부 최 모씨(46)도 최근 황당한 경험을 했다.

평소 2만~3만원씩 나오던 전화요금이 갑자기 14만원으로 불어났기 때문이다. 최씨는 초등학교 6학년 딸이 온라인게임 사이트에서 사이버 상 분신인 아바타에 새 옷을 입혀주기 위해 10만8000원을 사용했다는 사실을 알게 됐다.

최씨가 더욱 놀란 것은 해당업체에 항의한 결과 딸이 허위로 주민등록번호를 입력하고도 아무런 문제 없이 정보를 이용할 수 있었다는 점이다. 이용자 생년월일은 최씨 본인, 주민등록번호 뒷자리는 둘째아들, 이름은 최씨의 남편으로 각각 다르게 등록되어 있었던 것.

이처럼 청소년들의 컴퓨터나 이동통신을 통한 온라인게임 횟수가 늘어나면서 통신요금으로 인해 청소년과 부모 사이에 심각한 갈등을 겪기도 하며, K양처럼 목숨을 끊는 극단적인 선택을 하는 경우까지 생기고 있다.

**아바타 옷사는 게임
요금 190만원 나오자
야단맞은 초등생 자살**

소비자단체와 한국소비자보호원 등에는 미성년자 유료사이트 이용요금이 전화요금에 통합돼 청구되는 사례와 관련한 소비자 상담이 부쩍 늘고 있다.

특히 전화요금을 자동이체로 처리해 오던 부모들은 청구서에 신경쓰지 않고 있다가 몇 달 뒤 우연히 수십만 원에 이르는 내역서를 보고 깜짝 놀라는 경우가 많다.

소비자보호원 관계자는 "법정 대리인의 동의 없는 미성년자 계약은 원칙적으로 계약취소 요구가 가능하다"며 "그러나 미성년자가 사용한 아이디가 성인의 것을 도용했을 경우는 업체측에 보상을 요구하기 어렵기 때문에 주의를 기울여야 한다"고 말했다.

유용하기자

(『매일경제』 2003년 6월 27일)

중·고생 11.7% "나는 인터넷 중독"

 EBS '사제부일체' 300명 전화조사

중·고등학생 10명 중 1명은 자신이 인터넷에 중독됐다고 평가한 것으로 조사됐다. 이는 EBS TV '토크한마당 사제부일체' 팀이 미디어리서치에 의뢰해 전국의 중·고교생 300명에게 전화조사를 실시한 결과 나타난 것.

조사 결과 '자신이 인터넷에 중독됐다고 생각하느냐'는 질문에 11.0%와 0.7%가 각각 '중독된 편이다'와 '매우 중독됐다'고 답했다. 반면 53.6%는 '인터넷에 전혀 중독되지 않았다'고 여기고 있으며 34.7%는 '중독되지 않은 편'이라고 스스로 진단했다. 또 하루 평균 인터넷 이용시간은 2시간 이상 4시간 미만 42.3%, 1시간 이상 2시간 미만은 34.3%, 1시간 미만은 18.3%의 순서로 나타났다.

중·고교생들은 게임(31.5%), e메일(23.7%), 정보검색(18.0%), 채팅(12.7%), 동호회·카페(11.7%), 온라인쇼핑(1.7%) 등의 순서로 인터넷을 많이 이용하고 있다고 대답했다. 이 내용은 28일 저녁 7시25분 '사제부일체-청소년문화 따라잡기: (2)인터넷 중독' 편에서 방송된다.

(『문화일보』 2003년 7월 28일)

'인터넷 중독'의 여부와 정도는 나이와 상황이라는 변수도 고려하면서 판단해야 할 것이다. 성인과 10대에게 인터넷 중독의 의미는 다를 수 있기 때문이다.

'인터넷 중독'을 판별함에 있어서 이들을 어린 10대와 같이 무차별적으로 다룬다는 건 '인터넷 중독'이라는 개념 자체에 대한 의문을 제기하게 만들 것이다. 즉, '인터넷 중독'의 여부와 정도는 나이와 상황이라는 변수도 고려하면서 판단하는 게 좋을 것 같다는 말이다. 성인이 자기 나름대로의 확고한 인생관을 갖고서 또는 현실적으로 돌파해나가기 어려운 비상한 상황에서 인터넷에 깊이 빠져드는 건 10대들의 '인터넷 중독'과는 좀 다른 성격을 갖고 있다고 봐야 하는 게 아니겠느냐는 것이다.

논란의 소지는 있겠지만, 다 큰 성인이 인터넷에서 삶의 의미와 보람을 찾을 수 있다면 '중독'이라 한들 그게 그 당사자에겐 무슨 큰 문제이겠는가. 채팅에 중독된 38세의 여성은 다음과 같이 말한다.

"현실 세계에서의 나는 말더듬이에 불과했다. 그러나 인터넷 세계에서의 나는 두려움 없는 웅변가로 변신할 수 있었다." [18]

정신 상담을 받고 있는 한 인터넷 중독자의 말이다.

"꼭 고등학교 다닐 때의 기분이다! 23명이나 되는 친구들과 함께 밤을 지새며 이야기하던 그때가 기억난다." [19]

성인들은 지나치다 싶으면 자신이 알아서 정신과 치료를 받을 정도의 의식은 갖고 있는 반면, 10대들은 그렇지 못한데다 교육이라고 하는 소중한 기회를 망칠 수 있으므로 '중독'에 대해 염려하는 게 필요하지 않을까?

'인터넷 중독'에 관한 그간의 논의를 살펴보면, '인터넷 중독'은 표현이 과장된 것이라기보다는 '인터넷 중독'에 걸렸다는 사람의 수가 과장되었다는 결론에 도달하게 된다. 10대의 30~40%라든가 하는 두 자릿수는 크게 과장된 것 같으나, 그 10분의 1 비율에 해당하는 소수는 크게 염려해

---

18) 킴벌리 S. 영, 김현수 옮김, 『인터넷 중독증』(나눔의집, 2000), 31쪽에서 재인용.
19) 킴벌리 S. 영, 김현수 옮김, 위의 책, 63쪽에서 재인용.

야 할 상황에 처해 있는 게 아닌가 생각된다.

'인터넷 중독'이라는 말 자체를 싫어하는 인터넷 낙관론자들이 인터넷의 발전과 긍정적인 이용 가능성이 위축될까봐 염려하는 선의는 이해할 수 있지만, 아예 '인터넷 중독'이란 건 없다는 식으로 단언하는 건 무책임한 일이 아닌가 생각한다.

특히 '광(狂)'이냐 '중독'이냐 하는 걸 따지는 데 있어서, 인터넷을 골프, 마라톤, 테니스, 독서 등과 비교하는 것은 난센스라고 보아야 할 것이다. 이런 주장이야말로 오히려 골프, 마라톤, 테니스, 독서 등과는 비교할 수 없을 정도로 10대들을 매료시키는 인터넷의 무궁무진한 재미를 폄하하는 생각이 아닐까.

그러나 미국심리학회에서 인터넷 중독을 새로운 정신장애로 인정하는 반면 미국 정신과의사협회는 아직도 인터넷 중독을 인정하지 않고 있다는 건, '인터넷 중독'을 둘러싼 논란이 '중독'과 '정신장애'라는 개념을 정의하는 데에 있어서 존재하는 각기 다른 전문적 입장 차이에서 비롯된 것이기도 하다는 걸 시사해주고 있다.

인터넷의 사회학 — '다중인격'을 어떻게 볼 것인가

정체성에 대한 인터넷의 도전

인터넷 아이디를 이름처럼 쓰는 이른바 '예명 열풍'이 불고 있다. 새롭게 만나는 사람들 앞에서 늘 예명을 사용하다 보니 익명의 사람들과 대화하는 것에서만 편안함을 느끼게 된다거나 예명을 쓰는 사람들에게만 쉽게 속을 털어놓을 수 있게 되고 자신의 실명이 오가면 왠지 발가벗고 있는 듯한 느낌이 든다는 사람들이 많다.[20]

이는 인터넷이 정체성의 문제를 복잡하게 만들고 있다는 걸 말해주는 것임에 틀림없다.

심리학자 윌리엄 제임스는 개인이 가지는 정체성의 감각을 다음과 같이 설명하였다.

"활동적이며 살아 있다는 것을 스스로 가장 깊게 그리고 강하게 느끼면서, 정신적이고 도덕적인 태도로 그 사람을 (타인과) 구분할 수 있게 하는

---

20) 김정선, 〈제 이름요? '뱃살공쥬' 예요!: '아이디를 이름처럼' 예명 열풍〉, 『경향신문』, 2003년 7월 25일, 33면.

특성이다. 이 특성으로부터 개인은 '그래. 바로 이것이 나의 실체야!' 라는 소리를 마음속으로 들을 수 있게 된다." [21]

그러나 정체성에 대한 이러한 정의는 인터넷 시대에 큰 도전을 받게 되었다. 특히 어린아이와 청소년들의 경우에 그렇다. 인터넷은 "그래. 바로 이것이 나의 실체야!"라고 말할 수 있는 확실성을 약화시키고 있기 때문이다. 마이클 루이스는 다음과 같이 말한다.

"자본주의가 한층 더 급속한 변화를 조장할 때, 어린아이들은 분명 성인들보다 한 가지 더 커다란 이점을 가지고 있다. 어린아이들은 자신의 정체성을 미리 정해놓지 않았기 때문이다. 기존의 자아를 내팽개치고 새로운 자아를 기꺼이 받아들이는 사람들에게 보상을 주는 기술이 나타난다면 (이러한 일은 단지 인터넷만이 하는 것이 아니다. 생명공학도 비슷한 가능성들을 많이 제공하고 있다), 기존의 자아에 투자를 많이 하지 않았던 사람들이 훨씬 더 유리한 것은 당연한 일이다." [22]

유리하건 불리하건, 사이버스페이스에서 형성되는 또다른 자아를 사이버에고(cyberego)라고 부를 만큼[23] 인터넷이 자아 형성에 새로운 지평을 열었다는 건 분명한 사실이다. 데이비드 와인버거는 인터넷이 가져온 가장 큰 변화는 우리의 '정체성' 이라며 다음과 같이 말한다.

"인터넷혁명은 기술혁명이 아니라 정체성 혁명이다. 이것이 우리가 인터넷의 겉모습이 아닌 속모습을 알아야 하는 이유다. 인터넷 활용을 넘어 인터넷 자체를 알아야 하는 이유다. 인터넷을 통해서 우리 자신을 들여다보기 때문이다. 우리의 새로운 자아와 사고방식과 영혼을 만나기 때문이

---

21) 황상민, 『사이버공간에 또다른 내가 있다: 인터넷세계의 인간심리와 행동』(김영사, 2000), 77~78쪽에서 재인용.
22) 마이클 루이스, 이소영 옮김, 『넥스트: 마이너들의 반란』(굿모닝미디어, 2002), 14쪽.
23) 권기헌, 『정보사회의 논리: 지식정보사회와 국가경영논리』(나남, 2000), 163쪽.

"인터넷혁명은 기술혁명이 아니라 정체성 혁명이다." 어린아이와 청소년들의 경우엔 특히 그렇다.

다. 다양성과 자유가 최고로 발현된 세상, 관리자도, 억압도, 금기도 없는 세상에서 우리는 자신의 진짜 모습을 알아가는 기쁨을 맛보는 것이다. 이곳에 우리의 진짜 모습이 담겨 있다." [24]

그러나 꼭 기쁨만 있는 건 아니다. 컴퓨터의 다중처리능력(multi-tasking)은 정체성의 문제를 대단히 복잡하게 만들고 있다. 다중처리능력

---

24) 데이비드 와인버거, 신현승 옮김, 『인터넷은 휴머니즘이다』(명진출판, 2003), 16~17쪽.

또는 멀티태스킹은 컴퓨터를 사용할 때, 한 가지 작업에서 다른 작업으로 왔다갔다하면서 동시에 여러 가지 일을 할 수 있는 걸 의미한다. 그런데 어린아이들이 기존의 자아에 투자를 하지 않았기 때문에 멀티태스킹으로 인해 여러 개의 자아를 갖게 된다면, 그것이 과연 '커다란 이점' 이기만 한 것인지 논란이 일고 있다.

다중인격에 대한 긍정적 시각

MIT 대학 심리학과 교수 쉐리 터클은 "윈도우의 멀티태스킹 기능이 첨가되면서 다중인격체 형성이 가속화되었다"고 말한다. 윈도우창을 5개 열어놓고 다섯 사람 행세를 한다거나 여러 개의 ID를 갖고 각기 다른 사람 행세를 하는 네티즌들을 염두에 두고 하는 말이다. 그러나 터클은 그걸 긍정적으로 본다.

정신질환으로서의 다중인격은 심한 충격을 받은 경우 자신을 보호하기 위한 방법으로 다른 인격체를 만들어 그 벽 뒤로 숨어버리는 경우이나, 인터넷 세계에서 아이들은 재미를 위해 또 하나의 나를 만들고, 자신이 하는 일을 명확히 알고 있으며, 그들은 벽을 세우는 것이 아니라 오히려 벽을 허물어내고 있다는 것이다. 터클은 이렇게 말한다.

"아이들은 좀더 나은 관계를 형성하고, 자신의 다양한 면을 발견하게 됩니다. 인터넷 세계는 자기분열보다는 수용과 조화의 세계입니다." [25]

디지털 전문가 돈 탭스콧도 "이러한 다중인격체 형성은 아이들이 자기 자신에 대해 여러 가지 가능성을 상상하고 현실보다 더 만족스러운 사람

---

[25] 돈 탭스콧, 허운나·유영만 옮김, 『N세대의 무서운 아이들: 디지털·지식혁명의 신물결』(물푸레, 1999), 169~171쪽에서 재인용.

이 되어 볼 수 있는 기회를 가질 수 있다는 점에서 긍정적인 면이 있다"고 말한다. [26]

멀티태스킹으로 인해 요즘 아이들은 집중력이 부족하다고 생각하는 경향이 있다는 주장이 제기되고 있다. 예컨대, 인구학자 에릭 밀러의 견해는 이렇다.

"아이들은 지루한 것이라면 질색을 합니다. 집중시간이 짧고, 자극적인 시각정보에 익숙해져 있죠. 속도가 더딘 것은 견딜 수 없어 합니다." [27]

그러나 탭스콧은 조사결과는 정반대로 나타났다며 그런 주장을 반박한다. 그는 요즘 아이들이 컴퓨터 앞에 붙박이처럼 앉아 있다고 말하는 사람들이 아이들의 집중력 저하를 걱정하는 것은 사실 모순점이 있다면서 이렇게 말한다.

"아이들이 자극적인 환경에 익숙하고, 지루한 것을 싫어한다는 것은 사실이다. 이들 신세대가 지성이나 활동성 면에서 부모 세대인 베이비붐 세대를 능가한다는 점을 고려할 때 별로 놀라울 것도 없는 사실이다. 디지털 매체는 지루한 것과는 거리가 멀다. 이 점은 디지털 세대 아이들이 TV가 지루하다고 생각하는 이유를 잘 설명한다. 그러나 아이들의 참을성과 집중력에 관한 한 그의 견해를 뒷받침할 근거는 없다. …… 다음으로 중요한 것은 계획성이다. 즉, 중요도에 따라 일의 순서를 미리 정하고 시간을 분배할 줄 아는 능력이다. 아이들의 멀티태스킹은 집중력을 저하시키기는커녕 이런 능력을 키워준다." [28]

또 로버트 리프턴은 다중인격을 가지는 건 현실을 극복하는 수단이라

---

26) 돈 탭스콧, 허운나·유영만 옮김, 『N세대의 무서운 아이들: 디지털·지식혁명의 신물결』(물푸레, 1999), 169쪽.
27) 돈 탭스콧, 허운나·유영만 옮김, 위의 책, 188~189쪽에서 재인용.
28) 돈 탭스콧, 허운나·유영만 옮김, 위의 책, 188~190쪽.

고 말한다. 하이퍼 현실, 탈근대 사회의 점증하는 요구 앞에서 영혼이 대처하는 방식이라는 것이다. 다중인격을 실험하면서 사는 사람은 남들에 대한 이해와 아량이 깊어질 것이고 남들과 어울릴 때도 상대적으로 개방적일 가능성이 높다는 주장을 하는 사람들도 있다.[29]

다중인격에 대한 부정적 시각

그러나 다중인격에 대한 비판과 우려의 목소리도 높다.

프레더릭 제임슨은 문화상품과 체험을 파는 데 골몰하는 경제에서 개개의 영혼이 복수의 인격으로 파편화된다는 것은 문화시장의 수가 앞으로 그만큼 늘어날 것이라는 사실을 의미할 따름이라고 주장한다. 사람이 평생동안 할 수 있는 체험의 양이 곧 문화상품의 시장 규모를 의미한다면 개개인이 여러 개의 인격을 가지고 있다는 것은 그만큼 시장이 많아진다는 사실을 뜻할 뿐이라는 것이다.[30]

인터넷 포털 사이트 '네띠앙' 대표이사 홍윤선은 사이버 공간에서 다중인격을 경험한다는 것은 한 사람이 소통하는 관계의 양과 범위가 그만큼 많고 복잡해지는 것을 뜻하고, 이러한 환경 속에서는 더 이상 자율적인 의식을 소유한 자아는 소멸하고, 개개인은 단말기와 같은 존재로서 역할을 할 뿐이라는 비판에 동의를 표하면서 다음과 같이 말한다.

"제러미 리프킨도 이러한 다중인격을 경험한 사람들의 특징으로, 자기 자신의 생각마저도 남들의 생각을 통해 끊임없이 확인받아야 말이 된다고 생각하는 심리적 경향을 보인다고 했다. 자유로운 주체의식을 상실했거나

---

29) 제러미 리프킨, 이희재 옮김, 『소유의 종말(The Age of Access)』(민음사, 2001), 313~315쪽.
30) 제러미 리프킨, 이희재 옮김, 위의 책, 315~316쪽.

> "매트릭스 안에서 살인했을 뿐이다"
>
> 최근 미국에서 제2편이 개봉된 화제의 영화 '매트릭스'가 살인 조장 혐의를 받고 있다.
>
> 1999년 1편이 나왔을 때 엄청난 반응을 불러일으킨 이 SF영화는 인간 사회가 사실은 매트릭스라는 거대한 기계의 필요에 의해 만들어진 꿈과 같은 것이라는 메시지를 전하고 있다.
>
> 문제는 현실과 가상을 너무도 교묘히 섞어놓은 탓에 일부 광적인 영화 팬들이 현실과 영화를 혼동하고 범행을 저지를 가능성이 높다는 것이다.
>
> 19일 영국 일간 가디언 보도에 따르면, 올 2월 미국 버지니아주에서 한 청년(19)이 매트릭스의 주인공 네오(키애누 리브스)의 검은색 가죽코트 복장을 하고 영화 소품과 비슷한 총으로 부모를 쏴 숨지게 하는 사건이 발생했다. 그는 태연히 "나는 매트릭스 안에 살고 있다"고 말했다.
>
> 지난 주 오하이오주에서는 한 여성(37)이 집 주인을 살해하고 "꿈 속에서 저지른 일"이라고 주장하는 사건에 대한 재판이 열렸다. 검찰측은 "영화가 피고의 인식을 왜곡시켜 범행에 일부 역할을 했다"고 인정했으며 그녀는 정신착란을 이유로 무죄 판결을 받았다.
>
> 2000년 샌프란시스코에서도 매트릭스에 영향을 받은 살인사건이 발생했으며 지난해 워싱턴 일대를 공포에 떨게 한 연쇄 스나이퍼(저격수) 살인범 리 말보(18)는 교도소에서 "너 자신을 매트릭스에서 구출하라"는 메모를 적기도 했다.
>
> 이에 대해 매트릭스 제작자인 조엘 실버는 19일 기자회견을 갖고 "매트릭스를 본 사람은 1,500만 명이나 된다"며 "영화와 범죄가 무슨 관계가 있는지 모르겠다"고 주장했다.
>
>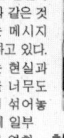
>
> 현실-영화 가상세계 혼동
> 美서 모방 범죄 잇달아
>
> /진성훈기자 bluejin@hk.co.kr
>
> (「한국일보」 2003년 5월 21일)

다중인격의 문제는 사람에 따라 다른 결과를 낳는다고 보는 것이 옳을 것이다. 대부분의 사람들에겐 긍정적으로 작용한다고 하더라도 일부 사람들에게는 큰 문제를 낳을 수도 있는 것이다.

미약해진 자아를 가진 인격체가 현실 생활공간에서 정상적인 역할을 수행할 수 있을지 상상해보라." [31]

홍윤선은 유연한 사고와 적응력, 때와 상황에 맞는 정체성을 유연하게 선택하여 적응하는 능력을 높이 평가하는 터클이나 탭스콧의 예찬론에 대해선 다음과 같이 반박한다.

"이러한 주장의 이면에는 현대사회의 상대주의 가치관, 보편성이 진실을 대변한다는 편견이 녹아 있기 때문이다. 인간이 환경에 적응하는 것은 사실이지만, 삶의 가치는 오히려 환경을 뛰어넘어 주도하는 의지적 자아에 의해 나타난다. 환경에 민감하게 반응하는 삶은 얼마나 초라하겠는가. 주체적 자아는 잃어버려도 되는 것이 아니다. 인류 역사의 발전은 오히

---

31) 홍윤선, 『딜레마에 빠진 인터넷: 스토킹, 해킹, 게임중독 … 블랙 인터넷 바로보기』, 굿인포메이션, 2002), 135쪽.

려 제한된 환경에 도전하여 새로운 환경을 이끌어냈던 자들을 통해 나타났음을 상기해 보자."[32]

다중인격의 문제는 사람에 따라 다른 결과를 낳는다고 보는 것이 옳을 것이다. 대부분의 사람들에겐 긍정적으로 작용한다고 하더라도 일부 사람들에게는 큰 문제를 낳을 수도 있다는 것이다.

다중인격을 긍정적으로 보는 터클도 머드 게임에선 "주체는 탈중심화 될 뿐만 아니라 무제한으로 다중화 된다"며 다중인격장애로 진단된 환자의 수가 급격히 증가한 것은 컴퓨터의 롤플레잉 게임과 관련이 있을지도 모른다고 말한다.[33]

ADHD와 쿼터리즘

미국에선 청소년의 5~10%가 '집중력결핍 과잉행동장애'(ADHD: Attention Deficit Hyperactivity Disorder) 질병을 앓는 것으로 나타났다. 플로리안 뢰처는 ADHD 환자의 급증엔 컴퓨터의 과도한 이용과 멀티태스킹에도 원인이 있다고 보고 있다.[34]

킴벌리 영은 인터넷 중독자의 습관과 개인적 특성을 조사하면서 '온라인 중독(on-lineaholic)'이라는 성격 특성의 출현을 목격하게 되었다고 말한다.[35] 인터넷을 통해서 실제의 모습과 다른 가상의 인물로 변신할 수 있

---

32) 홍윤선, 『딜레마에 빠진 인터넷: 스토킹, 해킹, 게임중독 … 블랙 인터넷 바로보기』(굿인포메이션, 2002), 136쪽.
33) 더글라스 켈너, 김수정·정종희 옮김, 『미디어문화: 영화, 랩, MTV, 광고, 마돈나, 패션, 사이버펑크』(새물결, 1997), 467쪽에서 재인용.
34) 플로리안 뢰처, 박진희 옮김, 『거대기계지식: 사이버시대의 올바른 지식사회 구축을 위한 비전』(생각의나무, 2000), 147~148쪽.
35) 킴벌리 S. 영, 김현수 옮김, 『인터넷 중독증』(나눔의집, 2000), 100쪽.

는 점이 인터넷 중독을 부추기는 한 요인인데, 여러 개의 '별명'을 갖고 있는 중독자들이 많으며 자신의 분위기나 요구에 따라 온라인에서 가면을 바꿔 쓴다는 것이다.[36]

일반적으로 미디어 이용에 있어서 미디어의 노출 또는 이용 정도가 높을수록 주의력의 질은 낮아진다.[37] 그만큼 성급해진다. 손형국은 인터넷 비즈니스 세계에서는 '8초 룰'이 통용되고 있다면서 다음과 같이 말한다.

"고객은 웹페이지 다운로드에 8초 이상 걸리면 이를 참지 못하고 다른 웹사이트로 빠져나가고 만다. …… 요즘처럼 비슷한 서비스를 제공하는 웹사이트가 속출하는 환경에서 응답 속도가 떨어지는 웹사이트는 도태되고 말 것이며, 고객들의 인내심도 8초에서 4초, 3초로 점점 짧아지게 마련이다."[38]

청소년들의 경우엔 더하다. 그래서 4분의 1을 뜻하는 '쿼터리즘(Quarterism)'이라는 말도 등장했다. 인내심을 잃어버린 요즘 청소년의 사고와 행동양식을 일컬어 만들어진 말이다. 5초를 견디지 못하고 텔레비전 채널을 돌린다거나 하는 찰나적 감각주의를 지적하는 것이다.[39]

멀티태스킹은 쌍방향 통신을 실현하는 데 필요한 핵심 기술이므로 이 능력이 우수한 소프트웨어가 시장에서 승리한다.[40] 그래서 컴퓨터 기술은 그걸 자꾸 강화하는 쪽으로 치닫고 있기 때문에 앞으로 다중인격 문제는 계속 논란을 불러일으킬 것이다.

다중인격 문제를 어떻게 보건, 오늘날의 세상에선 그 누구건 조금이라

---

36) 킴벌리 S. 영, 김현수 옮김, 『인터넷 중독증』(나눔의집, 2000), 103쪽.
37) 데니스 맥퀄, 박창희 옮김, 『수용자 분석』(커뮤니케이션북스, 1999), 198쪽.
38) 손형국, 『디지털 라이프: 아날로그 인생에서 e-라이프로』(황금가지, 2001), 267쪽.
39) 권기헌, 『정보사회의 논리: 지식정보사회와 국가경영논리』(나남, 2000), 119~120쪽.
40) 김광현 외, 『멀티미디어: 신산업혁명』(CM비지니스, 1994), 113쪽.

도 지루하게 만드는 건 결코 해선 안 될 일이 되어가고 있다는 건 분명한 사실이다. 멀티태스킹은 그 어떤 좋은 결과를 낳건 '쿼터리즘'과 무관치는 않을 것이다. 즉, 멀티태스킹으로 인한 다중인격 덕분에 유연한 사고와 적응력, 때와 상황에 맞는 정체성을 유연하게 선택하여 적응하는 능력을 갖게 되었다고 할지라도 그에 대해 치러야 할 비용은 있다고 보아야 할 것이다.

인터넷의 사회학 — '인터넷 패러독스'는 타당한가

인터넷은 우울증과 소외를 가져오나?

1998년 미국 카네기멜론 대학교의 연구팀은 169명의 인터넷 사용자를 1~2년 동안 관찰한 것을 분석하여 그 결과를 발표했다. 이 연구를 주도한 사회심리학자 로버트 크라우드는 다음과 같이 말했다.

"실험 결과 인터넷에서는 피상적인 관계를 쌓아가는 경우가 더 많으며, 이로 인해 다른 사람과 함께 한다는 느낌이 전반적으로 줄어든 것으로 볼 수 있다. 얼굴을 보지 못하고 거리도 멀리 떨어져 있는 사람과의 관계는 궁극적으로 심리적인 안정과 행복감을 느끼는 데 필요한 역할을 하지 못한다."[41]

이 연구 결과에 따르면, 인터넷을 더 많이 사용하는 사람일수록 가족과 접촉하는 빈도와 사회적으로 관여하는 그룹의 규모가 모두 줄었고 동시에 우울증과 소외감이 증가한 것으로 나타났다. 조사 대상이 된 사람들은 인터넷을 주로 다른 사람과의 소통을 위해 사용했는데, 그 결과 오히려 고립

---

[41] 로버트 라이시, 오성호 옮김, 『부유한 노예』(김영사, 2001), 251쪽에서 재인용.

을 촉진했기 때문에 '인터넷 패러독스'라는 이름이 붙여졌다.

그 원인으론 인터넷을 사용하는 시간이 실제로 사람을 접촉할 시간을 앗아가고, 인터넷을 통해 만드는 '약한 연줄'의 인간관계가 실제 세상의 '강한 연줄'의 인간관계를 대체하기 때문이라는 것이 지적되었다. [42]

앞서 '엔터테인먼트 경제'를 역설했던 마이클 울프는 인터넷으로 인한 소외에 수긍하면서 그걸 자신의 논지를 강화하는 근거로 삼고 있다. 엔터테인먼트가 소외를 달래주는 치료사로 기능하고 있기 때문에 인터넷으로 인한 소외가 엔터테인먼트 경제에 일조하고 있다는 것이다.

"밖에서 더 다양한 오락거리와 일하는 성취감을 찾을 수 있기 때문에 소비자들은 가상이 아닌 실제 사람과 접촉하기 위해 집에서 나온다. E-요소를 부가한 미니 놀이공원, 메가플렉스, 소매점들은 엔터테인먼트와 상거래의 경계에 양다리를 걸치고 서서, 소비자들에게 개인보다 거대한 인간 집단의 일원이라는 느낌을 새롭게 한다. …… 대중 엔터테인먼트 시설은 이런 기본적인 인간의 욕구에 대한 반응으로 전 세계적으로 등장하고 있다." [43]

'너는 너 자신의 주인이다'

그러나 반대로 온라인을 통한 상호작용은 면대면 상호작용을 보완하며 인터넷을 사용하는 사람들이 오히려 자원단체나 정치에 더 깊이 참여하고 있다는 걸 보여주는 연구결과도 제시되었다. [44]

---

42) 홍성욱, 『네트워크 혁명, 그 열림과 닫힘: 지식기반사회의 비판과 대안』(들녘, 2002), 207쪽.
43) Michael J. Wolf, 이기문 역, 『오락의 경제: 상품을 팔 것이 아니라 엔터테인먼트를 팔아라』(리치북스, 1999), 313~314쪽.
44) 홍성욱, 위의 책, 207~208쪽.

'인터넷 패러독스'를 인정하지 않는 돈 탭스콧은 다음과 같이 비아냥댄다.

"컴퓨터가 아이들을 소외시킨다는 말을 한 번씩 들을 때마다 1달러씩 생겼다면 나는 지금쯤 백만장자가 되어 있을 것이다. 진실은 과연 무엇일까? 정작 컴퓨터를 사용하는 아이들은 컴퓨터가 자신들을 소외시키기는커녕 오히려 그 반대라고 생각한다." [45]

탭스콧은 네트 시대의 N(Net)세대가 "너는 너 자신의 주인이다(You're On Your Own)"의 첫말을 딴 YO-YO 세대로 불리우기도 한다며, 그들의 주체성을 높게 평가한다. [46]

"베이비붐 세대는 정보화 시대에 살아남기 위해서는 컴퓨터를 능숙하게 다룰 수 있는 능력이 생존수단이라는 사실을 끊임없이 상기시킨다. 반면 N세대는 컴퓨터를 통해 자아를 실현시킨다." [47]

탭스콧은 더 나아가 "N세대로 인하여 인터넷은 사회적 계몽을 위한 매체로 새로이 태어나고 있다"고 주장한다. 그는 "N세대가 진정한 지구의 수호자가 되고 인류의 평화공존을 위협해 온 인종주의와 성차별주의와 같은 문제를 영원히 해결하게 될 것임을 굳게 믿는다"고 웅변조로 역설하면서 오히려 기성세대가 해야 할 역할을 강조한다.

"이들은 자신들이 창출하는 부를 공평하게 분배하는 방법을 모색할 것이다. 이들은 경제계와 정치 각 분야에서 권력을 쟁취하고자 할 것이다. 우리 기성세대에게 남겨진 문제는 우리가 이들 신세대들에게 우리의 권력을 기꺼이 나누어 줄 것인지 아니면 언젠가 N세대에게 밀려서 권좌에서 내려

---

45) 돈 탭스콧, 허운나·유영만 옮김, 『N세대의 무서운 아이들: 디지털·지식혁명의 신물결』(물푸레, 1999), 184쪽.
46) 돈 탭스콧, 허운나·유영만 옮김, 위의 책, 466쪽.
47) 돈 탭스콧, 허운나·유영만 옮김, 위의 책, 74쪽.

다른 사람들과의 소통을 위해 사용한 인터넷이 오히려 개인을 고립시키고 우울증을 불러오는가? '인터넷 패러독스'의 문제는 경제구조라든가 소비문화와 같은 전반적인 맥락 속에서 살펴보아야 할 것이다.

갈 것인지 택해야 한다는 것이다. 우리 기성세대가 N세대와 이들의 문화, 그리고 디지털 매체를 수용하고 N세대들이 스스로 자기 인생을 설계할 수 있는 기회를 주어야 하는 것이 아닐까? 쉿, 이제 아이들의 목소리에 귀 기울이자." [48]

---

48) 돈 탭스콧, 허운나·유영만 옮김, 『N세대의 무서운 아이들: 디지털·지식혁명의 신물결』(물푸레, 1999), 493~494쪽.

한국에 N세대가 있는가?

각 나라마다 인터넷 문화가 다르기 때문에 한국의 네티즌들은 어떠한지 한국에서의 연구 결과가 풍성해지기를 기대해볼 필요가 있겠다. 그게 꼭 연구를 해봐야 아느냐, 네티즌들이 각자 자기 생각을 해보면 될 게 아니냐는 반론도 가능하겠지만, 사람들마다 각기 차이가 있을 거라는 점을 감안할 필요도 있을 것이다.

한국에는 탭스콧이 말하는 의미에서의 N세대는 없다는 주장도 제기되고 있다. 한양대 교수 윤영민은 세 가지 이유를 들고 있다.

첫째, N세대의 특성은 주로 청소년기에 형성되는데, 우리나라의 청소년들은 전반적으로 네트워크를 충분히 사용하지 못하고 있다는 것이다.

둘째, 인터넷을 이용하는 청소년들마저도 미국의 N세대와는 달리 대부분 네트워크 게임이나 채팅을 통해 스트레스를 푸는 정도에 머무르고 있다는 것이다.

셋째, 대학입시에 대한 중압감 때문에 네트워크 이용이 중·고등학교에서 주류 문화로 자리잡지 못하고 있다는 것이다. [49]

이와 같은 한미(韓美)간 차이로 인해 탭스콧의 낙관주의를 곧장 한국의 10대들에게 적용하기엔 무리가 있을 것이다. 또한 컴퓨터는 사용자의 나르시시즘을 자극하는 속성을 갖고 있기 때문에,[50] 미국의 경우라 하더라도 탭스콧의 낙관주의에 전면 동의하기 어려운 점도 있다.

'인터넷 패러독스'는 그 타당성 여부를 아직 그 누구도 모르는 전혀 새로운 주제임에 틀림없다. 앞으로 인터넷 문화가 어떻게 전개되느냐에 따

---

49) 윤영민, 『사이버공간의 사회』(한양대학교출판부, 2003), 110~111쪽.
50) 노르베르트 볼츠, 윤종석 옮김, 『구텐베르크-은하계의 끝에서: 새로운 커뮤니케이션 상황들』(문학과지성사, 2000), 154쪽.

라 얼마든지 달라질 수 있는 문제라고 보는 것이 옳을 것이다. 우리는 그 가능성을 염려하면서 온라인과 오프라인이 상호 보완적인 동시에 상승 효과를 낼 수 있게끔 관심을 기울이는 것이 좋을 것이다.

'시장적 성격'의 문제는 아닌가

또 그와 동시에 현실 세계의 문제를 인터넷의 문제로 착각할 수 있다는 점에도 관심을 기울여보는 것이 좋을 것이다. 앞서 〈소비가 정체성을 형성하는가〉라는 글에서 살펴보았듯이, 소비문화의 시대에 우리 인간의 자아나 인간관계는 점점 더 피상적인 것으로 변해가고 있다. 에리히 프롬이 말하는 '시장적 성격'은 바로 그 점을 지적한 게 아닌가.

"시장적 성격의 소유자는 다른 사람 혹은 자신에 대해 깊은 애착이 없기 때문에 심각하게 문제를 생각하지 않는다. 그것은 이기적이기 때문이 아니라 자신에 대한 그리고 타인에 대한 관계가 아주 약하기 때문이다."[51]

물론, 앞서도 지적했듯이, 이 견해에 전적으로 동의하기는 어렵다. 프롬의 주장에 따르면, 우리 인간이 '시장적 성격'에서 벗어나려면 "인간은 '왜' 사는가, 인간은 '왜' 다른 방향으로 가지 않고 이런 방향으로 가고 있는가 하는 철학적이고 종교적인 질문에 대해" 관심을 갖고 살아야 한다는 것인데, 그렇게 하지 않는다고 해서 "진정한 자아, 주체의 핵심 또는 주체의식을 가지지 못하고 있다"고 단언하는 건 좀 지나치지 않느냐는 반론을 제기할 수 있을 것이다.

다만 여기서 하고자 하는 말은 인간관계가 피상적인 것으로 되어가는 것은 경제구조라든가 소비문화와 같은 전반적인 맥락에서도 살펴볼 일이

---

51) 에리히 프롬, 김진홍 역, 『소유냐 삶이냐』(홍성사, 1978, 19쇄 1979), 182쪽.

지 인터넷에만 집중시켜 그걸 탐구하려다 보면 본의 아니게 인터넷의 영향을 과대평가하는 오류를 범할 수도 있다는 것이다. 예컨대, 인터넷 이용 시간과 소득 수준 및 소비 행태와의 관계를 살펴보지 않고 조사 대상자의 인터넷 이용 시간만으로 그 사람의 인간관계를 평가하면 그런 오류에 빠질 수 있다는 것이다.

인터넷의 사회학 | 사이버 공간은 보수적인가

인터넷의 두 얼굴

사이버 공간이 진보적이라고 생각하는 사람들이 많다. 아무래도 젊은 사람들이 많이 참여하고 또 그간 한국에서 진보적인 움직임이 사이버 공간에서 많이 전개돼 왔으므로 그리 생각하는 것도 무리는 아닐 것이다.

인터넷이 제공할 수 있는 진보적 실천의 수단으로 이른바 번개 대응 (flash movements)을 가능케 했다는 것도 많이 거론되고 있다. 세계화 반대 활동이나 2000년 가을 유럽을 강타한 유류세 반대 연대활동 등과 같이 인터넷을 통해 갑작스레 밀어닥치는 항의 물결이 그 좋은 증거라는 것이다.[52]

그런데 문제는 양적으로 그 반대의 운동이 더 많이 일어나고 있다는 점일 것이다. 미국에선 극우 집단의 사이트가 폭발적으로 증가하였다. 인터넷으로 전에는 백색 우월주의 운동가들이 접근할 수 없었던 중류층이나

---

52) 조지프 나이, 홍수원 옮김, 『제국의 패러독스: 외교전문가 조지프 나이의 미국 진단』(세종연구원, 2002), 104쪽.

중류층 상부 집단에서 대학생에게까지 영향을 끼칠 수 있게 되었다. 이를 우려하는 몇 사람의 의견을 들어보자.

미국의 민권운동가인 마크 포톡은 다음과 같이 말한다.

"전에 극단주의자들은 고립된 존재였지요. …… 그러나 지금은 아침에 일어나 보면, 더 이상 고립되어 저 뒤로 물러나 있는 사람이 아니라는 사실을 깨닫게 됩니다. 컴퓨터를 켜보면 몇 십 통의 전자우편이 와 있는 것을 발견하게 되거든요. 그러면 그는 자신이 일정한 운동에 소속되어 있다고 믿게 됩니다." [53]

플로리안 뢰처는 다음과 같이 말한다.

"인터넷을 통해서 아주 기묘하거나 극단적인 견해들이 전 지구적인 공공의 장에 들어오게 되었다. 그러면서 인터넷이 없었다면 아주 고립될 수도 있는 사람들이 서로 결속해서 그들의 견해를 강화시킬 수도 있게 되었다. 이런 점에서도 인터넷은 도시화의 확장이라 할 수 있다." [54]

렉 휘태커는 다음과 같이 말한다.

"유럽과 북미에서 극단적 우익 세력인 신나찌 집단과 인종차별주의자 집단의 선동에 인터넷이 미친 역할을 인식하지 못하고서는 넷의 정치적인 영향력을 완전히 깨달았다고 할 수 없다. …… 진보적인 정치 의제를 제안할 기회를 제공하는 것이 신기술이라고 보는 사람들에게는, 파시스트와 인종차별주의의 선동의 확산이 정신차리게 만드는 교훈을 준다." [55]

---

53) 플로리안 뢰처, 박진희 옮김, 『거대기계지식: 사이버시대의 올바른 지식사회 구축을 위한 비전』(생각의나무, 2000), 79쪽에서 재인용.
54) 플로리안 뢰처, 박진희 옮김, 위의 책, 77쪽.
55) 렉 휘태커, 이명균·노명현 옮김, 『개인의 죽음: 이제 더 이상 개인의 프라이버시는 존재하지 않는다』(생각의나무, 2001), 309~310쪽.

한국에서의 인터넷 보수화 물결

한국에서도 인터넷은 그간 고립되었던 극우세력의 성장에 큰 기여를 하고 있다. 충남대 교수 김재영이 〈'보수 닷컴'들 극우적 반란〉이라는 제목의 글에서 잘 지적했듯이, 인터넷은 그간 고립되었던 극우 성향의 사람들을 규합시키는 무대로 활용되고 있다. 김재영은 "젊은층과 진보세력의 전유물로 간주된 인터넷 언론시장에 새로운 기류가 형성되고 있다"며 이렇게 말한다.

"구세대가 중심이 되거나 보수 또는 중도를 표방하는 온라인 신문이 잇따라 등장하고 있기 때문이다. …… 이들의 현실 인식은 편견으로 가득 차 있다. …… 특정 부분을 전체인 양 포장하거나, 맥락은 거세하고 말꼬리만 잡고 늘

(《경향신문》 2003년 6월 27일)

그간 한국에서 진보적인 역할을 해왔던 인터넷은 이제 그 동안 고립되어 있었던 극우 성향의 사람들을 규합시키는 무대로 활용되고 있다.

어지는 보도태도로 일관하고 있다. …… 이념적 좌표를 중도 또는 보수로 삼았음에도 실제로는 극우에 가까운 논조를 견지하는 자칭 '언론'은 여론 시장의 적이다. 극좌와 마찬가지로 이들은 남들과의 합리적 토론보다는 자기 진영에서만 여론을 만들고 재생산하는 데 골몰할 것이기 때문이다. 아무리 특정한 이념적 성향을 앞세우더라도, 그리고 온라인에서만 존재하더라도 언론임을 표방하는 한 사실 왜곡은 금물이며 진실 보도는 철칙이다." 56)

그런가하면 인터넷을 통해 상류층만 어울리는 '디지털 귀족'도 탄생했다. 상류층만 가입할 수 있는 배타적인 사이트가 따로 운영되면서 이 사이트를 통해 '사이버 인맥'이 형성되고 있다.57) 그러한 '사이버 인맥'의 조직화는 어떤 식으로건 이 사회가 보수적인 방향으로 나아가게 하는 데에 영향을 미칠 것이다.

인터넷에서의 남녀관계

인터넷에서의 남녀관계는 어떤가? 낙관주의자들은 온라인 상호작용에서 성별, 인종, 연령이 중요하지 않기 때문에 이러한 식별 부재가 새로운 정체성을 탐구하고 창안할 수 있는 기회를 제공할 것이라고 주장한다.

그러나 현실은 꼭 그렇지만은 않다. 사람들은 인터넷에서 성별을 재생산하려고 많은 노력을 한다. 미국에선 "남자입니까 아니면 여자입니까?"라는 질문은 너무 많이 사용되는 것이라 아예 "RUMorF(Are you male or female?)"로 축약되어 사용되고 있다. 58)

---

56) 김재영, 〈'보수 닷컴'들 극우적 반란〉, 『경향신문』, 2003년 6월 27일, 6면.
57) 허만섭, 〈'디지털 귀족들' 납신다!〉, 『주간동아』, 2000년 7월 13일, 46~47면.

한국에서도 대화 진행 과정 가운데 가장 먼저 행해지는 것이 대화방에 입실함과 동시에 대화자에 대한 성(性)의 확인이고 성별을 밝히지 않고는 대화가 진행되지 않을 정도로 성 확인 의지는 집요하다. [59]

여러 연구자들은 온라인 커뮤니케이션에서의 남성 우세가 남성 지배적 커뮤니케이션 유형을 재생산 할 것이라고 추정하고 있다. '네티켓'에 관한 매뉴얼들은 자제, 감정의 결여, 단호함과 합리성과 같은 '남성 중심적' 편견을 영속화하고 있으며, 불이익을 당하지 않기 위해 자신의 성별을 숨기는 여성은 남성적 특성을 드러내기 위해 애쓰게 될 것이기 때문이다. [60]

개방된 가상 공간상의 토론 문화도 남성 지배적이다. 여성이 제시한 주제는 심각하게 고려되지 않으며 공공 게시판에서 여성이 올리는 글에 대해선 적대시하는 경향이 농후하다. [61]

여성은 남성보다 이모티콘(emoticon: emotion+icon)을 더 많이 사용하는 것으로 나타났다. 물론 논쟁을 '비껴 가기' 위한 용도로 사용하는 것이다. 여성은 문장 끝에 물음표도 더 많이 사용한다. 대결을 피하고 상대방의 동의나 확인을 구하기 위해서다. 좋은 점도 있기는 하지만 자신의 주장의 심각성을 감소시키는 결과를 초래할 수 있을 것이다. [62]

이 모든 문제들을 피하기 위해 여성만으로 운영되는 가상 커뮤니티들이 생겨났지만 여성 ID를 도용한 남성의 침입으로 진지한 대화를 나누기엔 여전히 어려움이 뒤따르고 있다. [63]

---

58) 피터 콜록·마크 스미스, 〈사이버공간의 공동체〉, 마크 스미스·피터 콜록 편, 조동기 역, 『사이버공간과 공동체』(나남, 2001), 64쪽.
59) 김유정·조수선, 〈가상 공간에서의 젠더 논의: 컴퓨터 매개 커뮤니케이션을 중심으로〉, 윤선희·이주연 편저, 『사이버 문화와 여성』(한나래, 2000), 142쪽.
60) 조디 오브라이언, 〈몸으로 글쓰기: 온라인 상호작용에서의 성별 (재)생산〉, 마크 스미스·피터 콜록 편, 조동기 역, 『사이버공간과 공동체』(나남, 2001), 199~200쪽.
61) 김유정·조수선, 위의 글, 144쪽.
62) 김유정·조수선, 위의 글, 141쪽.

'깅리치 법칙'

그러나 사이버 공간의 이념 지향성과 관련하여 가장 큰 문제는 보다 근원적이고 본질적인 것이다.

매우 보수적인 정치적 성향을 갖고 있는 뉴트 깅리치가 1995년 1월 미국 하원 의장으로 취임한 이후 그가 추진한 최초의 법안들 중 하나는 의회의 모든 문서들을 인터넷, (토머스 제퍼슨의 이름을 딴) 토머스라는 웹사이트에서 대중적으로 이용할 수 있도록 공개하자는 것이었다. 깅리치는 그러한 공개를 예찬하면서 권력의 균형이 시민들을 향해 나아가게 될 것이라고 선언하였다.

이에 대해 버스타인과 클라인은 깅리치의 아이디어 자체는 좋지만, 그 계획은 그것을 추진하는 사람들이 주장하는 권능 부여는 말할 것도 없고, 현실의 민주주의와도 별로 관련이 없는 것이라고 말한다.

"방대한 정부의 정보를 모두 온라인으로 접속할 수 있게 하는 것과 일반 시민들의 정부에 대한 통제능력을 강화하는 것은 별개의 문제인 것이다. 토머스 계획의 주요 효과는 미디어와 로비스트들에게 더 많은 영향력을 부여하는 것이 될 것이다. 그들은 컴퓨터와 고속 모뎀 및 프린터로 무장을 갖추고 있는 사람들일 뿐만 아니라, 정부 활동의 모든 세부사항을 조사하는 데 시간을 보내며, 또 그 일에 직접 이해관계를 갖고 있는 사람들이다 (사실 이런 일이 그들의 직업이며, 또 그들은 그런 일로 보수를 받는다)." [64]

데이비드 솅크도 깅리치는 정보의 수문을 연다고 해서 미국인들이 자

---

63) 김유정·조수선, 〈가상 공간에서의 젠더 논의: 컴퓨터 매개 커뮤니케이션을 중심으로〉, 윤선희·이주연 편저, 『사이버 문화와 여성』(한나래, 2000), 145쪽.
64) 데니얼 버스타인·데이비드 클라인, 김광전 옮김, 『정보고속도로의 꿈과 악몽』(한국경제신문사, 1996), 455~456쪽.

U.S. AFFAIRS

워싱턴 떠난 깅그리치 인터넷에 뜨다

자신의 웹사이트 통해 정책 제안

웹사이트 권위자가 된 깅그리치 前 하원의장.

DANUTA OTFINOWSKI

Karen Breslau 기자

미국 캘리포니아州 팰러 앨토에 있는 멕시코 식당 셀리아즈. 이곳의 주 고객은 닷컴 창업자·벤처자본가·노벨상 수상자 등 실리콘 밸리의 거물들이다. 최근 어느날 저녁에는 빌 클린턴 대통령의 딸 첼시가 인근 스탠퍼드大 친구들과 함께 아래층에서 식사를 했다. 공교롭게도 위층에는 답답한 워싱턴을 피해나온 또다른 사람이 있었다. 뉴트 깅그리치 前 하원의장이었다. 그는 멕시코 음식을 들며 방을 가득 메운 과학자들에게 교육혁명을 위한 아이디어에 대해 열변을 토했다. 모든 네살짜리 어린이에게 컴퓨터를 지급하고 우수 학생들을 현금으로 포상하는 것 등 워싱턴 정가 사람들이 황당해할 만한 제안을 과학자들은 진지하게 경청했다. 깅그리치는 "이곳은 실패를 용인하는 시스템을 갖고 있다. 동부와 정반대다. 이곳에 와야만 미래의 리듬을 따라잡을 수 있다"고 말했다.

사실 실패를 받아들이는 데 대해 깅그리치보다 더 잘 아는 사람은 없다. 공화당 혁명(1994년 선거에서 의회 다수당이 됐다)의 야전 사령관이었던 깅그리치는 1999년 1월 하원의장직을 사임하고 가십거리가 된 이혼 과정을 견뎌낸 이래 조용히 자신의 이름을 인터넷 상표로 발전시켰다. 그는 작은 정부를 주창하고 '미국과의 계약'을 지금도 설파하고 있지만 요즘 그의 무대는 웹사이트다. 그는 웹사이트 'Newt.org'를 통해 사회보장 프로그램의 민영화를 제안하고 인터넷의 사회적 영향력에 대한 자신의 통찰력을 선전하고 있다. 스탠퍼드大 후버 연구소의 특별연구원인 깅그리치는 실리콘 밸리를 정기적으로 찾아 과학자·기업인·벤처자본가들에게 최첨단 기술에 대한 정보를 얻는다.

그의 최근 관심은 '온라인 의료'다. 깅그리치는 의료의 질을 높이고 비용을 대폭 줄이기 위해 모든 의료기록의 디지털화 및 온라인 처방을 주장한다. 그는 현재로서는 전자기록의 오용을 방지하기 위한 새로운 법이 필요하다는 생각이지만 언젠가는 대중이 온라인 의료체제를 현금자동인출기를 이용하듯 편리하게 생각할 것으로 예측한다. 올해 후반기에 그는 한때 클린턴의 의료계획을 입안했던 아이러 매거지너와 함께 전국을 순회할 계획이다. 공화당 혁명 당시 그 의료계획은 미국이 방만한 복지국가임을 보여주는 가장 유력한 증거로 이용됐다. 이제 그들 둘은 워싱턴의 싱크탱크인 인터넷 정책 연구소의 의뢰로 차기 대통령을 위한 최선의 인터넷 조언을 도출하는 임무를 맡고 있다. 매거지너는 자신이 한때 클린턴의 천적이었던 깅그리치와 손을 잡았다는 소식을 친구들이 듣고는 "깜짝 놀랐다"고 말하면서도 "인터넷은 기존 이념을 대거 무너뜨리고 있다"고 말했다.

온라인 공략법은 사람들의 마음과 이목을 끄는 효과적인 방법이다. 특히 주류 언론뿐 아니라 자신이 몸담고 있는 공화당마저 자신을 의도적으로 무시하는듯 할 때는 인터넷 활용전략이 더욱 효과적이다. 최근 공화당 혁명 동지들이 '미국과의 계약'을 기념하기 위해 모임을 가졌을 때 깅그리치는 초대받지 못했다. 아울러 공화당 대통령 후보 조지 W. 부시도 그와 거리를 두고 있다.

깅그리치의 재빠른 인터넷 활용은 1980년대 초 의회에서 그가 부상하던 당시를 상기시킨다. 그때도 깅그리치는 당시의 신매체였던 비디오와 케이블 TV를 이용해 공화당 혁명을 위한 정치세력 기반을 마련했다. 깅그리치는 "1944년 6월 6일 노르망디 상륙작전 이전에 많은 준비가 필요했다. 우리는 현재 전투준비 단계에 있지만 곧 상륙작전이 개시될 것"이라고 말했다. 미디어는 과거와 달라졌을지 몰라도 메신저는 여전히 기고만장한 모습이다.

With Debra Rosenberg

(『뉴스위크』 한국판, 2000년 8월 2일)

사이버 공간의 이념 지향성은 깅그리치의 보수적인 열정과 너무나 잘 어울린다. "사이버 공간은 공화당적이다. 그것은 자유 시장을 옹호하고 공화당원들의 정치적 이상을 선호한다."

동적으로 더 나은 시민으로 바뀌는 것은 아니라는 점을 이해할 정도로 현명하다며 깅리치의 숨은 뜻에 경계를 표한다. 솅크는 지식과 권력을 가져다주는 것은 확산이 아니라 바로 '초점' 이라고 말한다. 일부 집단들은 전면적인 개방으로 이득을 얻을 수 있는 반면에, 보통 시민들은 이전보다 홍수 속에서 길을 잃을 가능성이 더 많아졌다는 것이다. [65]

앨빈 토플러의 저서를 열광적으로 애독하면서 토플러의 팬이 된 깅리치는 토플러도 참여한 '진보와 자유 재단' 을 이끌면서 정보혁명의 가장 열렬한 주창자들 중 한 사람으로 변신했다. [66]

깅리치는 가난한 사람들에게 랩톱 컴퓨터를 살 수 있도록 세금공제 혜택을 주자는 계획도 발표했다. 사람들이 비웃자 며칠 뒤에 '바보 같은 아이디어' 였다고 인정했지만, 정보혁명에 대한 그의 열정은 식을 줄 몰랐다. [67]

그러나 그의 열정은 보수적인 열정이었다. 깅리치는 다음과 같이 주장했다.

"정보화 시대는 더 많은 탈중심화, 더 많은 시장 지향, 더 많은 개인적 자유, 더 많은 선택 기회, 국가 통제 없이 생산적이 되는 더 많은 능력을 의미한다." [68]

솅크는 깅리치가 너무도 옳다며 다음과 같이 논평한다.

"사이버 공간은 정치적으로 중립적이지 않다. 그것은 자유주의적이고,

---

65) 데이비드 솅크, 정태석·유홍림 옮김, 『데이터 스모그: 정보 홍수 속에서 살아남기』(민음사, 2000), 216~217쪽.
66) 닉 다이어-위데포드, 신승철·이현 옮김, 『사이버-맑스: 첨단기술 자본주의에서의 투쟁주기와 투쟁순환』(이후, 2003), 84쪽.
67) 데니얼 버스타인·데이비드 클라인, 김광전 옮김, 『정보고속도로의 꿈과 악몽』(한국경제신문사, 1996), 454쪽.
68) 데니얼 버스타인·데이비드 클라인, 김광전 옮김, 위의 책, 217쪽.

자유 시장을 옹호하는 공화당원들의 정치적 이상을 선호한다. 그것은 공통의 담론이 거의 없고 최소한의 공공 하부구조만을 지닌 고도로 탈중심화되고 최소한의 통제만이 존재하는 사회이다. 사이버 공간과 보수적 공화주의자 간의 이러한 공생은 아마도 정보혁명으로 야기된 여러 현상 중에서 가장 기묘하고 가장 예측하지 못했고 거의 이해되지 않는 양상일 것이다." [69)]

바로 이런 이유 때문에 솅크는 "사이버 공간은 공화당적이다"라고 말하면서 이걸 '깅리치 법칙'이라고 부른다. 솅크는 '사이버 공간 독립선언'에 반대하면서 사이버 세계가 물리적 세계의 관할 하에 놓여야 한다고 주장한다.

"많은 사람들이 기술을 향한 그들의 열정을 알게 모르게 정부를 약화시키는 정치운동에 투여하고 있기 때문에 우리가 정당한 편에 선다는 것은 매우 중요하다. 부작용에 질식당하지 않으면서 기술이 제공하는 혜택만을 얻기 위해선 강력한 집합적인 노력이 필요한 것이다. …… 비록 종종 매혹적이라고 하더라도 우리는 정부의 적절성과 유용성을 악의적으로 무시하는 충동에 저항해야만 한다. …… 정부는 성가시며 종종 좌절감을 주지만, 또한 민주국가를 보호하고 시민성을 유지하고 시민들의 번영을 도와주는 데에는 핵심적인 것이다." [70)]

그러나 솅크의 주문이 실현되기는 쉽지 않을 것이다. 이미 인터넷에서 이윤을 추구하는 사람들의 수가 너무 많아진데다 그들의 힘이 워낙 커졌기 때문이다. 이 문제는 제6장에 실린 〈'인터넷 경제'는 어떻게 움직이나〉라는 글에서 살펴보도록 하자.

---

69) 데이비드 솅크, 정태석·유홍림 옮김, 『데이터 스모그: 정보 홍수 속에서 살아남기』(민음사, 2000), 218쪽.
70) 데이비드 솅크, 정태석·유홍림 옮김, 위의 책, 253~254쪽.

인터넷의 사회학
인터넷은 권력구조를 어떻게 바꾸나

인터넷의 무정부주의와 '뫼비우스 효과'

인터넷은 탈중심, 탈권위 속성을 갖고 있다. 이걸 이해하지 못하면, 인터넷의 기술적 속성의 문제를 무슨 음모의 문제로 오해하는 일이 계속 벌어질 것이다. 인터넷의 탄생 배경을 생각하면 이건 역설이 아닐 수 없다. 이에 대해 피에르 레비는 다음과 같이 말한다.

"인터넷의 탈집중적 구조는 적의 핵공격에 최적으로 대항하기 위해 고안된 것이다. 그런데 이러한 탈집중적 구조가 오늘날 탈중심적인 협력 기능에 기여한다. 역설적이게도, 이와 같은 이유로 인해 인터넷은 군사적 유래에도 **불구하고** '무정부주의적인' 것이 아니라, 바로 그러한 유래로 **인해** '무정부주의적인' 것이다." [71]

레비는 가상 공간에서 발생하는 '뫼비우스 효과' [72]에도 주목한다. 그는

---

71) 피에르 레비, 김동윤 · 조준형 옮김, 『사이버문화』(문예출판사, 2000), 311쪽.
72) "August Ferdinand Möbius(1790~1868): 독일의 천문학자, 수학자. 위상학에 있어서 그는 끝없이 긴 종이 테이프를 비틀어서 형성되는 한쪽 면만 가진 그리고 한 가장자리만을 가진 어떤 표면을 생각하였다. 이를 뫼비우스 띠라 하여 모든 모순적인 것들의 공존, 논리적 자가당착 또는 앞뒤, 아래위, 안

가상화의 특성이 탈지역화와 더불어 '내부에서 외부로의, 그리고 외부에서 내부로의 통행'이라며 다음과 같이 말한다.

"이러한 '뫼비우스 효과'는 여러 가지 영역 속에서 변화된다. 즉 공적인 것과 사적인 것 사이의 관계, 고유한 것과 공통적인 것 사이의 관계, 주관적인 것과 객관적인 것 사이의 관계, 지도와 영토간의 관계, 작가와 독자간의 관계의 영역 등을 예로 들 수 있다."[73]

인터넷의 '무정부주의'와 가상 공간에서의 '뫼비우스 효과'는 우리의 삶에 어떤 영향을 미칠까? 미국의 저널리스트 마이클 루이스가 쓴 『넥스트: 마이너들의 반란』이라는 책은 인터넷이 일상적 삶에서의 권력구조에 미친 영향과 관련하여 네 가지 에피소드를 소개하고 있다.

가족과 학교에서의 권력관계 변화

첫 번째는 가족 내부의 권력관계에 미친 영향이다.

"그렉과 코니 부부는 두 사람 모두 뉴저지 주에서 태어나고 자라났다. 그러나 갑자기 인터넷이 나타난 순간부터, 그들은 대만에서 막 이주해온 사람들처럼 모든 것이 낯설어졌다. 인터넷이 그들의 집안에 들어오면서부터, 세상살이에 대한 전반적인 이해와 더불어 당연한 것으로 여겨지던 어른들의 위신과 권위가 자식들에게로 넘어갔다. 어른들은 이제 거꾸로 자식들의 설명에 의존하게 되었다. 새로운 기술은 어른들을 초라한 이민자 가족으로 바꾸어 놓은 것이다."[74]

과 밖의 비구분 등을 이야기할 때 흔히 비유된다."(역주) 장 보드리야르, 하태환 옮김, 『시뮬라시옹』(민음사, 1992), 46쪽.
[73] 피에르 레비, 전재연 옮김, 『디지털 시대의 가상현실』(궁리, 2002), 32쪽.
[74] 마이클 루이스, 이소영 옮김, 『넥스트: 마이너들의 반란』(굿모닝미디어, 2002), 42~43쪽.

사실 이건 국내의 많은 가정에서도 이미 일어나고 있는 일이다. 어른들은 이걸 위기로 생각할 필요가 없다. 아니 위기로 알고 인터넷에 대해 좀 공부해야겠다는 자세를 갖는 건 아주 바람직하긴 하지만, 그것보다 더 중요한 건 기존의 부모-자식 간의 관계를 재정립해보려는 발상의 전환일 것이다.

이는 그간 '위신과 권위'를 누려온 모든 개인과 집단들에게도 해당된다. 핀란드 정부는 5천여 명의 N세대(Net Generation; 인터넷 세대) 학생들을 선발해 선생님들에게 컴퓨터 교육을 시키도록 했다는데,[75] 한국에서라면 상상하기 어려운 일이다.

더글러스 러슈코프는 컴퓨터는 교실에서 정보 제공의 주도자였던 교사의 역할에 도전한다고 말한다. 교사 한 명의 두뇌가 아무리 크더라도 시디롬 한두 장 이상의 교육 데이터를 담을 수는 없으며, 한 학생이 어떤 정보 서비스에 접속해서 거의 모든 주제에 관하여 교사의 정보 능력을 훨씬 능가할 만큼의 지식을 수집할 수 있기 때문이라는 것이다. 러슈코프는 "비디오의 도래에 직면해 영화업자들이 대처했던 방식처럼 교사들은 컴퓨터가 할 수 없는 일을 찾아내야만 한다"고 역설한다.

"컴퓨터와는 달리 사람인 교사는 학습 과정에서 파트너가 될 수 있고, 정보 자료의 순도를 판별하고 상이한 사실들 간의 연계를 세우고 학생 스스로가 의견과 주장을 개진하는 데 필요한 준거를 가르치는 일에 전념할 수 있다. 그리하여 최상의 교사는 가능한 한 폭넓고 명료하게 자신을 표현하도록 학생에게 자부심과 정열을 불어넣어 줄 것이다." [76]

---

75) 돈 탭스콧, 허운나·유영만 옮김, 『N세대의 무서운 아이들: 디지털·지식혁명의 신물결』(물푸레, 1999), 82쪽.
76) 더글러스 러시코프, 김성기·김수정 옮김, 『카오스의 아이들』(민음사, 1997), 271~272쪽.

전문가와 아마추어의 경계 붕괴

　두 번째는 정보에 접근할 수 있는 특권이 약화되면서 일어난 변화다. 인터넷은 그 성격상, 특히 정보에 접근할 수 있는 특권 때문에 지위를 얻을 수 있었던 사람들의 명성을 훼손시켰다는 것이다.
　"정규 교육의 중요성이 전반적으로 붕괴되고 있다는 것이 인터넷이 나타난 이후의 삶의 징후이다. 의복과 마찬가지로 지식도 격식이 없어지고 있는 중이다. …… 기술의 발달도 거의 모든 사람이 무슨 일이든 시도할 수 있게 되었다. 따라서 누구나 무엇이든 할 수 있다는 평등주의적 사상은 새로운 추진 장치를 달게 되었다. 특히 '전문 지식'을 전제로 하던 영역에서 그러했다. 아마추어 서적비평가들은 아마존에 서평을 실었고, 아마추어 영화제작자들은 자신들의 작품을 직접 인터넷에 발표했다. 아마추어 저널리스트들은 세계에서 가장 힘있는 신문사들보다 앞질러서 특종을 내놓았다."[77]
　사실 국내에서 일부 지식인들이 '인터넷 포퓰리즘' 운운하면서 인터넷 참여를 공격하는 주된 이유는 바로 위와 같은 상실감에서 비롯된다는 걸 부인하기 어려울 것이다. 과거엔 학력과 학벌이 지식인의 보증 수표였지만, 이젠 그렇게는 안 된다. 오직 실력으로만 경쟁해야 한다. 예컨대, 과거엔 대학 교수라는 지위 자체가 큰 자산이었지만 이제 그 가치는 크게 약화되고 있다. 인터넷 참여에 대해 가장 강하게 반발하는 게 유력 신문들의 논객들이라는 건 결코 우연이 아닐 것이다. 일반 네티즌 논객들의 부상을 부정적으로만 보지 말고 제로 베이스에서 선의의 경쟁을 하기 위해 열심히 공부하는 게 좋을 것이다.

---

77) 마이클 루이스, 이소영 옮김, 『넥스트: 마이너들의 반란』(굿모닝미디어, 2002), 123쪽.

(『한겨레』 2003년 8월 18일)

탈중심적이고 탈권위적인 인터넷은 일상적 삶에서의 권력구조에 영향을 미쳐 많은 비합리적인 점들을 개선할 수도 있다. 그러나 그 같은 권력구조의 변화는 많은 혼란과 더불어 시행착오를 동반할 것이다.

홍성욱도 "네트워크 혁명은 전문가와 아마추어의 경계도 붕괴시킨다"고 말한다. 그는 "익명으로 토론을 시켰을 때, 대학원생과 학부생이 동등한 위치에서 토론한다는 것은 오래 전에 발견된 사실"이라며 이렇게 말한다.

"내가 인터넷을 통해 참여했던 소칼의 『지적 사기』에 대한 토론에서도 대학원생과 교수들은 동등한 위치에서 열띤 토론을 진행했다. 그때 토론

방에서 가장 열심히 분위기를 이끌던 사람은 학부 4학년 학생이었다. 현실에서는 학부 4학년 학생이 비판을 주고받으며 교수와 토론한다는 것은 상상하기 힘든 일이다. '최용식의 21세기 경제학' 사이트를 운영하는 최용식 씨는 오프라인에서는 기성 대학교수 중심의 경제학자들 사이에서 아무런 인정을 받지 못했지만, 인터넷에서는 널리 알려진 경제전문가로 활동 중이다. 네트워크 혁명은 고정된 지식에 근거한 전문가의 권위를 떨어뜨리고, 역동적인 지식으로 무장한 아마추어의 위치를 상승시킨다." [78]

저자의 권위도 도전을 받게 되었다. 기존 책의 저자와 독자의 관계에선 저자가 나름대로 문화적 권위(cultural authority)를 누릴 수 있었지만, 인터넷상의 하이퍼텍스트는 저자의 의도에 수많은 도전을 가하기 때문에 과거의 권위는 사라졌다. 이제 하이퍼텍스트의 세계 속에서 저자와 독자의 관계는 전혀 새로운 양상을 띠게 되었다. [79]

전문직업인과 조직 내부에 대한 도전

세 번째는 전문직업인들의 권위와 관련된 변화다. 예컨대, 의사들은 네트를 증오하게 되었다는데, 무슨 이유 때문일까? 환자들은 대기실에서 서성거리며 시간 보낼 필요가 없도록 전자 메일로 진찰 결과를 알려달라고 의사들을 졸라대는가 하면 의사의 권위에 도전하는 등 점차 시건방진 태도를 보이고 있기 때문이라는 것이다.

"네트는 환자들이 실제 아는 것보다 더 많은 것을 안다고 믿도록 만들었다. 환자들은 의사의 진찰실로 씩씩거리며 걸어들어 와서, 자신의 창자

---

78) 홍성욱, 『네트워크 혁명, 그 열림과 닫힘: 지식기반사회의 비판과 대안』(들녘, 2002), 171쪽.
79) 데이비드 크로토・윌리엄 호인스, 전석호 옮김, 『미디어 소사이어티: 산업・이미지・수용자』(사계절, 2001), 338쪽.

에서 느꼈던 통증이 의사의 주장대로 담석증 때문이 아니라는 것을 철저하게 증명해주고 있는 인터넷 보건복지 사이트에서 인쇄한 프린트물을 불쑥 내민다. 의사들은 변호사들보다 직업의 신비성을 한층 더 심각한 문제로 받아들인다. 부분적으로는 그러한 신비성이 실제로 의사들이 환자들을 치료하는 데 도움을 주기 때문이다. 그리고 의사들은 자신들이 도전받는 것을 상당히 불쾌하게 생각했다." [80]

이게 어찌 의사들에게만 일어나고 있는 일이겠는가. 교수와 언론인을 포함하여 모든 전문직 종사자들도 비슷한 운명에 처해 있다. 이들은 '신비성'의 상실에 어떻게 대응해야 할 것인가? 아마도 '전문성'의 내실화가 그 답일 것이다. 프로들은 아마추어들에게 자신에게 '전문성'이 있다고 강변만 할 게 아니라 그걸 대중화된 언어로 보여줄 수 있는 능력을 길러야 한다. 물론 쉽게 설명하기가 쉽지 않은 것들이 꽤 있을 것이다. 그러나 그간 전문직 종사자들은 쉽게 설명하려는 시도를 거의 해오지 않았다는 걸 인정해야 하지 않을까. 오히려 가급적 어렵게 설명하면서 동종업계 내부의 인정(認定)을 받는 걸 우선시 해왔다고 봐야 하지 않을까? 이젠 그 관행도 변화되어야 할 것이다.

네 번째는 조직 내부와 외부의 경계가 무너지는 것에 따른 변화다. 많은 사람들이 인터넷의 도움을 받아서, 어떤 문제를 일으킬 수 있을 만큼 중심의 깊은 곳까지 접근할 수 있게 되었다는 것이다.

"외부(outside)가 내부(inside)를 쉽게 괴롭힐 수 있게 되면서 '외부'와 '내부'의 의미 역시 바뀌게 되었다. 주변세력인 외부자들은 이제 전열을 정비하고 있으며, 좀더 자의식을 갖고 처신하려는 의욕에 넘쳐 있다." [81]

---

80) 마이클 루이스, 이소영 옮김, 『넥스트: 마이너들의 반란』(굿모닝미디어, 2002), 124쪽.
81) 마이클 루이스, 이소영 옮김, 위의 책, 137쪽.

이걸 드라마틱하게 보여준 것이 바로 한국에서 일어났던 이른바 '민주당 살생부 파문'이었다. 인터넷에 무지한 사람들은 그걸 무슨 심오한 정치적 음모의 산물로 받아들였겠지만 그건 인터넷은 물론 일반 네티즌들의 역량을 전혀 모르거나 무시하는 난센스였던 것이다. 이제부턴 정치건 행정이건 늘 '외부'를 의식하면서 모든 걸 투명하고 정정당당하게 하려는 자세를 가져야 할 것이다.

권력구조 변화의 명암(明暗)

이런 모든 변화에 대해 긍정적이고 낙관적인 자세를 견지하고 있는 미국의 디지털 전문가 돈 탭스콧은 "기존 매체는 서열이 뚜렷하고 융통성이 결여되어 있었으며 중앙집중식이었다"는 점을 강조하면서 다음과 같이 말한다.

"기존 매체가 성인들의 가치관을 그대로 담아내고 있는 것은 놀라울 것도 없다. 반대로 새로운 매체는 상호교류가 가능하고 융통성이 있다. 그 안에 담겨 있는 사상도 다분히 중립적이다. 새로운 매체를 만드는 것은 바로 우리 자신들이다. 그리고 바로 이 순간, 전 세계의 수천만 N세대들이 그 운전대를 잡고 있다. 바로 이런 차이점이 새로운 세대의 핵심 요소이다. 역사상 최초로 아이들이 통신혁명의 중심에 서있는 것이다."[82]

그러나 아이들에게 권력이 넘어갔다는 걸 아주 음울하게 부정적으로 보는 사람들도 많다. 미국의 사회학자 로버트 블라이가 대표적인 인물이다. 그는 대부분의 사회문제가 젊은 세대와 기술의 발전, 그리고 기성세대

---

[82] 돈 탭스콧, 허운나·유영만 옮김, 『N세대의 무서운 아이들: 디지털·지식혁명의 신물결』(물푸레, 1999), 65쪽.

의 권위 상실에서 기인한다고 주장한다. [83]

그런가하면 로라 규랙은 "기존의 인터넷 구조는 위치나 지위에 관계없이 사람들이 서로 교신할 수 있도록 해줌으로써 위계구조를 평탄화시킨다"고 말한다. 현재 인터넷의 모습은 민중의 목소리(vox populi)의 표현을 위한 잠재력을 제공하는 듯하지만, 바로 이러한 특징들이 잠재적으로 많은 문제점과 어려움을 야기하기도 한다는 것이다.

"온라인에서는 정확함보다 속도가 우선하는 듯하며, 공동체에 대한 믿음이 정확한 결정을 내려야 하는 시민으로서의 책임감을 압도해 버리는 듯하다. 화급한 결정을 내려야 하는 이 시대에는, 의사결정 사항을 연구하는 것보다 간단하게 전자우편을 재빨리 보내버리는 것이 더 쉽다. 고도로 전문화된 온라인 공동체들의 속성에 의해서 조장되는 이러한 행동들이 누적되면, 항상 개방성으로 이어지지 않을 수도 있으며, 지배적인 공동체 에토스에 대해 동조하지 않거나 만족하지 못하는 주변적 소수를 무시하게 될 것이다. 더욱이 인터넷의 평탄한 위계구조와 공개적 포럼은 부정확한 정보의 확산을 조장할 수 있다." [84]

인터넷으로 인한 이 같은 권력구조의 변화는 아직 인류가 경험해보지 못한 것이므로 많은 혼란과 더불어 시행착오를 낳게 될 것이다. 이러한 변화의 명암(明暗)에서 명(明)을 키우고 암(暗)을 줄이는 것이 우리가 앞으로 해야 할 일이겠지만, 이런 발상 자체가 기존의 권력구조에 익숙한 시대착오적인 것인지도 모르겠다.

---

83) 돈 탭스콧, 허운나·유영만 옮김, 『N세대의 무서운 아이들: 디지털·지식혁명의 신물결』(물푸레, 1999), 97쪽.
84) 로라 J. 규랙, 〈사이버공간 사회행위의 전망과 위험: 마켓플레이스와 클리퍼 칩에 대한 에토스, 전달, 그리고 항의〉, 마크 스미스·피터 콜록 편, 조동기 역, 『사이버공간과 공동체』(나남, 2001), 479쪽.

06 인터넷과 휴대폰의 경제학

'디지털 격차'는 기우인가

'인터넷 경제'는 어떻게 움직이나

'인터넷 시간'이란 무엇인가

한국은 왜 인터넷·휴대폰 강국이 되었나

현대인은 왜 휴대폰에 열광하나

인터넷과 휴대폰의 경제학 '디지털 격차'는 기우인가

네그로폰테의 낙관주의

미국 정부의 1998년 보고서 〈네트를 통한 추락〉에 따르면, 1998년 당시 연봉 7만5천 달러 이상 받는 사람들 중 59%가 인터넷에 접속하는 반면, 연봉 2만5천 달러 이하 중에는 20%만 인터넷에 접속하는 것으로 나타났다.[1]

2001년 말의 통계로 스웨덴 인구의 65%, 캐나다와 미국은 60% 가까이 인터넷을 사용하는 반면, 전 세계의 인터넷 인구는 6%에 지나지 않는 것으로 나타났다.[2]

이와 같은 차이를 디지털 격차(digital divide)라고 부르는데, 많은 사람들이 이 차이가 종국엔 기존의 빈부격차를 심화시킬 것으로 우려하고 있다. 예컨대, 미국의 경제학자 로버트 라이시는 컴퓨터를 전 세계 경제의 통합과 더불어 빈익빈 부익부 현상을 심화시키는 주범으로 꼽고 있

---

1) 홍성욱, 『네트워크 혁명, 그 열림과 닫힘: 지식기반사회의 비판과 대안』(들녘, 2002), 195쪽.
2) 홍성욱, 위의 책, 195쪽.

다.[3]

 물론 낙관론자들도 있다. 니콜라스 네그로폰테는 디지털화로 인한 빈부격차의 문제를 인정하지 않는다. 그는 디지털 사회가 되면 "빈자와 부자, 가난한 나라와 선진국 사이의 격차는 지금에 비해 훨씬 줄어든다. 오히려 정보를 접할 수 있는 세대와 그렇지 못한 세대간의 격차가 더 큰 문제로 대두될 것이다. 특히 이제 막 산업 하부구조를 건설하는 제3세계의 경우, 신설비를 모두 디지털화하고 있고, 젊은 인구가 많아 오히려 선진국들보다 유리하다고 생각한다"고 주장한다.[4]

 네그로폰테는 인터넷의 미국 패권주의에 대한 우려에 대해서도 "인터넷은 '디지털판(版) 미제국주의' 가 아니냐는 것과 세계의 언어가 영어로 통합되지 않겠느냐는 것이 내가 가장 흔하게 받은 질문이다"고 말하면서 "그러나 사실은 그 반대다"고 주장하였다.

 "인터넷은 오히려 세계 각국의 다양성을 장려한다. 컴퓨터와 모뎀만 있다면 지위나 국적 언어 장소 따위는 문제가 되지 않는다. 개인 방송국이나 언론사를 만들 수 있는 곳이 바로 인터넷과 디지털의 세계다. 소수민족의 언어는 영어에 의해 사멸되는 것이 아니라 오히려 인터넷을 통해 그 존재와 의미를 알리는 기회를 갖게 될 것이다. 5~10년 뒤면 인터넷의 사각지대라 할 아프리카나 제3세계도 미국 못지 않은 디지털 정보의 수혜지로 변모할 것이다."[5]

---

3) 로버트 라이시, 김병두 옮김, 『미래를 위한 약속: 잃어버린 공동체 회복과 함께 잘사는 내일을 위하여』 (김영사, 2003), 22쪽.
4) 남준기, 〈"사람을 대하는 노동은 늘어난다": 『디지털이다』 저자 네그로폰테〉, 『내일신문』, 1996년 1월 24일, 33면.
5) 김상현, 〈"비트 혁명" 외치는 '디지털 선구자': 미국 MIT 미디어랩 니콜라스 네그로폰테 소장〉, 『뉴스플러스』, 1996년 1월 25일, 58면.

접속이 아니라 무엇을 하는가가 중요하다

네그로폰테는 극단적인 낙관론자이기 때문에 그의 말을 그대로 믿을 건 못 된다. 그러나 전반적으로 보아 비관론보다는 낙관론이 우세한 것 같다.

홍성욱은 전화도 처음에는 상류층의 전유물이었지만 지금은 웬만한 사람들이 다 사용하듯이, 컴퓨터와 인터넷도 결국 컴퓨터 가격과 인터넷 접속 가격이 떨어지면서 대부분의 사람이 사용하는 '가전제품'이 되리라는 예측에는 분명히 일리가 있다고 말한다. 미국의 경우 적극적인 정책을 편 결과 실제로 지난 2년 사이에 정보격차가 감소했다는 것이다.

그러나 홍성욱이 무작정 낙관만 하는 건 아니다. 그는 인터넷과 전화 사이에는 중대한 차이점이 있는데, 그것은 사람들이 인터넷을 가지고 할 수 있는 일이 천양지차라는 것이라고 말한다.

"움베르토 에코는 새로운 시대의 상류층은 고급정보와 정보기술을 마음대로 이용할 수 있는 사람이고, 중산층은 은행 직원이나 항공사 직원처럼 이를 수동적으로 이용하는 사람들이며, 하층계급은 소파에서 텔레비전이나 보면서 앉아 있는 사람들일 것이라고 냉소적으로 지적한 적이 있다. 즉 어떤 사람은 고급정보를 취합하고 이를 엮어서 부가가치가 높은 새 지식을 만들지만, 또 어떤 사람들은 인터넷에서 게임과 오락을 즐기고 음란물을 찾아 돌아다니면서 시간을 보낼 수 있다. 둘 다 인터넷에 접속하지만, 전자가 지식혁명 시대의 새로운 권력층으로 부상하는 반면에 후자는 새로운 종류의 빈민으로 전락할 가능성이 크다. 따라서 디지털 격차에 대한 접근과 정책은 접속이 아니라 사람들이 인터넷에서 무엇을 하는가 라는 문제를 생각해야 한다."[6]

---

6) 홍성욱, 『네트워크 혁명, 그 열림과 닫힘: 지식기반사회의 비판과 대안』(들녘, 2002), 198~199쪽.

한국의 디지털 격차 문제

한국은 양적으론 인터넷 선진국이긴 하지만 워낙 급속한 성장을 이룬 탓에 디지털 격차의 문제가 심각하다. 2002년 말 한국에서 디지털화 지수를 전국의 광역시와 도 단위로 산정한 결과 지수가 가장 높은 서울과 가장 낮은 전북이 4배의 차이를 보였다.[7]

세대간 정보격차는 세계 최고 수준이다. 한국인터넷정보센터의 '정보화실태조사'에 따르면 20대와 50대 이상의 인터넷 이용률 격차는 99년 39%에서 2003년에 84%로 벌어졌다. 20대 인터넷 이용률은 94.3%인데, 50대 이상은 10.6%에 불과하기 때문이다. 이는 영국의 세대간 격차율 12%, 미국의 27.9%에 비해 크게 높은 수치다.[8]

정부는 2001년 '정보격차 해소에 관한 법률'을 제정했고 '정보격차 종합계획'도 추진 중이긴 하나, 이런 대책만으론 감당할 수 없는 근본적인 문제가 도사리고 있다.

무엇보다도 인터넷 사용자의 80% 정도가 게임과 오락의 목적으로 인터넷을 사용하고 있기 때문에 국제적 차원에서 디지털 격차에 대해 심각하게 생각할 필요가 있다. 라도삼은 한국은 인터넷 강국이자 왕국임에 틀림없지만 그 이면엔 다음과 같은 문제점이 있다고 말한다.

"PC방과 닷컴이라는 철저히 상업화된 이데올로기와 벤처 정책이 주효했다. 그 결과 우리의 인터넷은 다른 어떤 나라의 인터넷보다도 자극적이며 충동적인 이용자와 이용 환경을 지니게 되었다. 상업적인 전자 상거래

---

7) 서진우, 〈정보화 격차 심하다〉, 『대한매일』, 2003년 5월 8일, 15면.
8) 염태정·조민근, 〈인터넷 '노인 홀대' 극심: IT강국 한국, 세대간 정보격차도 '최고'〉, 『중앙일보』, 2003년 9월 30일, E1면.

디지털 격차로 인한 문제가 어떻게 나타나건 한 가지 잊지 말아야 할 것은, 그건 디지털 기술의 도입 이전에 존재했던 빈부격차의 확대재생산형 격차라고 하는 사실이다.

(E-Commerce)에만 치우친 별 볼 것 없는 컨텐츠 시장에서 그나마 선전을 하고 있는 것은 외국의(?) 값싼 포르노물과 채팅, 그리고 그야말로 '엽기적인' 온라인게임뿐이다. 여기에 실제적인 현금이 왔다갔다하는 주식시장이 결합되면서 우리의 인터넷은 폭발적으로 성장하였고, 사회적 거리가 먼 우리의 유교적 관습하에서 익명성을 축으로 제도/규범적 틀을 넘어 사회적 관계를 확장하는 수단으로 사용되었다. 이것이 바로 우리의 인터넷이다." [9]

---

9) 라도삼, 『블랙인터넷: 엽기 · 포르노 · 게임의 광기에 대한 보고서』(자우, 2001), 20쪽.

'지프의 법칙'

국제 경쟁이라고 하는 차원에서 보자면 닷컴 기업들 사이에서 나타나는 '지프의 법칙'도 유념할 필요가 있을 것이다.

하버드대학 교수였던 킹슬리 지프는 영어에서 가장 많이 쓰이는 'the'라는 단어가 그 다음으로 많이 쓰이는 10개의 단어보다 10배나 많이 쓰이며, 그 다음으로 많이 쓰이는 100개의 단어보다 100배나 더 많이 쓰이며, 그 다음으로 많이 쓰이는 1000개의 단어보다 1000배나 더 많이 쓰인다는 사실을 알아냈다.

이를 가리켜 '지프의 법칙'이라고 하는데, 세스 고딘은 그 법칙을 우리 생활에 적용시켜 다음과 같이 설명한다.

"바쁘고 시간이 없는 사람들은 미술관에 걸려 있는 그림을 하나하나 모두 돌아볼 수가 없다. 따라서 그들은 많은 사람들이 보는 유명한 작품 몇 개만 볼 뿐이다. 좀더 솔직하게 말한다면 대부분의 사람들은 오직 '유명화가'의 작품만을 보고 싶어한다. 이렇게 볼 때 제일 좋아하는 배우는 줄리아 로버츠이고, 야후!는 인터넷 전체와 맞먹는 사이트이며, 최고의 걸작은 모나리자밖에 없는 것이다. …… 뿐만 아니라 지프의 법칙을 소프트웨어, 청량음료, 자동차, 사탕이나 웹사이트 등에 적용했을 때, 그 결과가 동일하다는 사실도 밝혀졌다. …… 인터넷 상에서는 기업에게 돌아오는 보상의 차이가 더욱 심각하다. 프라이스라인, 이베이, 아마존의 시가총액은 기타 다른 전자상거래 주식을 모두 합친 액수의 95%에 육박한다. 확실히 상대방을 압도함으로써 얻는 효과가 엄청나다."[10]

---

10) 세스 고딘, 최승민 옮김, 『아이디어 바이러스: 유행을 창조하는 기술』(21세기북스, 2002), 38~40쪽.

'데이터 스모그'로 인한 격차

그런가하면 데이비드 솅크는 '데이터 스모그'를 둘러싸고 벌어지는 빈부격차의 문제에도 주목한다. 교육받은 엘리트가 데이터 스모그라는 새로운 도전에 지적으로 대응하도록 배우는 반면에, 부가적으로 불이익을 당할 사람들은 바로 정보를 가지지 못한 자들이라는 것이다.[11] 이와 관련, 사회학자 안드라스 산토는 다음과 같이 말한다.

"엘리트들이 풍요로운 음식 속에서 금식하는 것을 배우듯이, 미래에 엘리트들은 그들 주위의 데이터를 제거함으로써 그들의 취향을 표현할 것이 분명하다. 데이터 제거 문화에 속해 있다는 것은 당신이 세련된 데이터 사용자이며, 당신은 그것이 어디서 오는 것인지 알며, 꼭 필요한 적은 양의 정보만을 취사 선택하고 나머지를 제거하는 방법을 알고 있다는 것을 보여주는 것일 것이다. 이것은 이미 일어나기 시작한 일이다. 네트워크 TV를 보지 않거나 결혼식 비디오테이프를 찍지 않는 것은 엘리트적 행동이 되었다. …… 정보화시대의 슬픈 아이러니는 결국 못 가진 자들이 쏟아지는 정보 쓰레기들에 파묻히게 될 것이라는 사실이다."[12]

디지털 격차로 인한 문제가 어떻게 나타나건 한 가지 잊지 말아야 할 것은, 그건 디지털 기술의 도입 이전에 존재했던 빈부격차의 확대재생산형 격차라고 하는 사실이다. 적어도 현 단계에선 컴퓨터가 자꾸 일자리를 없애고 소득 격차가 벌어지게 만들고 있다는 건 분명한 사실인 이상, 정보화 및 디지털화 사업이 기존의 왜곡된 시장 논리에만 의존하지 않게끔 각별한 주의를 기울여야 할 것이다.

---

11) 데이비드 솅크, 정태석·유홍림 옮김, 『데이터 스모그: 정보 홍수 속에서 살아남기』(민음사, 2000), 260쪽.
12) 데이비드 솅크, 정태석·유홍림 옮김, 위의 책, 260~261쪽에서 재인용.

인터넷과 휴대폰의 경제학

'인터넷 경제'는 어떻게 움직이나

인터넷 탄생의 역사

1957년 10월 4일 소련이 스푸트니크호를 발사하자 미국은 소련과의 군사경쟁에서 패배할 수도 있다는 위기감에 휩싸였다. 대통령 드와이트 아이젠하워는 곧바로 국방부에 첨단기술연구계획국(ARPA: Advanced Research Projects Agency) 설립을 지시했다.

ARPA는 소련과의 핵전쟁에 대비해 소련이 미국의 통신을 방해하거나 파괴하는 것에 대비하여 탈(脫) 중심적인 아르파넷(ARPANET)을 만들었다. 수천 개의 컴퓨터 네트워크로 이루어진 아르파넷은 69년 9월 1일에 가동되었으며, 이는 1983년부터 인터넷으로 불리게 되었다.[13] 1987년 상업적 인터넷을 허용한 미 의회의 결정은 인터넷의 광범위한 확산을 예고했다.

---

13) 이는 1990년 2월 28일 폐쇄되었으며, 이후 미국과학재단이 운영하는 NSFNET가 인터넷의 핵심 역할을 맡았으나 이마저 95년 4월에 폐쇄되고 완전 민영화로 가게 되었다. 마뉴엘 카스텔, 김묵한·박행웅·오은주 옮김, 『네트워크 사회의 도래』(한울아카데미, 2003), 28, 76~77쪽.

스위스 제네바에 있는 유럽입자물리연구소 연구원으로 일하던 영국의 엔지니어 팀 버너스-리는 1989년 3월부터 연구소 내의 각종 연구자료와 다양한 정보들을 공유하기 위한 프로젝트를 시작하였다. 그는 컴퓨터에 자신이 적어둔 노트를 추적하는 일이 어려워지자 웹이라는 개념을 생각해 낸 것이다. 그는 1990년에 지금 우리가 알고 있는 바와 같은 월드와이드웹(WWW: World Wide Web)을 개발해냈는데, 그의 애초 생각은 이런 것이었다.

"우리가 실제 생활에서 겪는 연상방식을 추적하면 된다고 생각했다. 나의 뇌는 종종 그렇지 못하지만 보통 사람들 뇌는 기억을 잘하지 않는가. 사람의 뇌처럼 작동하는 소프트웨어를 만들자고 생각했다." [14]

실제로 그는 기억력이 형편없는 사람이었다. 자신의 좋지 않은 기억력 때문에 기억을 대신할 수 있는 소프트웨어 개발에 뛰어든 게 그 놀라운 발명을 하기에 이른 것이었다.[15] '웹'이라는 이름은 전 세계 네트워크를 '거미줄(web)' 처럼 엮는다는 취지 아래 붙여진 것이었다.

1990년까지 인터넷은 전문가 중심의 네트워크였지만, 월드와이드웹의 개발은 그 무한한 가능성을 예고한 것이나 다름없었다. 이제 남은 건 웹에 진입해 이동을 하는 데에 필요한 프로그램인 브라우저(Browser)의 문제였다. 버너스-리는 어떤 종류의 브라우저 프로그램을 사용할지의 선택권을 컴퓨터 사용자 개인들의 몫으로 남겨놓았기 때문에 프로그래머들 사이에 치열한 브라우저 개발 경쟁이 벌어지게 되었다.[16]

---

14) 박금자, 『인터넷미디어 읽기: 인터넷미디어와 신문의 미래』(커뮤니케이션북스, 2001), 76~77쪽.
15) 박금자, 위의 책, 76~77쪽.
16) 에번 I. 슈워츠, 고주미·강병태 옮김, 『웹경제학: 인터넷시장을 지배하는 9가지 법칙』(세종서적, 1999), 20쪽.

브라우저 전쟁

초보적인 브라우저들이 생겨났지만, 이들은 슈퍼컴퓨터에서만 작동되었고 PC에서는 작동하지 않았다. 그리고 브라우저를 설치하는 데에는 전문가 못지 않은 지식이 있어야만 했고, 설치를 했다 해도 고장이 너무 잦았다. 인터넷의 일반인 접근은 원천적으로 봉쇄되어 있는 듯 보였다.[17]

일리노이대학을 갓 졸업한 23세의 청년 마크 앤드리슨은 1993년 1월 모자이크라는 새로운 브라우저 프로그램을 발표하였다. 이는 누구든지 인터넷을 통해 무료로 다운받을 수 있게 공개했기 때문에 웹 이용자의 웹사이트는 급속히 확산되었다.[18]

모자이크의 개발은 일반인들이 인터넷에 접근하는 계기가 되었다. 모자이크의 사용자 수가 100만 명에 이르렀고 1993년 한 해 동안 인터넷 이용자 수의 성장률이 무려 342,000%에 달했다.[19] 사람들은 웹 상에 글을 올리기 시작했고 서로 자료를 제공하는 등 정보를 교환하기도 했다. 인터넷의 폭발이 일어나고 있었던 것이다.

실리콘 그래픽스의 회장이었던 짐 클라크는 1994년 3월 앤드리슨과 그의 동료들을 스카웃해 그들이 만들 새 제품과 그들의 회사에 넷스케이프라는 이름을 붙이고 새로운 브라우저 개발에 총력을 기울였고, 이는 내비게이터 프로그램의 개발로 나타났다.

1995년 말 넷스케이프의 시장 가치는 약 40억 달러까지 치솟았다. 인터넷 소프트웨어 시장 지배 전망 때문만으로 시장 가치가 그렇게 폭등한 건

---

17) 데이비드 A. 캐플런, 안진환·정준희 역, 『실리콘 밸리 스토리』(동방미디어, 2000), 407~408쪽.
18) 에번 I. 슈워츠, 고주미·강병태 옮김, 『웹경제학: 인터넷시장을 지배하는 9가지 법칙』(세종서적, 1999), 21쪽.
19) 데이비드 A. 캐플런, 안진환·정준희 역, 위의 책, 414쪽.

아니었다. 그것은 부분적인 이유에 불과했다. 사람들이 넷스케이프의 내비게이터 프로그램을 이용해 웹에 접속할 때, 항상 넷스케이프의 웹사이트를 맨 먼저 보게 된다는 사실과 관련된 것이었다. 즉, 컴퓨터 사용자들의 눈길을 독점적으로 붙들어 매둘 수가 있다는 점이 중요했던 것이다.[20]

1994년 웹 브라우저 '넷스케이프 네비게이터'와 95년 '야후'를 필두로 한 검색 엔진의 발명은 인터넷 대중화의 불을 지폈다. 마이크로소프트도 95년부터 새 버전의 인터넷 익스플로러 브라우저들을 잇달아 쏟아내기 시작했다.[21] 이처럼 선점을 위한 '브라우저 전쟁'이 벌어진 이유는 "브라우저를 공급하는 업체가 소비자들의 주목을 끄는 데 결정적으로 유리한 위치를 차지할 수 있기 때문"이었다.[22]

1995년 8월 9일 신경제의 탄생

1995년 8월 9일 넷스케이프의 기업 공개는 인터넷 투자의 열풍을 촉발시켰다. 인터넷 분석가인 메리 미커는 그 날이 "온라인 시대의 원년을 연 날"이라고 말했다. 이후의 인터넷 광풍(狂風)이 넷스케이프의 기업 공개에서 시작되었기 때문이다.[23] 마이클 만델은 그 날 신경제가 태어났다고 주장할 수 있다면서 그 이유에 대해 다음과 같이 말한다.

"2년 전에는 존재하지도 않았던 회사가 세계에서 가장 거대하고 강력한 소프트웨어 회사인 마이크로소프트와 빌 게이츠에 도전하게 되었다는

---

20) 에번 I. 슈워츠, 고주미·강병태 옮김, 『웹경제학: 인터넷시장을 지배하는 9가지 법칙』(세종서적, 1999), 22~23쪽.
21) 에번 I. 슈워츠, 고주미·강병태 옮김, 위의 책, 22~23쪽.
22) 에번 I. 슈워츠, 고주미·강병태 옮김, 위의 책, 24쪽.
23) 앤서니 퍼킨스·마이클 퍼킨스, 형선호 옮김, 『인터넷 거품: 거품을 알면 전략이 보인다』(김영사, 2000), 60쪽.

것이 중요하다. …… 넷스케이프의 기업 공개는 신경제의 양식을 결정했다: 경쟁의 격화, 급속한 기술 변화, 그리고 낮은 인플레이션 ……. 신경제는 이제 금융시장이 혁신을 지원하도록 명령을 내리고 있다. 이것은 엄청난 차이이다." [24]

이후 4년여 간 '인터넷'이나 'com'이란 단어를 내비치기가 무섭게 주가가 하루아침에 수십 배 폭등하는 이상 현상이 발생했다. 투자 전문가 릭 베리는 "인터넷 주식의 광적인 매수에 비하면 17세기의 튤립 매수자들은 아무 것도 아니다"고 말했다. [25]

17세기 네덜란드에서 벌어진 튤립열풍은 인류 역사상 손가락에 꼽히는 광기(狂氣)의 발산으로 간주돼 왔다. 귀족과 상인은 말할 것도 없고 빈곤층까지 재산을 현금으로 바꾸어 튤립에 투자했지만, 2년여 만에 광풍이 가라앉으면서 주식은 휴지 조각이 돼 버렸기 때문이다. [26]

거품이 많이 끼긴 했지만 인터넷은 튤립과는 달랐다. 에번 슈워츠는 1997년에 낸 『웹경제학』이라는 책에서 월드 와이드 웹(World Wide Web)에서는 약 1분당 하나꼴로 새로운 사이트가 등장한다며 다음과 같이 말했다.

"웹은 여러 면에서 실제 세계를 마치 거울처럼 되비춰주는 또 하나의 세계를 형성하지만, 다른 한편으로는 완전히 독창적인 특성들을 드러내기도 한다. 웹을 자주 들락거리다 보면 우리는 이 디지털 세계에서 하나의 완전히 새로운 경제 체제가 형성되고 있음을 깨닫게 된다. 그리고 이 정보와 지식 시장이 어떻게 움직이는지에 대한 새로운 고찰 방법도 발견하게 된

---

24) 마이클 만델, 이강국 옮김, 『인터넷 공황』(이후, 2001), 30~33쪽.
25) 앤서니 퍼킨스·마이클 퍼킨스, 형선호 옮김, 『인터넷 거품: 거품을 알면 전략이 보인다』(김영사, 2000), 65쪽.
26) 앤서니 퍼킨스·마이클 퍼킨스, 형선호 옮김, 위의 책, 38~39쪽.

다. 이것을 웹경제학(Webonomics)이라고 부르기로 하자." [27]

새로운 경제 체제엔 새로운 행동방식이 필요하다고 생각했던 걸까. 닷컴 기업들은 점점 더 오만해졌다. 1999년과 2000년에 걸쳐 미국 최대의 광고주로 부상한 닷컴 기업들이 도대체 무슨 광고인지 알 길이 없는 정체불명의 이상한 광고를 해댄 이유 중의 하나도 자신들만의 언어를 온 세상에 강요할 정도로 자신만만했던 그들의 오만 때문이었다. [28]

포털 사이트 전쟁

주식 폭등세를 기록한 닷컴 기업들 중에서도 가장 급등한 닷컴 기업은 검색 관련 분야, 즉 웹 항해(navigation) 사이트, 흔히 포털(portal=door)이라고 하는 분야였다.[29] 포털 사이트는 사용자의 일차 정보를 모두 파악할 수 있다는 것 때문이었다. 에번 슈워츠는 1997년에 낸 『웹경제학』이라는 책에서 이미 이때부터 포털 분야엔 "다윈의 진화론이 진행되고 있다"며 다음과 같이 말했다.

"상위 9개 포털들(알타 비스타, 아메리카 온라인, 익사이트, 인포시크, 라이코스, 마이크로소프트, 넷스케이프, 스냅, 그리고 야후)은 최근 몇 년 간 인터넷 교통의 15퍼센트를 차지했을 뿐이다. 그럼에도 이들은 웹 광고의 거

---

27) 에번 I. 슈워츠, 고주미·강병태 옮김, 『웹경제학: 인터넷시장을 지배하는 9가지 법칙』(세종서적, 1999), 9쪽.
28) 데이비드 댈러샌드로, 이수정 옮김, 『브랜드 전쟁: 컬러 브랜드를 만드는 10가지 법칙』(청림출판, 2002), 64쪽.
29) "인터넷에서 어떤 대상을 찾기가 매우 어렵기 때문에 사용자는 가끔 인터넷 브라우징을 조직화하기 위해 '검색 엔진'과 함께 포털 사이트에 의존한다. 본질적으로 이런 포털 사이트는 온라인 미디어로 들어가기 위한 지름길이다. 이들은 다양한 사이트를 분류하고 인터넷 페이지를 찾는 데 중심어를 제공하며, 사이트를 간략히 검토해주는 역할까지 맡아 준다." 데이비드 크로토·윌리엄 호인스, 전석호 옮김, 『미디어 소사이어티: 산업·이미지·수용자』(사계절, 2001), 350쪽.

의 60퍼센트를 차지했다. 말하자면 이들은 실제 가치의 4배에 해당하는 수입을 벌어들인 것이다. 이에 비해 미국 내 상위 5개 TV 방송사들은 전체 시청자의 67퍼센트를 끌어들이면서, 보다 합리적인 수치로 볼 수 있는 84퍼센트의 광고 수입을 올렸다."[30]

언론사 등 주요 컨텐츠 업체들도 본격적인 포털 사이트로 나아갔다. 그래서 1999년 하반기부터는 기존의 포털 개념을 변형시키거나 세분화한 보털(vortal: vertical portal), 호털(hortal: horizontal portal), 허브(hub) 개념의 사이트가 등장했다.[31]

광고주가 지배하는 포털 사이트

광고주들에게는 소비자의 신상 정보와 특정 제품에 대한 선호도 입수가 절대적으로 중요했다. 특히 취향이 매우 중요한 의미를 갖는 대중문화 상품 마케팅의 경우에 더욱 그랬다. 처음엔 소비자들 스스로 정보를 공개하게끔 대가를 제공하는 방식을 사용하였으나, 그 후 넷스케이프 브라우저의 쿠키[32] 파일이라는 더욱 적극적인 방식이 도입되었다.

---

30) 에번 I. 슈워츠, 형선호 옮김, 『디지털 다윈이즘: 웹 비즈니스에서 살아남는 7가지 핵심 전략』(세종서적, 1999), 21쪽.
31) 보털과 호털은 각기 산업적 차원에서 수직적으로 및 사람 중심(예컨대, 전문직이나 여성)으로 수평적으로 특화된 서비스를 제공하는 포털이고, 허브는 포털 사이트나 컨텐츠를 전문적으로 제공하는 업체들을 한 사이트에 모아 다양한 서비스를 제공하는 것이었다. 김진호, 『골드뱅크 김진호의 포스트 인터넷: 디지털 경쟁시대의 생존전략』(들녘미디어, 1999), 147~149쪽; 로빈 블루어, 형선호 옮김, 『일렉트로닉 바자』(한길사, 2000), 55~56쪽.
32) "쿠키는 인터넷상의 웹에서 서버가 사용자에 관한 상태 정보를 저장하고 추출할 수 있는 시스템이다. 인터넷에서 정보를 검색하고 수집할 수 있게 하는 웹브라우저를 사용하여 특정한 웹사이트(서버)에 접속하게 되면 서버 쪽에서는 사용자에 대한 중요한 정보를 확인할 수 있게 된다. …… 이러한 쿠키는 서버가 개별사용자들에게 보다 특정화된 정보를 제공함으로써 사용자의 편의를 증진시키려는 목적으로 개발되었다. 상품구매와 같이 개인에 관한 정보의 입력이 자주 요구되는 경우, 쿠키를 이용하면 사용자는 서버에 접속할 때마다 정보를 재입력해야 하는 수고를 덜 수가 있다. …… 그러나 문제는 쿠키

포털의 번영은 인터넷의 기업적 통제를 강화시키는 결과를 초래하였다. "이것은 인터넷의 최대 장점인 다양성과 탈중심성이 허물어지기 시작하는 단초가 된다."

    포털의 번영은 인터넷의 기업적 통제를 강화시키는 결과를 초래하였다. 미국의 미디어 학자 크로토와 호인스는 처음에는 단순한 파일 시스템에 불과했던 '포털'이 시간이 흐름에 따라 광고주가 노리는 주요 대상이 되었다고 말한다. 초기에 만들어진 포털 서비스 중의 하나인 Yahoo!만 해

가 만들어지고 이용되는 과정에서, 사용자에 관한 많은 정보가 사용자의 동의 없이 유출된다는 점에 있다." 조동기, 〈정보화사회와 프라이버시: 정보적 구성, 데이터베이스, 프라이버시〉, 한국언론학회·한국사회학회 엮음, 『정보화시대의 미디어와 문화』(세계사, 1998), 438쪽.

도 처음에는 순수하게 인터넷 사용자의 길잡이 역할만 하다가 상업적 서비스 체제로 바뀌면서 광고주의 관심을 끌기 위해 인터넷 사용자들을 오랫동안 컴퓨터에 붙잡아두고 각 페이지 위에 실리는 '배너(banner) 광고'에 주목하게 만드려고 애쓰고 있다는 것이다.

"포털 사이트는 수용자가 아니라 광고주 위주로 제작된다. …… 포털 사이트에서 보다 더 수익성이 있는 사업은 콘텐츠 제공자와의 연합 전략이다. …… 문제는 이러한 정책들이 발달할수록 포털 사이트는 최고의 정보보다는 수익 광고 쪽으로 기울게 된다는 점이다. 이것은 인터넷의 최대 장점인 다양성과 탈중심성이 허물어지기 시작하는 단초가 된다." [33]

이와 관련, 한 비평가는 다음과 같이 말한다.

"대부분의 온라인 소비자들은 아마도 포털 사이트의 수익이 정보 제공자보다는 광고주에게 돌아간다는 점을 잘 모를 것이다. 이는 웹 사용자들에게 선택의 폭을 줄일 뿐만 아니라 광고가 웹사이트의 내용 수준을 능가하는 환경을 조장하는 것이다." [34]

한국에서도 이미 그런 일이 벌어지고 있다.

"국내 유명 인터넷 포털사이트 업체들이 앞다퉈 도입한 지식검색서비스가 정보전달과 궁금증 해결에 기여한다는 취지와 달리 기업 홍보의 장으로 변질되고 있다. 특히 검증되지 않은 내용이 그대로 답변으로 올려져 지식의 왜곡 현상을 낳는가 하면 음란-일탈행위를 조장하는 답변까지 사실상 아무런 제재 없이 통용되는 등 여러 가지 문제점을 낳고 있다." [35]

---

33) 데이비드 크로토·윌리엄 호인스, 전석호 옮김, 『미디어 소사이어티: 산업·이미지·수용자』(사계절, 2001), 350~352쪽.
34) 데이비드 크로토·윌리엄 호인스, 전석호 옮김, 위의 책, 352쪽에서 재인용.
35) 김명준·나기천, 〈포털사이트 기업PR수단 변질: 특정단어 치면 관련회사 사이트 '주루룩'〉, 『세계일보』, 2003년 7월 30일, 23면.

'더 빨리 더 멀리 나아가야만 산다'

그러나 자본과 광고주의 지배를 받는 이런 웹 경제학이 모든 사람들을 기쁘게 한 건 아니었다. 노암 촘스키는 인터넷을 국방부, 그리고 이후 미국 국립과학재단이 관장하던 때엔 사용료가 없었다는 걸 상기시키면서 인터넷이 돈벌이의 수단으로 전락했다고 비판한다.

"1994년까지만 해도, 빌 게이츠 같은 사람들은 인터넷에 관심이 없었고, 인터넷 관련 회의에도 참석하지 않았다. 인터넷이 돈벌이가 되리라고 생각하지 않았기 때문이다. 그 뒤 인터넷이 개인기업으로 넘어가자, 그들은 새로운 돈벌이를 찾았던 것이다. 인터넷의 상당 부분을 공공영역에서 빼앗아, 인트라넷으로 구축하려 한다. 다시 말해서 기업 내부용으로만 활용하면서 엄밀한 방화벽으로 보호막을 치고 있던 인트라넷을 확대하려는 것이다."[36]

그러나 어이하랴. 인터넷은 이미 돈벌이의 격렬한 투쟁 무대가 된 것을. 진짜 문제는 인터넷이 돈벌이의 대상이 되었다는 것보다는 기존 경제와는 다른 '인터넷 경제'의 특수성에 있는 게 아닌가 하는 생각이 든다.

미국의 경제학자 마이클 만델은 자신의 저서 『인터넷 공황』을 다음과 같은 말로 끝맺고 있다.

"인터넷 공황을 극복하는 유일한 길은 더 빨리 더 멀리 나아가는 것이다. 비행기의 속도를 자동차의 속도만큼 줄일 수는 없다. 멈추는 것은 사라지고, 성장하는 것만이 살아남는다."[37]

이는 우리의 삶이 '인터넷 경제'의 그런 탈(脫) 공황 생존 법칙에 휘말

---

36) 노암 촘스키, 강주헌 옮김, 『그들에게 국민은 없다: 촘스키의 신자유주의 비판』(모색, 1999), 254쪽.
37) 마이클 만델, 이강국 옮김, 『인터넷 공황』(이후, 2001), 197쪽.

려들어 더할 나위 없이 격렬하게 빨라진다는 걸 의미하는 것이다. 도대체 무엇을, 누구를 위해서? 이 문제는 다음에 실린 〈'인터넷 시간'이란 무엇인가〉에서 살펴보기로 하자.

인터넷과 휴대폰의 경제학 ─ '인터넷 시간'이란 무엇인가

현실 시간보다 7배 빠른 인터넷 시간

일본의 인터넷 전문가인 동경대 교수 노구치 유키오는 전자메일은 악몽이라고 말한다. 하루 수십 통에서 수백 통의 전자메일을 받기 때문이다. 답을 하지 않으면 큰일난다. 우편으로 답을 할 때엔 적어도 2주간의 여유가 있었지만 이젠 즉각 답을 해야 한다. 그러니 노구치가 고달파 죽겠다고 하소연하는 것도 무리는 아니다.[38]

AP통신에 따르면, 2000년 여름 휴가를 다녀온 미국인 가운데 83%가 랩탑 컴퓨터나 페이지, 휴대폰, 팜탑 등을 휴가지에 들고 가서 일을 한 것으로 나타났다. 랩탑을 가지고 간 사람들이 61%인데, 이 가운데 80%는 전자메일을 체크하고 업무와 관련된 전자메일을 주고받았다는 것이다.[39]

꼭 그렇게까지 피곤하게 살아야 하는 걸까? 경쟁에 뒤처지지 않으려면

---

38) 나시 가즈히코, 김웅철 옮김, 『정보경영자 5인의 인터넷 예언』(평범사, 1997), 19~22쪽.
39) 홍은주, 「e-비즈, 생존의 법칙: e-비즈니스 세계에서 살아남기 위한 '생존보고서'」(삼성경제연구소, 2001), 364~365쪽.

어쩔 수 없다는 것이 그렇게 바쁘게 사는 사람들의 한결같은 반응이다.

데이비드 와인버거는 인터넷에서 인터넷 시간은 현실 세계의 시간보다 7배쯤 빠르다고 말한다. 그는 이처럼 배율을 정확히 이야기하는 것이 농담처럼 들릴지 모르지만, 그럴 만한 근거가 있다고 주장한다. 무엇보다도 물질과 관성의 영향을 받지 않는 인터넷에서 거래와 교류는 현실 세계보다 훨씬 더 빠르게 진행되기 때문이라는 것이다.

"인터넷에서 시간은 마치 '스레드 thread'로 엮인 듯이 엮여 있다. 스레드는 특정한 화제를 담고 있는 일련의 메시지를 가리키는 인터넷 용어다. 인터넷에서 이루어지는 대화는 스레드의 독특한 특성 때문에 특이한 형태를 취하게 된다. …… 우리 아이들은 숙제하기 위해 컴퓨터를 쓰면서 대개 윈도를 5~6개 열어둔다. 그리고 질문과 답변 사이에 시간 간격이 생길 때마다 다른 윈도를 이용하여 다른 질문들을 해나간다. 십대들은 여러 IM(인터넷 타임) 윈도를 동시에 쓸 수 있다. 말하자면 시간의 틀에 얽매이지 않는, 시간을 잘개 쪼개는 인터넷 타임을 쓰는 셈이다." [40]

에스터 다이슨은 네트의 시대에는 생각할 시간이 많지 않아 신속한 대응이 필요한 경우가 많다면서 실시간(real-time) 능력의 중요성을 강조한다.

"전자우편에 신속하게 응답해야 할 뿐 아니라, 전자출판이나 화상회의도 실시간 진행이 가능하다. 실시간 작업능력은 세심한 생산 능력보다 더 중요하다. 물론 편집자와 작가는 앞으로도 필요한 존재이지만, 더 중요한 것은 실시간 온라인 포럼에 참여해 실시간으로 글을 쓰고 사고할 수 있는 능력이다." [41]

---

40) 데이비드 와인버거, 신현승 옮김, 『인터넷은 휴머니즘이다』(명진출판, 2003), 93~96쪽.
41) 에스터 다이슨, 남경태 옮김, 『인터넷, 디지털 문명이 열린다』(경향신문사, 1997), 96쪽.

웹 이어(web year) 1년은 36일

1997년 7월 AOL이 넷스케이프와 공동 협력해 야심작으로 내놓은 서비스가 '실시간 메시지 교환'(instant messaging)이었다. 이는 메시지가 수신되면 곧바로 수신인의 PC 화면에 나타나게 돼 서로간에 거의 실제 시각으로 메시지 교환을 주고받을 수 있는 프로그램이며, 다른 프로그램 작업 중이거나 전화로 대화하면서도 이를 함께 이용할 수 있기 때문에 폭발적인 인기를 얻었다. [42]

보통사람들은 정부의 고급 정책 결정자나 대기업 중역과 같은 기분을 느껴보고 싶어 그런 서비스를 반겼던 건 아닐까? CEO들은 정반대로 하려고 애쓰고 있기 때문이다. 2000년 9월 현재 미국 CEO들이 전자메일 체크에 사용하는 시간은 평균 2시간이며 2002년에 4시간이 될 거라고 추정하고 있다. [43] 홍은주는 이렇게 말한다.

"미국 CEO들이나 경영진은 폭주하는 메일로 몸살을 앓고 전자메일 기피 증세를 보이고 있다. 생산성이 떨어진다는 것이다. 하루 일과의 상당 부분을 수백 통씩 쏟아지는 전자메일을 체크하고 답장하느라고 업무에 상당한 지장을 받고 있다. 이 때문에 중요한 용건은 가능한 한 직접 와서 이야기하거나 전화로 하고, 문서로 보내라고 지시하는 경영진이 늘고 있다." [44]

이처럼 인터넷은 속도의 개념마저 바꿔놓고 있다. 그래서 '인터넷 시간(internet time)'이라는 개념이 등장하게 된 것이다. 사이버 전문 저널리스트 김상현은 다음과 같이 말한다.

---

42) 김용근, 『디지털제국의 흥망: 인터넷 시장터 별들의 전쟁』(나남, 2000), 221쪽.
43) 홍은주, 『e-비즈, 생존의 법칙: e-비즈니스 세계에서 살아남기 위한 '생존보고서'』(삼성경제연구소, 2001), 365쪽.
44) 홍은주, 위의 책, 365쪽.

"사상 유례없이 '더 빠르게' 백만장자가 된 사람들, 더 빠른 증권거래, 더 빠른 소매, 더 빠른 메일, 더 빠른 연구, 더 빠른 풍문, 더 빠른 뉴스, 더 빠른 ······. 이제는 누구도 5년이나 10년 뒤, 인터넷이 어떻게 변모해 있을지 예측할 수 없다. 과거 그 어느 때보다도 '더 빠르게', 더 거침없이 사회 전반을 뒤바꾸고, 문화를 뒤흔들어 놓았기 때문이다." [45]

'웹 이어(web year)'라는 말도 나왔는데, 웹 이어의 1년은 전통산업의 36일에 해당된다. 인터넷 업계는 36일마다 새해가 된다는 의미이다. 보통 첨단 업종은 3개월을 1년 단위로 간주해 왔는데 인터넷은 더 빠르다는 것이다.

다음 커뮤니케이션의 사장 이재웅은 이렇게 말한다.

"우리는 3개월 후의 매출 계획을 세우지 않는다. 3개월 후면 지금과 모든 것이 달라져 있는데 그렇게 장기 계획을 세울 수 없기 때문이다." [46]

'24시간 불빛이 꺼지지 않는 사이버 공간'

원래 실리콘밸리에서 유행하기 시작한 '인터넷 시간'이란 비즈니스를 빨리 하는 것뿐만 아니라 고객이 원하는 모든 시간 동안 비즈니스를 하는 걸 의미하기도 한다. 1년 365일 내내, 하루 24시간 내내 일하지 않는 기업은 도태된다는 것이다. [47]

인터넷과 관계없이 '24시간 체제'로 말하자면 한국이 세계에서 가장 앞서간 나라들 중 하나일 것이다. 『뉴스메이커』 2003년 7월 3일자 표지

---

45) 김상현, 『인터넷의 거품을 걷어라: 인터넷, 사이버 세상에서 살아남기』(미래M&B, 2000), 17~18쪽.
46) 홍은주, 『e-비즈, 생존의 법칙: e-비즈니스 세계에서 살아남기 위한 '생존보고서'』(삼성경제연구소, 2001), 360쪽에서 재인용.
47) 손형국, 『디지털 라이프: 아날로그 인생에서 e-라이프로』(황금가지, 2001), 167쪽.

('『뉴스메이커』 2003년 7월 3일)

'인터넷 시간'은 오래 전부터 24시간 체제를 유지해온 한국에서의 삶의 조건을 더욱 피곤하게 만들 것이다.

기사인 〈24시간의 나라 대~낮민국〉이 잘 보여주었듯이 한국은 오래 전부터 24시간 체제를 유지해온 나라였다. 그런데 이제 여기에 인터넷이 가세하였으니 생존경쟁이 더욱 치열해지고 그만큼 더 피곤해질 수밖에 없을 것이다.

제6장 인터넷과 휴대폰의 경제학

삶의 피곤함은 빈부격차를 따지지 않는다. 세계 경제계 명사들의 클럽인 다보스 세계경제 포럼 2000년 총회에 참석했던 미국의 저널리스트 토머스 프리드만은 다음과 같이 말한다.

"참가자들에게는 컴팩사의 포켓 PC가 주어졌다. 새로운 사용법을 익히고 복잡한 다보스 e-메일 시스템에 접속하느라 모두가 고생했다. 그러면서 '21세기 디지털 다원주의'가 화두로 등장했다. 오늘날 업계에서 살아남으려면 적응하느냐 죽느냐, 전송망을 갖추고 효율적으로 이용하느냐 아니면 갖추지 못하거나 이용하지 못해 망하느냐, 언제 어느 곳에서건 24시간 일할 수 있는 체제를 갖추고 있느냐 없느냐가 관건이라는 것. 그러나 미국 소니사 회장 하워드 스트링거가 이렇게 하소연했다. '이 같은 말들을 들어보면 바로 지옥을 묘사하는 것 아닙니까? 모두가 쉬지 않고 살아남기 위해 경쟁하고 그렇지 못하면 죽는다면 언제 성생활을 하고 음악을 듣고 책을 읽습니까? 차라리 지구에서 내리고 싶습니다.' 모두들 그의 말에 공감했다."[48]

그러나 대기업 CEO들만 그런 건 아니니 굳이 지구에서 내릴 필요는 없을 것이다. 플로리안 뢰처는 '24시간 불빛이 꺼지지 않는 사이버 공간'의 속성을 지적한다. 전 지구 사회에서는 모든 것이 24시간 가동되며 인터넷에서는 '불빛'이 꺼지는 일이 없다는 것이다.

"사이버 공간에서는 탐색, 쇼핑, 작업을 언제든 할 수 있다. 이는 시간대나 바이오 리듬의 차이를 고려하지 않는 경향과 맞아떨어진다. 언젠가 '제트래그(jetlag: 제트기 여행의 시차로 생기는 피로-옮긴이)'를 겪었던 사람은 이 때문에 신체와 정신에 어떤 피해가 오는지를 안다. 스와치사(社)는

---

[48] 홍은주, 「e-비즈, 생존의 법칙: e-비즈니스 세계에서 살아남기 위한 '생존보고서'」(삼성경제연구소, 2001), 363~364쪽에서 재인용.

상징적으로 새로운 국제표준시를 만들어냈는데, 인터넷 시가 바로 그것이다. 지리적인 시간대로 구분하는 것은 사이버 공간에서 그야말로 시대에 뒤떨어진 유물이 되었다. 인터넷 시에 대해서는 이에 상응하는 스와치 시계, 하루를 1,000시간 단위로 나누어 놓은 시계가 존재한다. 변환기로 현지 시간을 인터넷 시로 전환할 수가 있다." [49]

지구에서 내리고 싶은 사람들

그렇게 바삐 사는 것도 좋겠지만, 문제는 우리 인간에겐 하루 24시간밖엔 없다는 사실일 것이다. 인터넷 이용자도 때로 텔레비전을 보거나 신문을 읽기 때문에 매체를 이용하는 소비 시간은 점점 늘어갈 수밖에 없다. 유일하게 아직 이용할 수 있는 건 잠자는 시간뿐이다. 그래서 수많은 연구자들이 어떻게 하면 잠을 적게 자면서도 건강을 유지하는 동시에 더 많은 능력과 유연성을 확보할 수 있는지 그걸 열심히 연구하고 있다. [50]

아직까진 그런 새로운 기술이 상용화되진 않았다. 그래서 불면증의 고통에 시달리는 사람들이 점점 더 늘고 있다. 독일은 전체 인구의 45%, 영국인 세 명 중의 두 명이, 스웨덴에서는 전체 인구의 4분의 3이 수면 장애에 시달리고 있다. 수면제 판매가 늘고 술 소비도 늘고 있다. 수면 부족에서 비롯된 판단 착오와 사고로 해마다 미국에선 2만5천 명이 사망하고 250만 명이 중상을 입는 사고가 발생하고 있다. [51]

이렇게 사느니, 차라리 지구에서 내리고 싶다고 말하는 사람은 물론 실

---

49) 플로리안 뢰처, 박진희 옮김, 『거대기계지식: 사이버시대의 올바른 지식사회 구축을 위한 비전』(생각의나무, 2000), 148쪽.
50) 플로리안 뢰처, 박진희 옮김, 위의책, 148~149쪽.
51) 플로리안 뢰처, 박진희 옮김, 위의 책, 150쪽.

제로 내려버리는 사람이 크게 는다 해도 놀랄 일은 아닐 것이다. 앞서 거론한 바 있는, 자살의 급증도 바로 이런 삶의 피곤함과 각박함, 그리고 이런 상태로 인해 증폭되는 살벌한 사회 분위기와 무관치는 않을 것이다.

인터넷과 휴대폰의 경제학

한국은 왜 인터넷·휴대폰 강국이 되었나

'한국은 기괴한 인터넷 세상'

한국은 세계 제1위의 인터넷 보급률(국민 100명당 21.3명)과 세계 제7위의 인터넷 인구를 자랑한다. 국가별 닷컴 도메인 등록순위 세계 1위, 사이버 주식거래 순위 세계 1위, 인터넷상 음악파일 다운순위 세계 1위 등 수많은 세계 1위 기록을 갖고 있기도 하다. [52]

이 경이적인 기록에 주목하는 외국 언론이 많다. 예컨대, 미국의 격주간 경제지 『포브스』 2003년 7월 14일자는 "한국은 기괴한 인터넷 세상"이라고 보도하였다.[53] 과장된 내용이긴 했지만, 한국의 인터넷 열풍이 급속도로 뜨거워져 외국인들의 눈엔 기괴하게 보였을 거라는 건 얼마든지 이해할 수 있는 일이다.

많은 사람들이 한국이 '인터넷 강국'이 될 수 있었던 이유를 규명하고자 했는데, 심지어는 '기마민족' 담론까지 대두되었다. 대한민국이 빠른

---

52) 박원재, 〈한국 인터넷보급률 세계 1위〉, 『동아일보』, 2003년 5월 9일, B2면; 민경배, 〈인터넷의 대안 언론운동〉, 언론개혁시민연대 편, 『뉴미디어와 시민사회』(언론개혁시민연대, 2000), 195~196쪽.
53) 남혁상, 〈한국은 기괴한 인터넷 세상〉, 『국민일보』, 2003년 7월 16일, 10면.

"한국은 기괴한 인터넷 세상"

포브스, 단시간내 세계최고 보급률 자랑
청소년 40% 중독·大選까지 좌지우지

한국에서 최근 기괴한 일들이 일어나고 있다고 미국의 경제전문 격주간지 포브스 최신호가 14일 보도했다.

이 잡지는 21일자로 '한국의 기괴한 인터넷 세상(Korea's Weird Wired World)'이라는 기사를 통해 "인구 4600만명인 이 나라는 단시간에 세계에서 가장 많이 인터넷이 보급된 나라가 됐다"며 "정치 오락 섹스 미디어 범죄 상업 등이 오프라인과 마찬가지로 온라인에서 재형성되고 있다"고 전했다.

포브스는 특히 지난해 대통령선거에서 오전 11시까지 출구조사 결과 젊은층에 인기가 높던 노무현 후보가 뒤지자 그의 지지자들이 온라인 채팅으로 이를 알리고 투표 참여를 촉구한 결과 오후 2시부터 노 후보가 선두에 나서는 일이 벌어졌다고 보도했다. 이 같은 한국의 온라인 열풍 때문에 최소한 80개 외국 회사들이 수익을 추구하기 위해 한국에 연구소를 개설했다는 것.

이 잡지는 또 전체 인구의 10%, 13~18세 청소년들의 40%가 인터넷에 중독돼 있다며 "나는 (컴퓨터에 열중한 나머지) 2년 동안 집밖에 나가지 않는 아이들도 봤다"는 심리학자인 김현수 박사의 말도 전했다. 남혁상기자

(『국민일보』 2003년 7월 16일)

외국인들의 눈엔 "기괴한 인터넷 세상"으로 보일 만큼 한국에서의 인터넷의 보급과 성장은 급속도로 이뤄졌다.

시간 안에 인터넷 강국이 될 수 있는 데에는 한국인이 무사의 기개를 지닌 기마민족의 후예라는 사실이 크게 기여하고 있다는 주장이다. 이에 대해 홍성욱은 다음과 같이 말한다.

"말 타고 초원을 달리고 정복하던 정신이 지금 되살아난다고 하면서, 우리 민족과 몽골 민족의 연관을 강조하고 마구잡이로 정벌에 나섰던 칭기즈 칸의 정복 정신을 미화한다. 이런 사람들은 지금까지 우리의 단점으로 지적되던 '빨리빨리 문화'도 이젠 장점이 된다고 한다. 빨리빨리 할 수 있었기 때문에, 정보혁명을 이렇게 빨리 진행시켰다는 것이다. 나는 우리가 다른 민족과는 확연하게 구별되는 기마민족이었다는 점도, 선조들이 말을 탔다고 그 기질이 지금 우리에게도 계속 의미 있는 형태로 존재할 수 있는지도 잘 모르겠다. 그리고 대체 수백 년 전의 기마민족이 지금의 네트워크 혁명과 어떤 관련이 있는지도 이해가 안 된다." [54]

'기마민족 담론'은 좀 허무맹랑하지만 '빨리빨리 문화'는 꽤 근거가 있

는 것 같다. '기마민족' 담론이 극우 논객들에 의해 제기된 반면, '빨리빨리 문화' 담론은 주로 인터넷 기업가들에 의해 제기되었다는 점도 감안할 필요가 있을 것이다.

'빨리빨리 문화'의 순기능?

한글과컴퓨터 대표이사를 지낸 전하진은 휴대폰, 인터넷, 전자상거래의 성장 속도가 한국이 세계에서 제일 빠른 건 한국인의 급한 성격 또는 '냄비 근성' 때문이라고 말한다. 그게 무작정 좋다고 말하는 건 아니다. 다만 전하진은 그 점을 긍정적인 측면에서 보고자 한다. 그의 긍정적 시각은 거의 모든 사람이 규탄해 마지않는 우리의 입시 지옥에까지 적용된다. 전적으로 동의할 순 없다 하더라도 전하진의 다음과 같은 말에 일리가 있다는 걸 부인하긴 어려울 것이다.

"고등학교를 졸업하기까지 배우는 과목의 수로 보자면 우리 민족을 따라올 나라가 없다. 대학을 진학하자면 겉핥기식으로라도 한 번쯤은 모두 훑어보아야 한다. 더욱이 지옥 같은 입시 때문에 고등학교만 졸업해도 외국과 비교하면 상당히 고급 인력에 속하는 게 우리 나라다. 미국에서 회사를 시작한 사람들은 느꼈겠지만 웬만한 중소기업에서는 관리인력을 풀타임으로 채용하기가 어렵다. 우리보다 거의 10배나 비싼 인건비 때문이다. 그럼에도 불구하고 업무의 영역이 협소한 경우가 많고 회사 또한 수직적으로 일을 할당하는 시스템이다. 우리처럼 급한 경우 전천후로 활동할 수 있는 팔방미인형이 없다는 것이다." [55]

---

54) 홍성욱, 『네트워크 혁명, 그 열림과 닫힘: 지식기반사회의 비판과 대안』(들녘, 2002), 141~142쪽.
55) 전하진, 『전하진의 e 비즈니스 성공전략』(북마크, 2000), 56쪽.

인터넷과 벤처기업에 대해 말도 많고 탈도 많은 걸 누가 부인하랴. 그러나 우리의 미래가 그것들에게 달려있다는 것 역시 부인할 수 없는 사실이다. 전하진은 그 점을 지적하면서 한국인이 인터넷과 벤처기업에 아주 알맞은 특성을 지니고 있다고 말한다.

전하진은 그런 특성 가운데 하나로 도전정신을 들면서 "우리 민족만큼 도전정신, 모험정신 다시 말해 벤처정신이 풍부한 민족도 드물다"고 말한다. 56)

벤처기업가 이민화도 그간 한국인들의 단점으로 치부되어 왔던 '빨리빨리 문화'와 '냄비 근성'을 한국이 현재 혹은 가까운 미래에 벤처사업을 통해 세계적인 부국으로 나아갈 수 있기 위한 중요한 자원으로 꼽았다. 이민화는 다음과 같이 말한다.

"전 세계가 빠른 속도로 정보화사회로 변하고 있습니다. 과거 산업화 시대의 변화 속도와 강도에 비해 20~30배 빠르고 강합니다. 따라서 1년을 어떻게 쓰느냐에 따라 엄청난 차이가 납니다. 이 때문에 세계 각국이 서로 앞서기 위해 지식전쟁을 벌이고 있는데 그 결과는 무섭습니다. 산업사회에서는 10등만 해도 차지할 것도 있고 살아남을 수 있었지만 정보화사회에서는 3등 안에 들지 않으면 차지할 것이 없어 살아남기 힘듭니다. 지식전쟁의 전사들이 바로 벤처기업가들인데, 그 벤처근성이 우리 국민에게는 있습니다. '빨리빨리 문화'와 '냄비근성' 때문에 지난 4년 동안 전 세계에서 우리나라 벤처기업이 가장 발전했고 앞으로도 발전할 겁니다." 57)

---

56) 전하진, 『전하진의 e 비즈니스 성공전략』(북마크, 2000), 54쪽.
57) 이민화·안기석 인터뷰, 〈국내 벤처연방 모아 손정의 그룹과 겨루겠다〉, 『신동아』, 2000년 3월, 254쪽.

라도삼이 제시한 5가지 이유

전하진과 이민화의 주장은 한국의 '빨리빨리 문화'와 '냄비근성'이 '인터넷 시간' 개념에 잘 들어맞는다는 것으로 이해하면 될 것 같다. 그런데 그건 문화적 설명이고, 이번엔 정치경제적인 이유도 살펴보자. 라도삼은 다섯 가지 이유를 제시하였다.

첫째, 한국이 중앙집중화, 도시화, 아파트 중심의 공간 구조를 갖고 있어 네트워크를 깔기에 적합했다.

둘째, 전 세계 스타크래프트의 3분의 1이 한국에서 팔렸을 정도로 스타크래프트의 인기가 높았고 IMF라는 특수한 경제 상황에 힘입은 PC방의 확산 때문이다. 그래서 한국의 인터넷은 정보 추구형이 아닌 오락 중심형이라는 문제를 안게 되었다.

셋째, 자기 드러내기를 꺼리고 익명성을 선호하는 유교주의적 문화에 인터넷이 출구 역할을 했기 때문이다.

넷째, 벤처에 대한 정부의 지원과 닷컴 열풍 때문이다. 그 덕분에 한국은 전 세계 닷컴 도메인 등록 1위를 기록했고 7천 개의 벤처기업을 거느리게 되었다. 웹사이트 중 87.51%가 닷컴 사이트인 반면 연구기관 사이트(re)는 0.18%, 비영리기관 사이트(or)는 2.92%에 불과하다.

다섯째, 탈규범적인 문화를 창출하는 경쟁 미디어가 없었다. [58]

이 같은 다섯 가지 이유를 제시한 라도삼은 "이러한 현실은 정보 네트워크운동을 주도해야 할 시민단체에 커다란 영향을 미치고 있다"고 말한다. 그는 2000년 11월 22일 기독교회관 대강당에서 시민운동정보센터, 한국휴먼네트워크, 기독교시민사회연대 등이 주관하여 개최한 '현단계 네트

---

58) 라도삼, 『블랙인터넷: 엽기·포르노·게임의 광기에 대한 보고서』(자우, 2001), 37~40쪽.

"너도나도 게임"

인터넷 포털업체 게임산업 속속 진출
대형 게임회사도 가세… 각축전 예고

엠파스(대표 박석봉)도 100억원을 투입, 조만간 게임 포털 사이트 '게임나라'를 선보일 예정이다. 현재 '게임나라' 서비스에 앞서 밀맨, 에쉬론즈쿨2, 네아버필드 등 온라인게임들을 제공하고 있다. 그동안 소극적이었던 다음커뮤니케이션 최대의 게임 포털 업체다.

이때부터 인터넷 포털 업체들이 게임 포털에 적극적인 관심을 보이기 시작했다. 현재 주요 인터넷 포털 업체들이 게임 포털 사업에 투자하는 규모는 총 1500여억원. 여기에 군소 업

(『대한매일』 2003년 8월 23일)

스트크래프트의 인기와 PC방의 확산에 힘입은 바 큰 한국의 인터넷. 그래서 한국의 인터넷은 정보 추구형이 아닌 오락 중심형이라는 문제를 안게 되었다.

워크운동의 현황과 전망' 토론회를 거론하면서 다음과 같이 말한다.

"필자를 비롯한 참석자 대부분이 시민운동 및 정보운동 단체가 인터넷 시대에 이용자로부터 따돌림을 당하며 위기에 직면해 있다고 진단하면서, 상업적인 닷컴과 전략적인 제휴를 통해 컨텐츠의 고급화와 커뮤니케이션 솔루션의 공유 등을 대안으로 제시한 바 있다. 거꾸로 된 우리의 인터넷의

발전은 닷컴사의 번성만 가져왔을 뿐, 인터넷의 핵심인 컨텐츠의 생산과 흐름, 그리고 커뮤니케이션의 소비 구조는 형성하지 못했던 것이다. …… 상업주의적인 닷컴 중심으로의 인터넷 발전은 어쩌면 우리의 인터넷이 지니고 있는 표면적인 문제이다. 그러나 그 이면에 숨은 본질적이고 핵심적인 문제는 우리가 인터넷을 받아들일 수 있을 만한 인터넷 문화, 즉 다양성과 다원성을 하나도 갖고 있지 못하다는 점이다." [59]

당연히 포르노도 한국의 눈부신 인터넷 성장에 크게 한몫 했다. 한국통신문화재단의 2003년 6월 조사에 따르면, 중고생이 쓰는 이메일의 절반이 음란성 스팸메일인 것으로 나타났다. [60]

어느 나라에서건 어느 미디어건 초기엔 다 그렇다곤 하지만, 앞서 지적한 이유들로 인해 한국이 유독 심하다는 데에 주목할 필요가 있겠다.

한국의 휴대폰 보급과 유행이 빠른 이유

한국은 세계에서 휴대폰 보급과 유행도 가장 빠른 나라다. 그것도 보통 빠른 게 아니라 엄청나게 빠르다. 외국 유수 업체들도 새로운 기능의 시장성 테스트를 위해 한국 시장을 찾을 정도라니 더 말해 무엇하랴.『한국일보』 2003년 1월 11일자는 세계 제1의 휴대폰 업체인 핀란드의 노키아가 한국에서 철수한다는 소식을 전하고 있다.

"노키아가 시장 진출 1년6개월 만에 철수키로 한 것은 기술력, 마케팅 등 모든 부분에서 삼성, LG전자, 팬텍&큐리텔 등 한국 업체에 뒤졌기 때문이다. 전문가들은 지난해 3/4분기 현재 세계시장 점유율 1위(35.9%) 업

---

59) 라도삼,『블랙인터넷: 엽기 · 포르노 · 게임의 광기에 대한 보고서』(자우, 2001), 40~41쪽.
60) 김종태, 〈중고생 이메일 절반이 포르노〉,『한겨레』, 2003년 8월 11일, 33면.

체인 노키아가 외국보다 휴대폰 유행이 1년 이상 앞서는 한국 시장의 특성을 감안하지 않고 성급히 시장에 진출한 것이 사업 실패의 가장 큰 이유라고 분석했다. SK텔레콤 관계자는 '2001년 한국 진출 당시 노키아는 국내 업체들이 컬러 휴대폰 시판에 나섰는데도, 유행이 1년이나 뒤진 흑백 휴대폰을 들고 왔다'며 '전 세계 시장을 대상으로 중저가의 범용 단말기에 치중하는 노키아로서는 세계에서 휴대폰 유행이 가장 빠른 한국 시장 공략에 한계를 느꼈을 것'이라고 말했다."

왜 그렇게 한국의 휴대폰 유행은 빠른 걸까? 앞서 거론했던 '빨리빨리 문화'도 한몫 했겠지만, 정부의 적극적인 지원 정책, 휴대폰 업체들의 공격적인 판매 촉진, 누구에게건 뒤지면 안 된다는 경쟁 문화 또는 '왕따 문화'가 큰 영향을 미쳤을 것이다.

그밖에도 여러 이유들이 있을 것이다. 과학사학자 홍성욱은 다음과 같이 말한다.

"핸드폰이 급속하게 보급된 데에는, 1990년대 들어 급속하게 붕괴되는 공동체를 경험하던 사람들이 기술적 통신수단을 사용해서 타인과 아직도 연결되어 있다는 느낌을 확인해보길 갈망했던 문화적 배경과, 핸드폰 번호를 사적인 것이라기보다 누구에게나 줄 수 있는 공적인 것으로 여기듯 프라이버시에 대한 느슨한 태도가 한몫 한 것이 사실이다." [61]

중앙대 교수 전석호는 전화 외의 커뮤니케이션 환경이 빈약하기 때문이라며 다음과 같이 말한다.

"우리는 어느 사회계층이든 즐겁게 어울리고 휴식을 취할 공간적 여건이 너무 부족하다. 그러다 보니 자꾸 폐쇄적인 공간으로 몰입하게 되고, 그런 여건에서 유일하게 즐길 수 있는 수단은 전화에 국한된다. 마치 우리나

---

61) 홍성욱, 『네트워크 혁명, 그 열림과 닫힘: 지식기반사회의 비판과 대안』(들녘, 2002), 141쪽.

라 국민들이 여가를 즐기는 방법 중에 텔레비전 시청이 가장 손꼽히는 대상으로 부상하는 것과 같은 맥락이다. 옥외 여건만 다소 넉넉하다면 전화 사용이나 텔레비전 시청에 그렇게 많이 의존하지 않을지도 모른다." [62]

대구대 교수 김광현은 한국이 인맥사회라고 하는 점도 한 이유라고 지적한다. 전화 청탁은 말할 것도 없고 무슨 작은 일을 하나 하려고 하더라도 연락할 일이 많다는 것이다. 김광현은 신세대에 대해선 다음과 같이 말한다.

"도시 문화의 정착에도 불구하고 20대 초반의 젊은이들과 특히 대학생들이 독립하여 자기 집이나 아파트를 갖는 경우는 매우 드물다. 그들의 절대 다수는 부모 밑에서 살며 경제적인 자립도 사실상 매우 어려운 실정이다. 엄격히 말하자면 이러한 상황은 이중적인 생활 방식을 초래한다. 즉 집안에서는 부모에 복종해야 하는 '아이'이고 집밖에서는 성인으로서의 모든 혜택을 누릴 수 있는 '어른'이다. 이는 사적 공간이 있음에도 불구하고 집안에서의 사생활이 보장되지 않는다는 사실을 의미하는데 이때 휴대폰은 자기 방을 외부와 연결시킬 수 있는 훌륭한 커뮤니케이션 수단이다." [63]

김광현은 우리나라의 카페들이 유럽의 카페들과는 달리 고급스러운 이유도 진짜 자기만의 공간이 없다는 데서 찾아야 한다고 말한다.[64] 이는 문화 시설이 발달돼 있지 않은 지방 도시에서 더욱 그런 경향이 두드러진다는 걸로 미루어 보더라도 설득력이 있다. 다음 글에서 이야기하겠지만, 미국에선 사적 공간이 넓어 휴대폰의 이용이 비교적 덜하다는 것도 감안할 필요가 있을 것이다.

사람들이 휴대폰에 열광하는 일반적인 이유에 대해선 다음에 실린 〈현대인은 왜 휴대폰에 열광하나〉라는 글에서 살펴보도록 하자.

---

62) 전석호, 『한국사회와 정보화』(나남, 1998), 204~205쪽.
63) 김광현, 『기호인가 기만인가: 한국 대중문화의 가면』(열린책들, 2000), 149쪽.
64) 김광현, 위의 책, 150쪽.

인터넷과 휴대폰의 경제학 현대인은 왜 휴대폰에 열광하나

동경에서 평양까지

전화를 발명한 알렉산더 그레이엄 벨은 전화가 사업상의 의사 소통을 위해선 유용하지만 가정에서는 받아들여지지 않을 것이라고 생각했다.[65] 그가 하늘에서 세계 최고의 휴대폰 밀집지역이라는 일본 동경의 시부야 교차로를 보게 된다면 무어라 말할까?

미국의 사이버 전문가 하워드 라인골드는 2002년 시부야 교차로에서 휴대폰 이용실태를 조사했다. 그는 신호등 불이 매번 바뀔 때마다 길을 가로지르는 1천5백 명의 사람들 가운데 80퍼센트가 휴대폰을 들고 다닌다는 걸 발견했다.[66]

영국에선 5~9세 사이의 어린이들 가운데 휴대폰 소유자가 40만 명을 넘어섰다고 한다. 값싼 단말기와 사전 정액이용제와 더불어 어린 자녀들과 늘 연락을 주고받고 싶어하는 부모들의 마음이 그런 어린이 휴대폰 붐

---

65) 허버트 L. 드레퓌스, 『인터넷상에서: 행동하는 지성』(동문선, 2003), 11~12쪽.
66) 하워드 라인골드, 이운경 옮김, 『참여군중: 휴대폰과 인터넷으로 무장한 새로운 군중』(황금가지, 2003), 15쪽.

을 일으키고 있다는 것이다. [67]

북한에도 휴대폰 붐이 일고 있다. 최근 평양에 다녀온 사람의 증언이다.

"사람들의 손에 들린 휴대전화도 새로운 모습 중 하나였다. 심지어 자전거를 타고 가는 사람들도 휴대전화를 사용하는 것이 눈에 띄었다. 한 친구는 벌써 운전 중의 휴대전화 사용이 문제가 될 정도라고 말했다." [68]

이제 휴대폰은 단순한 커뮤니케이션 도구가 아니다. 인터넷이 촉발시키고 강화시키고 있는 이른바 '신경제'의 치열한 경쟁에서 필수적인 생존 수단이 되었다. 인터넷 포털 사이트 '네띠앙' 대표이사 홍윤선은 시사주간지의 한 증권회사 광고가 눈길을 끌었다며 다음과 같이 말한다.

"휴가지인 듯한 장소에서 수영복 차림의 남자가 선탠의자에 앉아 있고, 옆엔 노트북과 휴대폰이 있었다. 휴가 중에도 느긋하게 주식투자를 할 수 있다는 메시지였다. 나는 어처구니가 없어 입을 딱 벌렸다. 휴가 떠나서까지 증권투자를 할 수 있다는 광고가 투자자들에게 어떻게 받아들여질지 궁금했다. 하지만 한편으로는, 그 광고를 만든 광고회사도 나름대로 고객이나 시장상황을 분석하고 그에 따른 고민의 결과로 그러한 광고를 만들었으리라는 생각도 들었다. 그렇다면 놀라운 것은 실제 투자자들이 휴가지에 가서까지 주식값을 확인하고 사고 팔기를 원한다는 사실이었다. 컴퓨터나 휴대폰이 사람들을 얼마나 수동적이고 종속적인 위치로 전락시킬 수 있는지 가슴이 섬뜩했다." [69]

---

67) 최기영, 〈영국선 5~9세도 휴대폰 주요 고객〉, 『매일경제』, 2003년 8월 16일, 5면.
68) 알렉산드르 보론초프(러시아 동방학연구소 한국과장), 〈휴대전화 든 평양사람들〉, 『동아일보』, 2003년 7월 17일, A7면.
69) 홍윤선, 『딜레마에 빠진 인터넷: 스토킹, 해킹, 게임중독 … 블랙 인터넷 바로보기』(굿인포메이션, 2002), 28쪽.

휴대폰의 진화엔 끝이 없다

휴대폰이 사람들을 열광케 하는 이유로 우선 이루 헤아릴 수 없이 많은 기능을 지적하지 않을 수 없다. 모든 정보 테크놀로지가 휴대폰으로 수렴되는 게 아닌가 하는 생각이 들 정도다.

최근에 사람들을 매료시킨 휴대폰의 기능은 카메라일 것이다. 영국의 『이코노미스트』지 2003년 7월 3일자는 카메라폰이 필름과 인쇄 등 사진 관련산업의 존폐를 좌우할 요소로 등장했다고 보도했다. 카메라폰으로 사람들을 깜짝 놀라게 만들더니 이젠 동영상을 1시간이나 촬영할 수 있는 캠코더폰까지 나왔다. 기능이 추가되거나 성능이 조금만 향상되어도 마케팅 차원에서 작명을 해대는 바람에 혼란스러울 정도다. PC 영역까지 넘나드는 '스마트폰', 위성방송의 시청까지 가능케 하는 TV폰, MP3폰에 이어 게임폰까지 등장했다. 휴대폰을 가리켜 '만능복합 가전기기'라고 부르는 건 결코 과장이 아니다. [70]

휴대폰의 PC 기능은 놀라운 속도로 강화되고 있다. 이제 곧 휴대폰이 PC를 대체할 것이라고 주장하는 사람마저 생겨났다.[71] 휴대폰이 PC를 완전 대체하는 일은 일어나지 않겠지만, PC의 전통적인 기능이 점점 더 휴대폰으로 이동하고 있는 건 분명하다. '폰피'라는 말까지 탄생했는데, 손바닥 속 홈피(홈페이지)라는 뜻에서 폰피(폰페이지)다. 휴대폰으로 책까지 읽게 되었다.

모바일(mobile)과 네티즌(netizen)의 합성어로 모티즌(motizen)이라는

---

70) 임영주, 〈휴대폰은 '만능복합 가전기기': 카메라서 게임기 · TV · PC까지〉, 『경향신문』, 2003년 8월 13일, 13면.
71) 한장희, 〈'포스트 PC' 주인공은 휴대전화: 존 스컬리 전 애플컴퓨터 회장〉, 『국민일보』, 2003년 8월 27일, 21면.

모든 정보 테크놀로지가 휴대폰으로 수렴되는 게 아닌가 하는 생각이 들 정도로 휴대폰은 점점 '만능복합 가전기기'로 진화해 가고 있다.

말까지 생겼다. 모티즌은 빠르고(speedy), 간편하고(simple), 절약(saving)이라고 하는 3S를 추구하는 '디지털시대의 유목민' 이다. [72]

그런 '디지털시대의 유목민' 을 겨냥하여 휴대폰으로 데뷔하고 뜨는 '모바일 가수' 가 탄생했으며, '모바일 영화' 도 등장했다. 모바일 금융서비스가 제공되는가 하면, 휴대폰으로 살 빼라고 최면서비스까지 나왔다. 휴가철엔 모기가 싫어하는 음파를 발생시키는 서비스에 '유비무환 피임짱' 프로그램까지 제공된다. 심리치료 기능까지 갖춘 핸드폰도 나왔는데, 이건 '바이오 폰' 이라고 부를 만하다.

---

72) 최병춘, 〈모티즌과 '3S' 〉, 『전북중앙』, 2003년 7월 15일, 8면.

각종 통화연결음과 벨소리의 재미도 만만치 않다. 이동통신사들의 서비스가 워낙 극진하기 때문이다. 최근에서야 민간인의 휴대폰 사용이 허용된 인도령 카슈미르에선 5만2천 회선으로 제한된 서비스를 이용하기 위해 치열한 줄서기 경쟁이 벌어지고 있다는데, 줄을 선 한 신청자가 흥분을 감추지 못하며 외친 첫마디는 "휴대폰에서 울려퍼지는 벨소리를 빨리 듣고 싶다"는 것이었다. [73]

휴대폰 열풍엔 기술에 대한 경이가 한몫 하는 게 아닐까? 휴대폰이 제공한다는 여러 기능들이란 건 사실 있어도 그만 없어도 그만인 것들이다. 예컨대, 모기를 쫓고 피임을 하는 건 각자 기존 방법으로 알아서 할 일이지 그것까지 휴대폰이 해줘야 하는가. 기술에 대한 경이를 재미로 즐기자는 걸로 보는 게 좋을 것 같다.

휴대폰의 진화엔 끝이 없다. 자연스러운 진화가 아니다. 죽느냐 사느냐 하는 갈림길에서 살기 위해 반드시 이뤄내야만 하는 진화다. 2003년 8월 현재 가입자수가 3천300만 명을 넘어 시장이 포화상태에 이르렀기 때문에 각종 기능과 성능을 부가시켜 이전 제품들을 진부화시켜 시장에서 밀어내고 새로운 수요를 창출하려는 첨단화 경쟁은 계속 뜨겁게 이루어질 것이다.

'문자 메시지' 커뮤니케이션

휴대폰은 아직 치열한 생존경쟁의 무대에 뛰어들지 않은 젊은이들에겐 사회적 네트워크에서 집단의 일원으로서 자격과 지위를 과시할 수 있게 만드는 방식이 되었다. [74]

---

73) 〈카슈미르서 휴대폰 열풍〉, 「내일신문」, 2003년 8월 19일, 4면.

휴대폰 덕분에 사람들은 어디에서건 쉽게 어빙 고프만이 말하는 '다른 얼굴들'을 쉽게 목격할 수 있게 되었다. 이제 휴대폰을 갖고 다니는 사람들은 자신이 물리적으로 차지하고 있는 공간과 대화가 이루어지는 가상 공간의 차이를 염두에 두고 어느 공간 환경에 어울리는 얼굴 표정을 보일 것인지 결정해야만 한다.[75]

휴대폰 문화가 가장 발달한 나라는 핀란드다. 핀란드 사람들 대부분은 휴대폰을 계산기로 이용하고, 주로 남녀간에 모르는 사람에게 전화를 걸어 '폰팅'을 활발하게 시도하는 등 휴대폰이 다른 어느 나라보다 더 다양한 용도로 사용되고 있다.[76]

휴대폰의 '문자 메시지' 기능은 '엄지족'과 '문자메시지 마케팅'이라는 신조어들을 탄생시켰다. 원래 문자 메시지 기능은 핀란드에서 개발된 것인데, 이는 이성간 수줍음을 많이 타는 핀란드의 독특한 문화와 관련돼 있는 것이었다.

마이클 루이스는 핀란드 사람들이 이동통신 산업 분야에서 성공할 수 있었던 까닭은, 사람들이 이동전화에 대해서 원하는 바를 추정해내는 데에 특별한 재주가 있었기 때문이었다면서 다음과 같이 말한다.

"이것이 가능했던 가장 큰 이유는, 적어도 노키아 회사 직원들이 믿고 있는 바로는, 핀란드 사람들이 어린아이들을 관찰하면서 많은 시간을 보냈기 때문이었다. 어린아이들은 아무런 선입견 없이 새로운 기술에 접근했으며 더 빨리 받아들였다. 아무도 그 이유를 알 수 없지만, 어린아이들은

---

74) 하워드 라인골드, 이운경 옮김, 『참여군중: 휴대폰과 인터넷으로 무장한 새로운 군중』(황금가지, 2003), 75쪽.
75) 하워드 라인골드, 이운경 옮김, 위의 책, 77~78쪽.
76) 리누스 토발즈·데이비드 다이아몬드, 안진환 옮김, 『리눅스*그냥 재미로: 우연한 혁명에 대한 이야기』(한겨레신문사, 2001), 67쪽.

전화를 보면서 어른들은 미처 상상조차 하지 못할 그런 이용법들을 생각
해냈다. 예를 들면 즉석에서 문자 메시지를 전하는 일 따위였다. '문자 메
시지 보내기'는 순식간에 유럽 회사 내에서 의사소통을 위한 필수품이 되
었다." [77]

그런데 이 기술은 수줍어서 여학생들 앞에서 데이트 신청을 하지 못하
는 핀란드의 남학생들과 데이트를 한 다음 곧바로 다른 친구들과 데이트
에 대해서 이야기하고 싶어했던 핀란드의 여학생들에 의해서 발명된 것이
었다고 한다. 그 아이들은 간접적인 의사소통이 다급하게 필요할 때, 탄복
할 만한 속도로 전화 키패드에 대고 문자를 쳐 넣을 수 있다는 사실을 증명
해 보였다는 것이다. 물론 이는 곧 다른 사람들에게까지 파급되었다.

"550만 명의 핀란드 사람들은 2000년 한 해 동안 서로에게 십억 건 이
상의 문자 메시지를 보냈다. 이 기술은 핀란드 어린이들로부터 기업가들
에게로 전파된 것이었다. 노키아는 인류학자들을 고용하여 이러한 사실을
전 세계에 알려주었다. 핀란드는 지구상에서 최초로 아동 중심의 경제 발
전 모델을 공식적으로 인정한 나라가 되었다. …… 현재 평균 열두 살 정도
의 핀란드 사람이면 모두 이동 전화기를 소유하고 있으며, 노키아 내부에
서는 언젠가 일곱 살 이상의 어린이들이 모두 핸드폰을 소유하게 되리라
는 추정을 하고 있다." [78]

문자 메시지 기능 덕분에 비단 핀란드뿐만 아니라 많은 나라에서 남녀
간 교제 신청이 쉬워졌다. 무엇보다도 면전에서 거절당하면 어떻게 하나
하는 두려움이 해소됐기 때문이다. [79]

---

77) 마이클 루이스, 이소영 옮김, 『넥스트: 마이너들의 반란』(굿모닝미디어, 2002), 12쪽.
78) 마이클 루이스, 이소영 옮김, 위의 책, 13쪽.
79) 하워드 라인골드, 이운경 옮김, 『참여군중: 휴대폰과 인터넷으로 무장한 새로운 군중』(황금가지, 2003), 76쪽.

그 반대의 경우도 있다. 최근 말레이시아 법원은 휴대폰 문자 메시지를 보내는 것만으로도 이혼이 가능하다는 판결을 내렸다.[80]

문자통신의 전복적 성격

문자 메시지의 이용은 핀란드 젊은이들의 구애 방식은 물론 핀란드 기업 경영자들의 사회적 규범까지 변화시켰다. 핀란드의 한 휴대폰 전문가는 다음과 같이 말한다.

"핀란드 회사의 경영자들은 자신들의 전화를 항상 켜놓고 있죠. 고객들은 신속한 대응을 기대합니다. 핀란드에서는 상사와 연락이 되지 않을 경우 자기 스스로 많은 결정을 내릴 수 있습니다. 부하 직원들의 결정에 영향력을 행사하고자 하는 경영자들은 자신들의 전화를 항상 열어 두어야 하죠."[81]

노르웨이 청소년들의 휴대폰 사용 양상을 연구하는 사람들은 "고

• 철도파업, 공권력 투입에도 식지않는 이유

게릴라 시위에 휴대폰등 활용 '첨단 散開투쟁'

(『경향신문』 2003년 7월 1일)

휴대폰의 문자 메시지는 세계 곳곳에서 노동자·민중들이 사회적 저항운동을 하는 데 긴요하게 이용되고 있기도 하다.

---

80) 이은아, 〈아무리 쉬워도…: 이혼 간편한 말레이시아 문자메시지 보내도 가능〉, 『매일경제』, 2003년 7월 29일, 10면.
81) 하워드 라인골드, 이운경 옮김, 『참여군중: 휴대폰과 인터넷으로 무장한 새로운 군중』(황금가지, 2003), 53쪽에서 재인용.

프만의 용어를 사용하자면, 문자 메시지의 간접적인 성격으로 인해 사람들이 '얼굴'을 상황에 따라 바꾸는 것이 가능해진다"는 것을 발견했다.[82] 노르웨이의 한 전문가는 이렇게 말한다.

"내용은 그리 중요하지 않다. 메시지는 그 자체로 의미를 갖는다. 그것은 수신자에게 당신이 그 사람을 생각하고 있다는 것을 보여주는 방법이다."[83]

미국은 문자 메시지 문화가 비교적 발달하지 못한 나라인데, 그 이유는 국토 크기와 그에 따른 주거 공간의 크기와 관련돼 있다. 사람을 만나도 주로 집에서 만나는 등 사적인 공간의 이용이 많고 거리의 공공 공간을 이용할 기회는 적기 때문이라는 것이다.[84]

문자 메시지는 사회적 저항운동에도 큰 영향을 미쳤다. 문자 메시지의 파워와 관련, 하워드 라인골드는 "2001년 1월 20일, 필리핀 대통령 조셉 에스트라다는 영리한 군중에게 권력을 잃은 역사상 최초의 국가 수반이 되었다"며 다음과 같이 말한다.

"100만 명 이상의 마닐라 거주민들이 문자 메시지의 파도에 휩쓸려 동원되고 통합되어, 1986년에 마르코스를 권좌에서 몰아낸 평화적인 '피플파워' 시위가 발생했던 현장에 다시 모였다. 최초의 문자 메시지가 발송된 지 한 시간 안에, 수만 명의 필리핀인들이 '에드사'로 알려진 거리의 시위 대열에 합류했다. '에드사로 갈 것, 흑의 착용'. 나흘에 걸쳐, 100만 명 이상의 시민이 나타났다. 그들 대부분은 검은색 옷을 입고 있었다. 에스트라다는 실각했고 '문자 세대'라는 전설이 탄생했다."[85]

---

82) 하워드 라인골드, 이운경 옮김, 『참여군중: 휴대폰과 인터넷으로 무장한 새로운 군중』(황금가지, 2003), 74쪽에서 재인용.
83) 하워드 라인골드, 이운경 옮김, 위의 책, 75쪽에서 재인용.
84) 하워드 라인골드, 이운경 옮김, 위의 책, 71쪽.
85) 하워드 라인골드, 이운경 옮김, 위의 책, 306쪽.

그러한 전설은 세계 도처에서 탄생했다. 문자통신 문화가 전복적인 성격을 갖게 된 것이다.

국내에서도 각종 시위 때 널리 사용되고 있다. 문자 메시지는 노동자들의 파업시 '게릴라 시위'에 활용되었는데, 이를 가리켜 '첨단 산개(散開)투쟁'이라는 이름이 붙여졌다. [86]

휴대폰의 역기능과 부작용

휴대폰 기능의 무한 질주에 대해 우려의 목소리도 없지 않다. 휴대폰의 인터넷 사이트 검색 기능에 대해 청소년의 유해정보에 대한 접근제한 보호대책이 허술하다는 비판이 제기되고 있다.[87] 캠코더폰의 경우 대중목욕탕이나 숙박업소 등에서 '몰래 카메라'로 악용될 경우의 문제도 심각하고, '위치확인 서비스'도 편리하긴 하지만 프라이버시 침해 문제가 대두되고 있다.

휴대폰 중독증도 문제일 것이다. 휴대폰을 집에 두고 나가면 세상과 단절된 느낌이 든다는 사람들이 많다. 정신과 의사 김혜남은 "버림받는 것에 대한 두려움이 큰 사람은 혼자 있는 것을 견디지 못한다"며 다음과 같이 말한다.

"휴대전화에서 들리는 친구의 음성은 그들의 불안을 잠재우는 안정제가 된다. 즉 언제고 필요하면 연결하고 끊을 수 있는, 그러면서도 어디에선가 자신을 불러주고 자신의 호출에 즉각적인 답을 해주는 사람이 있다는

---

86) 서의형, 〈게릴라 시위에 휴대폰 등 활용 '첨단 산개(散開)투쟁' : 철도파업, 공권력 투입에도 식지 않는 이유〉, 『경향신문』, 2003년 7월 1일, 19면.
87) 이명희, 〈넘치는 유해정보 모바일로 번지나: 올 9월부터 휴대폰서도 인터넷 사이트 검색〉, 『국민일보』, 2003년 7월 29일, 23면.

휴대폰은 '고독과 사색과 성찰'에 대해 적대적이며 그걸 할 수 있는 기회를 박탈한다.

안도감을 주는 것이다. 그리고 외롭고 불안한 아이들은 점점 휴대전화에 중독되어 간다."[88]

단절감과 고립감까지는 아니라 하더라도 휴대폰은 '고독과 사색과 성찰'에 대해 적대적이며 그걸 할 수 있는 기회를 박탈한다. 영화감독 봉준호는 〈휴대폰이 빼앗아간 것들〉이라는 제목의 칼럼에서 "휴대전화는 우리로부터 모든 고독과 사색과 성찰을 빼앗았다"며 자신의 경험담을 소개한다.

"얼마 전 산에 갔을 때 조용한 산길을 걷고 있는 한 남자를 보았다. 그는

---

88) 김혜남, 〈언제 어디서나 세상과 연결 휴대전화 중독된 요즘 아이들〉, 『문화일보』, 2003년 7월 24일, 19면.

숲길을 홀로 걸으며 휴대전화로 자기 친구와 낄낄대며 여자 얘기를 하고 있었다. …… 휴대전화는 사람들의 지루함에 대한 면역력을 떨어뜨렸다. 어떤 순간이든 약간의 지루함이라도 밀려오면 사람들은 자기 휴대전화를 꺼내 폴더를 연다. 이를 극명하게 체험할 수 있는 곳이 영화관이다. 극장 맨 뒷줄에서 영화를 한번 보시라. 영화의 어떤 시퀀스가 지루한 리듬으로 늘어지기 시작하면 관객들 뒤통수 사이로 '반딧불'이 하나 둘씩 반짝이기 시작한다. 사람들의 휴대전화 액정화면이 빛을 내기 시작하는 것이다." [89]

'하이테크-하이터치' 와 '단순화'

존 나이스비트의 '하이테크-하이터치' 개념에 따르면 너무 비관할 필요는 없을 것 같다. 나이스비트는 우리의 삶에서 하이테크(첨단기술)를 많이 쓰면 쓸수록 우리는 하이터치(고감성)를 찾아 균형을 취하게 된다고 주장한다.

"이를테면 우리의 삶이 기술에 젖어들면 들수록 사람들은 다른 사람들과의 접촉을 더 많이 원하게 되고(극장에서, 박물관에서, 독서 클럽에서, 아이들 축구 경기장에서), 의학이 하이테크 쪽으로 접어들면 들수록 대체 치료제나 치료방법에 대한 관심이 높아지며, 육체가 아닌 머리로 컴퓨터에 몰두하면 할수록 레저활동이 더 감성적이고 감각적인 방향(정원 일, 요리, 목공일, 새 키우기 등)으로 기운다는 것이다." [90]

나이스비트는 미국에서의 한 증거로 종교와 명상의 부흥을 들고 있다. 1991년에서 1997년까지 미국에서 종교서적 판매는 150%라는 경이적인 성

---

89) 봉준호, 〈휴대폰이 빼앗아간 것들〉, 『중앙일보』, 2003년 7월 23일, 26면.
90) 존 나이스비트, 손병두 감역/안진환 옮김, 『하이테크 하이터치』(한국경제신문, 2000), 9~10쪽.

장률을 기록했으며, 『사소한 일에 땀 흘리지 마라』, 『영혼을 위한 닭고기 수프』, 『단순한 풍요』 등과 같이 영혼의 안식과 일상의 행복을 강조하는 책들이 베스트셀러 수위를 차지했다는 것이다. [91]

나이스비트는 하이터치를 하이테크의 반작용만으로 보는 게 아니라 하이테크·하이터치의 수렴 또는 결합을 역설하지만, 어째 양극단만 존재할 뿐 중간이 빈 것 같다는 느낌을 떨치기 어렵다. 즉, 극단적으로 하이테크에 빠져들고 또 극단적으로 초월주의적인 명상이나 '나 혼자만의 행복감'에 빠져드는 건, '극단에 의한 극단의 치료'라는 의미를 갖는 게 아니냐는 것이다. 애초부터 그 중간 지대는 존재할 수 없는 걸까?

이른바 '단순화'라는 대안은 어떤가? 예컨대, 미국에선 엘라인 제임스가 쓴 『간소한 생활을 위하여(Simplify Your Life)』는 250만 부, 사라 반 브레트나흐가 쓴 『단순한 풍요(Simple Abundance)』는 370만 부나 팔리는 등 폭발적인 호응을 얻었다. [92]

그러나 '단순화'가 가진 사람들의 호사는 아닌가 하는 생각을 지우기 어렵다. '단순화'가 마케팅 전략으로 널리 이용되고 있기 때문이다. 예컨대, 타임워너의 잡지 『진짜 단순한(Real Simple)』은 창간호를 내기도 전에 40만 명의 구독자를 확보하는 대성공을 거두었지만, 대부분의 지면은 값비싼 제품들을 선전하는 광고로 뒤덮여 있었다. [93]

복잡하게 살건 단순하게 살건 '인정(認定) 투쟁'이 날로 격화되고 있는 세상에 살면서 자신의 마음을 다스리는 건 꼭 필요할 것이다. 소설가 리처드 스턴은 이제까지 가장 어려운 장애물이 무엇이었느냐는 질문에 다음과

---

[91] 존 나이스비트, 손병두 감역/안진환 옮김, 『하이테크 하이터치』(한국경제신문, 2000), 32~33쪽.
[92] 존 나이스비트, 손병두 감역/안진환 옮김, 위의 책, 75쪽.
[93] 존 더 그라프·데이비드 왠·토마스 네일리, 박웅희 옮김, 『어플루엔자: 풍요의 시대, 소비중독 바이러스』(한숲, 2002), 28~29쪽.

같이 답했다.

"그것은 내 안의 쓰레기 같은 부분이라고 생각한다. 허영심·자만심·우월감·비교의식 같은 말로 묘사되는 부분이다. 나는 그런 부분을 다스리려고 무척 고생했다. 나보다 천성이 좋은 동료나 친구가 짜증과 원한의 감정을 이겨내지 못하는 모습을 자주 보았지만 그 점에서 나는 행운아였다. 내 안에 있는 긍정적 요소에 힘입어 그런 좋지 못한 감정을 분명히 가지고 있지만 그걸 이겨내는 요령을 터득했다. 가장 큰 장애물은 나 자신이라고 다시 한 번 강조하고 싶다." [94]

늘 그런 건 아니지만, 많은 경우 가장 큰 장애물이 나 자신이라는 건 분명한 사실이다. 남에게 조금이라도 지기 싫어하는 마음은 자기 발전에 매우 긍정적으로 작용할 수도 있지만, 지거나 무관심해도 될 만한 것들에 대해서까지 남들에 대한 경쟁심과 시기심을 갖게 되는 순간 우리의 삶은 불행해진다. 남 탓하기 전에 나 자신부터 다스리는 법을 배우자.

---

94) 미하이 칙센트미하이, 이희재 옮김, 『몰입의 즐거움(해냄, 1999), 177쪽에서 재인용.